KB117565

한 권으로 끝내는

필수 구문
1000제

한 권으로 끝내는 필수 구문 1000제

지은이 이정우
펴낸이 임상진
펴낸곳 (주)넥서스

출판신고 1992년 4월 3일 제311-2002-2호 ⑥
10880 경기도 파주시 지목로 5
Tel (02)330-5500 Fax (02)330-5555

ISBN 979-11-6683-302-1 53740
저자와 출판사의 허락 없이 내용의 일부를
인용하거나 발췌하는 것을 금합니다.

가격은 뒤표지에 있습니다.
잘못 만들어진 책은 구입처에서 바꾸어 드립니다.

www.nexusbook.com

한 권으로 끝내는

필수 구문

1000제

이정우 지음

NEXUS Edu

 **Preface**

1. 구문독해가 무엇이고, 왜 필요한가?

간단하게 말해서 '구문독해'는 '문장 해석'입니다. 긴 글을 이해하고 관련된 문제를 해결하기 위해서는 문장들을 빠르고 정확하게 해석할 수 있어야 합니다. 중학교 수준에서는 단어와 기초 문법만 알아도 문장을 해석하는 데 큰 문제가 없지만, 고등학교 1학년 수준만 되어도 단어와 문법만 가지고 해석되지 않는 문장이 많아집니다. 일정 수준 이상의 문장을 해석하기 위해서 구문 독해는 필수 과정이라고 할 수 있습니다.

2. 수없이 많은 구문독해 책이 있는데, 이 책은 어떻게 다른가?

첫째, 고1 수준에서 어떤 문장을 만나더라도 해석이 가능하도록 해석하는 방법을 깔끔하게 정리하였습니다. 예를 들어, 형용사가 명사를 수식하는 경우를 모두 모아 16가지 공식으로 정리하여 한 페이지 담았습니다. 필요할 때 구문 사전처럼 활용할 수 있을 것입니다. 이렇게 구조화된 내용을 보면 "이런 책이 왜 이제 나온 거지?"라는 느낌이 분명히 들 것입니다.

둘째, 15년간의 중학교 3학년부터 고등학교 1학년까지의 모의고사를 철저하게 분석하여, 어려운 문법 개념들을 익히기 위해 만났던 '온실 속의 화초 문장'이 아니라 '공부하기 딱 좋은 1000개의 문장'을 엄선하였습니다. 이 문장들을 해석할 정도가 되면, 수능 영어는 물론, 편입, 공무원 시험 등과 같은 각종 시험도 걱정할 필요가 없습니다. 고등학교 1학년 이후의 문장들은 단어와 내용이 추상적이고 어려워질 뿐 문장을 해석하는 방식은 다 똑같기 때문입니다.

3. 유튜브 무료 동영상 강의를 적극적으로 활용하자. 〈중학영어TV〉

공립중학교 교사 17년 차, EBS TV 중학 및 프리미엄 12년 차 교사로 지금까지 수없이 많은 강의를 제작하였습니다. 무료로 제공되는 강의지만 그 어떤 유료 강의보다 우수한 품질의 강의를 약속합니다.

4. 기초 문법은 공부한 상태에서 시작하자.

중학교 3학년 수준에서 고등학교 1학년 수준까지의 문장으로 해석 연습을 하게 됩니다. 따라서 최소한의 기초 문법은 공부한 상태에서 학습을 해야 효과적입니다. 이미 〈중학영어TV〉 유튜브 채널에 〈한 권으로 끝내는 중학영문법〉 강의 126개가 탑재되어 있으니 활용해 주시기 바랍니다.

5. 혼자서 공부하는 복습 시간은 반드시 확보해야 한다.

강의를 듣는 것만으로도 실력은 향상되지만, 복습 시간을 통해 혼자 공부하다 보면 어떤 부분이 부족한지 적나라하게 드러납니다. 그 부분을 집중 보완하는 과정에서 '진짜 실력'이 향상됩니다.

6. 처음부터 끝까지 빠르게 1회독하는 것이 중요하다.

영어는 문장 단위로 이루어져 있어서 문장의 일부를 공부한 뒤 문장 전체를 이해하길 기대하면 안 됩니다. 처음에 이해되지 않는 부분이 있다고 해도 이후 공부하는 과정에서 자연스럽게 해결되는 부분이 많으니 일단은 처음부터 끝까지 빠르게 한 번 봐 주길 바랍니다.

7. 여러분이 해석의 달인이 되는 그날까지 최선을 다하겠습니다.

저도 학창 시절에 공부하다 보면 영어는 일정한 공식도 없어 보이고, 예외적인 사항도 너무 많고, 언어적 감각이 필요한 경우도 많아 공부하기 무척 힘들었습니다. 지금까지 저의 강의에 '초심자의 마음을 너무나도 잘 아는 선생님'과 같은 댓글이 많은데, 어쩌면 저도 여러분들이 겪는 어려움을 비슷하게 겪었기 때문인 것 같습니다. 20년간의 영어 강사 및 교사로서의 경험과 노하우를 모두 담아 정성껏 교재를 준비했습니다. 기존에 한 번도 보지 못한 책과 검증된 강의력으로 여러분들이 문장을 해석하고 문맥을 이해하게 되는 그날까지 도와드리겠습니다. 좋은 강의로 찾아뵙겠습니다.

이정우

Features

다양하고 필수적인 유형의
구문과 문법 포인트를 담아
고등학교 내신과 수능을
철저하게 대비할 수 있습니다.

내신과 수능을 대비하는 필수 유형 수록

한눈에 핵심 문법 내용이
그림처럼 그려질 수 있도록
도식화되어 있어 학습한
사항을 더 정확하고 오랫동안
기억하고 응용할 수 있습니다.

도식화된 문법 포인트

문법과 구조에 관한 설명을
간결하게 유지하여 학습자가
내용을 최대한 쉽고 빠르게
이해하도록 하였습니다.

간결하고 이해하기 쉬운 설명

최근 기출된 1000개의 핵심 문장

최근 출제된 중3 성취도 평가 및 고1 전국연합학력평가에서 엄선한 1000개의 문제로 해석 실력을 키웁니다. 줄과 줄 사이에 넓은 공간이 있어 직독직해 연습에 용이합니다.

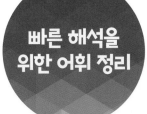

빠른 해석을 위한 어휘 정리

해석을 쉽게 할 수 있도록 관련 어휘가 정리되어 있습니다. 따라서 어휘를 따로 찾는 데 시간을 낭비하지 않고 학습에 집중할 수 있습니다.

✚ 추가 콘텐츠 1

저자가 직접 설명하는 무료 동영상 강의로 학습 내용을 정확히 이해하며 마스터할 수 있습니다.

✚ 추가 콘텐츠 2

원어민이 읽어 주는 1000개의 문장을 들으면서 학습하면 암기력과 독해력을 더 효과적으로 키울 수 있습니다.

✚ 추가 콘텐츠 3

넥서스 홈페이지(www.nexusbook.com)에서 기출 문장에서 다루는 어휘의 리스트와 테스트지를 다운받아 기출 어휘까지 학습할 수 있습니다.

Contents

Chapter 4 명사 모아보기

Chapter 5 동사와 준동사

Chapter 6 부사

Chapter 7 가정법, 비교

Chapter 8 주요 구문

|1| 영어는 순서가 핵심이다.

(1) 우리말은 <조사>가 있어 단어의 순서에 상관없이 이해할 수 있다.

(2) 영어는 <조사>가 없어 단어의 순서가 달라지면 전혀 다른 의미가 되거나 이해할 수 없다.

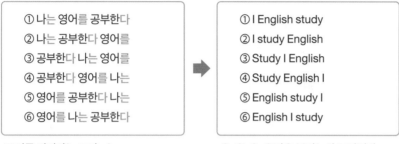

① 나는 영어를 공부한다
② 나는 공부한다 영어를
③ 공부한다 나는 영어를
④ 공부한다 영어를 나는
⑤ 영어를 공부한다 나는
⑥ 영어를 나는 공부한다

➡

① I English study
② I study English
③ Study I English
④ Study English I
⑤ English study I
⑥ English I study

주어를 의미하는 조사 <는>,
목적어를 의미하는 조사 <를>,
동사를 의미하는 조사/어미 <다>를 통해
순서와 상관없이 모두 이해할 수 있다.

①, ③, ④, ⑤번은 불가능한 문장이다.
②번만 의미 전달이 가능한 문장이다.
⑥번은 <내가 공부하는 영어>를 뜻하는
다른 의미의 표현일 뿐 문장이 아니다.

|2| 영어는 <주어와 동사>로 시작한다.

(1) 영어 문장의 5가지 종류를 5형식이라고 하며, 어떤 문장이 몇 형식인지 구분하는 것은 중요하지 않다.

(2) 영어는 <주어와 동사>로 시작하며, <동사>에 따라 어떤 구조가 만들어지는지 이해하는 것이 중요하다. 특히, 각 형식에 자주
    쓰이는 동사들을 우선적으로 암기하면 문장 구조를 파악하는 데 큰 도움이 된다.

<1형식>	주어	동사		
<2형식>	주어	동사	주격 보어	
<3형식>	주어	동사	목적어	
<4형식>	주어	동사	간접목적어	직접목적어
<5형식>	주어	동사	목적어	목적격 보어

| 3 | 5형식과 최우선순위 동사

각 형식에 자주 쓰이는 동사들이며, 의미와 쓰임은 Chapter 1에서 자세히 다룬다.

<1형식>	주어	동사

happen, occur, matter, count, work, last

<2형식>	주어	동사	주격 보어

be
stay, keep, remain
get, become, grow, turn
look, seem, appear, sound, smell, taste, feel

<3형식>	주어	동사	목적어

discuss, marry, enter, resemble, answer

<4형식>	주어	동사	간접목적어	직접목적어

give, send, show, teach, tell, bring, lend, pass
make, buy, cook, find, do, get
ask

<5형식>	주어	동사	목적어	목적격 보어

make, consider, call, name
make, consider, find, keep, leave
want, expect, ask, require, tell, order, allow, advise, cause, force, encourage, persuade
make, have, let, help, get
see, watch, notice, hear, listen, feel, smell

|4| 8품사와 문장성분을 구분하자.

(1) 8품사

① **개념** : 단어의 8가지 종류로 문장 성분이 된다.

② **종류** : 명사, 대명사, 동사, 형용사, 부사, 전치사, 접속사, 감탄사

(2) 문장 성분

① **개념** : 문장을 구성하는 주어, (술어)동사, 보어, 수식어를 말하며, 8품사가 이 자리에 들어간다.

② **종류** : 주어, (술어)동사, 보어, 목적어

(3) 명사, 형용사, 부사의 역할을 반드시 알아두자.

① **명사(구/절)** : 주어, 보어, 목적어 자리에 들어간다.

② **형용사(구/절)** : 명사를 수식하거나 보어 자리에 들어간다.

*형용사절은 명사를 수식하는 역할만 하고, 보어 자리에는 들어가지 않는다.

③ **부사(구/절)** : 형용사, 다른 부사, 동사, 문장 전체를 수식한다.

|5| 구와 절

	공통점	차이점
구	두 단어 이상의 모임	주어와 동사가 포함되어 있지 않음
절		주어와 동사가 포함되어 있음

(1) 구의 종류

① **명사구** : to부정사구, 동명사구

② **형용사구** : to부정사구, 전치사구, 분사구(현재분사구, 과거분사구)

③ **부사구** : to부정사구, 전치사구, 분사구문

(2) 절의 종류

① **주절** : 문장의 주어와 (술어)동사가 포함된 절

② **종속절** : 종속접속사가 이끄는 절로 주절을 보충한다.

　　　　종속절은 주절 없이 단독으로 쓰이지 않으며, 명사절, 형용사절, 부사절이 있다.

a. 명사절 : 접속사 that, if, whether절, 관계대명사 what절, 의문사절

I think that you should exercise every day.
　　　주절　　　　　　　　　종속절

b. 형용사절 : 관계대명사와 관계부사가 이끄는 절

Do you know the girl who is playing the piano?
　　　주절　　　　　　　　종속절

c. 부사절 : 접속사 when, because, if, as, though 등이 이끄는 절

I could do everything when I was young.
　　주절　　　　　　종속절

When I was young, I could do everything.
　종속절　　　　　　주절

1단어 형용사	주어	2단어 이상 형용사	동사	1단어 형용사	목적어	2단어 이상 형용사
관사 소유격 형용사 현재분사 과거분사	명사 대명사 to부정사구 동명사구 접속사 that절 접속사 if/whether절 관계대명사 what절	전치사구 to부정사구 현재분사구 과거분사구 관계대명사절 관계부사절		관사 소유격 형용사 현재분사 과거분사	명사 대명사 to부정사구 동명사구 접속사 that절 접속사 if/whether절 관계대명사 what절	전치사구 to부정사구 현재분사구 과거분사구 관계대명사절 관계부사절

· 약어 ·

S	주어	p.p.	과거분사	C	보어
V	동사	O	목적어	SC	주격 보어
Ving	현재분사/동명사	IO	간접목적어	OC	목적격 보어
to-V	to부정사	DO	직접목적어		

Chapter 1
문장의 기초

UNIT 01 be동사

| 1 | be + 명사 : ~이다

I **am** a genius. 나는 천재이다.

She **is** an English teacher. 그녀는 영어교사이다.

They **are** best friends. 그들은 가장 친한 친구들이다.

| 2 | be + 형용사 : ~하다

He **was** very hungry. 그는 매우 배고팠다.

She **is** good at sports. 그녀는 운동을 잘한다.

We **were** glad to see you again. 우리는 당신을 다시 봐서 기뻤다.

| 3 | be + 장소 표현 : ~에 있다

Kate **was** at the library. Kate는 도서관에 있었다.

The meeting **will be** in his office. 그 회의는 그의 사무실에서 있을 것이다.

Mom and Dad **are** in the living room. 엄마와 아빠는 거실에 계신다.

| 4 | 진행형과 수동태를 만드는 be동사

분사는 동사를 형용사로 만든 것이다. 따라서 분사 앞에 be동사를 붙여 분사를 동사로 만들어줄 수 있다. 현재분사 앞에 be동사를 붙이면 진행형이 되며, 과거분사 앞에 be동사를 붙이면 수동태가 된다.

I **am reading** a book. 나는 책을 읽고 있다.

He **is loved** by everyone. 그는 모두에게 사랑받는다.

Jean-Paul Sartre

001 Life is Choice between Birth and Death.

life 인생, 삶
between A and B A와 B 사이에
birth 출생
death 죽음

2016년 11월 고1 응용

002 The endless opportunities are in front of your noses.

endless 끝이 없는
opportunity 기회

2016년 3월 고1 응용

003 What's happening in our brain when we're actually doing two things at once?

brain 뇌, 두뇌
actually 실제로, 사실상
at once 한 번에

2016년 11월 고1

004 Exercise and diet are important, but they are not the only keys to longevity.

diet 식사, 식이요법
key 비결
longevity 장수

2016년 3월 고1

005 Thousands of people are homeless and without basic necessities like food and clothing.

homeless 노숙자의, 집이 없는
necessities 생필품
clothing 옷, 의복

UNIT 02 do동사

| 1 | 일반동사

(1) ~을 하다

I have to **do** my homework now. 나는 지금 숙제를 해야 한다.

He always **does** his best. 그는 항상 최선을 다한다.

(2) 충분하다

A: Would you lend me some money? 돈 좀 빌려 주시겠어요?

B: How much do you need? 얼마나 필요하세요?

A: Ten dollars will **do**. 10달러면 충분해요.

| 2 | 조동사

(1) 일반동사의 부정문

I **don't like** it. 나는 그것을 좋아하지 않는다.

He **doesn't like** it. 그는 그것을 좋아하지 않는다.

They **didn't like** it. 그들은 그것을 좋아하지 않았다.

(2) 일반동사의 의문문

Do you **like** me? 너는 나를 좋아하니?

Does she **have** a sister? 그녀는 자매가 있니?

Did he **clean** his room? 그는 방청소를 했니?

| 3 | 강조의 do

부정문도 의문문도 아닌데 일반동사 앞에 do/does/did가 있으면 강조의 do이며, '정말로'로 해석한다.

I **do love** you. 나는 정말 당신을 사랑해.

She **does like** ice cream. 그녀는 정말로 아이스크림을 좋아한다.

I **did wash** my hands. 나는 정말로 손을 씻었다.

| 4 | 대동사 do

앞에 나오는 동사(구)의 반복을 피하기 위해서 대신 쓰는 do/does/did를 대동사라고 한다.

He plays soccer better than you **do**. 그는 당신보다 축구를 더 잘한다.
                              (= play soccer)

2018년 6월 고1

006 Dinosaurs, however, did once live.

dinosaur 공룡
once 한때, 한번, 일단 ~하면

2013년 3월 고1

007 What do you get from the air around you?

air 공기
around ~ 주변에, 대략

2021년 11월 고1

008 He did not want to hurt the feelings of that poor man.

hurt 다치게 하다
feeling 감정
poor 가난한, 가엾은

2016년 3월 고1

009 You can do it easily and you don't need to go to the gym.

easily 쉽게
gym 체육관

2014년 6월 고1

010 Don't use too many words when a few will do, and don't use an overly complicated word when a simple word will do.

a few 약간(의)
overly 너무, 지나치게
complicated 복잡한
simple 간단한, 간결한

UNIT 03 1형식

주어와 동사만으로 의미 전달이 가능한 문장을 1형식이라고 한다. 하지만 주어와 동사만으로 이루어진 문장은 많지 않으며, 대부분 동사 다음에 수식어구가 연결된다. 1형식으로 자주 쓰이는 동사는 다음과 같다.

| 1 | 1형식 동사 자리에 자주 쓰이는 동사

(1) **happen/occur** : (어떤 일이) 일어나다, 발생하다

Miracles do **happen.** Chaim Weizmann 기적은 반드시 일어난다.

Something mysterious **occurred** last night. 어젯밤에 이해하기 힘든 일이 발생했다.

(2) **matter/count** : 중요하다

It doesn't **matter** to me. 그건 나에게 중요하지 않다.

Every moment **counts.** 매 순간이 중요하다.

(3) **work** : 효과가 있다, 작동하다

This medicine **works** well. 이 약은 효과가 좋다.

My computer doesn't **work** at all. 내 컴퓨터가 전혀 작동하지 않는다.

(4) **last** : 계속되다, 지속되다, 오래가다

The meeting **lasted** for three hours. 그 회의는 3시간 동안 지속되었다.

| 2 | there be + 주어 : ~이(가) 있다

(1) <there>가 문장 앞으로 나와 <주어>와 <동사>가 도치된 문장이다.

(2) <there be동사> 구문에 사용되는 <there>는 절대로 '거기에'라고 해석하지 않으며, <be동사>는 뒤에 나오는 주어와 문장의 시제에 따라 달라진다.

(3) <be동사> 대신에 live, exist 등과 같은 자동사가 오기도 한다.

There **is** a car in front of my house. 집 앞에 자동차가 한 대 있다.

There **are** many students on the playground. 운동장에 많은 학생들이 있다.

There **were** a lot of people at the party. 파티에 많은 사람들이 있었다.

There **will be** a math test tomorrow. 내일 수학시험이 있을 것이다.

Once upon a time there **lived** a king who had two sons. 옛날에 아들이 두 명 있는 왕이 살았다.

2016년 3월 고1

011 Much of learning occurs through trial and error.

through ~을 통하여
trial and error 시행착오

2014년 9월 고1

012 This policy may or may not work in the long run.

policy 정책
in the long run 장기적으로

2020년 9월 고1

013 Learning does not happen in the same way for all people.

learn 배우다
in the same way 똑같은
방식으로

2021년 6월 고1 응용

014 You can develop positive character traits that last a
lifetime.

develop 계발하다
positive 긍정적인
character 성격, 인격
trait 특성
lifetime 일생, 평생

2010년 3월 고1

015 So never give up! You are great, and that's all that matters!

give up 포기하다

016 The screen still doesn't work well.

screen 화면, 스크린
still 여전히, 아직도

017 Nothing bad can happen if you haven't hit the Send key.

hit 치다, 누르다

018 There lived a man in Puerto Rico who had a wonderful parrot.

wonderful 멋진, 훌륭한
parrot 앵무새

019 Fundamental differences may exist between men and women.

fundamental 근본적인
difference 차이
exist 존재하다
between A and B A와 B 사이에

020 Dress warmly for this special program which will last longer than three hours.

dress 옷을 입다
warmly 따뜻하게
last 지속되다

2011년 11월 고1

021 Climbing the stairs instead of riding the escalator counts.

climb 오르다
stair 계단
instead of ~ 대신에
escalator 에스컬레이터
count 중요하다

2017년 6월 고1

022 They don't matter when you are enjoying music with your child.

enjoy 즐기다

2015년 6월 고1

023 Something powerful happens inside most people when they are listened to.

powerful 강력한
inside ~ 안에
listen to ~을 듣다, 경청하다

2019년 9월 고1

024 Usually there will be comments about all the good things about the performance.

usually 보통, 대개
comment 의견, 논평
performance 공연, 수행

2020년 11월 고1

025 There are fun programs for children like making dinosaur toys and watching a 3D dinosaur movie.

dinosaur 공룡

2형식

동사 다음에 보어까지 있는 문장을 2형식이라고 한다. 보어 자리에는 명사나 형용사가 오며, 자주 쓰이는 동사는 다음과 같다.

유지동사	stay, keep, remain 등	
변화동사	get, become, turn, go, come, grow, run 등	+ 명사/형용사
감각동사	look(seem, appear), sound, smell, taste, feel 등	

| 1 | 유지동사 stay, keep, remain...

(1) stay + 명사/형용사: (~인 상태로) 있다

I exercise to **stay** healthy. 나는 건강을 유지하기 위해 운동을 한다.

They **stayed** friends for a long time. 그들은 오랫동안 친구로 지냈다.

(2) keep + 형용사: (~인 상태로) 유지하다

You should **keep** silent. 조용히 하는 것이 좋겠어.

(3) remain + 명사/형용사: (~인 상태로) 남아있다

It **remains** a mystery. 그것은 수수께끼로 남아있다.

I tried to **remain** calm. 침착하려고 노력했다.

| 2 | 변화동사 get, become...

(1) get + 형용사 : (~인 상태가) 되다

I **got** hungry after a long walk. 나는 오래 걸은 후에 배고파졌다.

We **got** lost in the middle of the city. 우리는 도시 한 가운에서 길을 잃었다.

(2) become + 명사/형용사 : ~이 되다, (~인 상태가) 되다

He **became** a famous actor. 그는 유명한 배우가 되었다.

As we grow older, we **become** wiser. 우리는 나이 들어감에 따라 더 현명해진다.

| 3 | 감각동사 look(seem, appear), sound, smell...

(1) **look** + 형용사/**look like** + **명사** : ~인 것 같다, ~처럼 보이다

You **look** cool today. 너 오늘 멋져 보인다.

He **looks like** a model. 그는 모델 같아 보인다.

(2) **seem, appear** + (to be) + 명사/**형용사** : ~인 것 같다

She **seems/appears** honest and diligent. 그녀는 정직하고 성실해 보인다.

(3) **sound, smell, taste, feel** + 형용사 : ~처럼 들리다, ~한 냄새가 나다, ~한 맛이 나다, ~처럼 느껴지다

Your voice **sounds** familiar. 당신의 목소리는 친숙하게 들린다.

This pillow **feels** very soft. 이 베개는 매우 부드럽게 느껴진다.

:::참고 | 변화를 나타내는 동사의 차이

1. be, get, become

(1) **be** + 형용사 : 상태 그 자체

(2) **get** + 형용사 : 상태의 변화

(3) **become** + 형용사 : 상태의 변화 + 변화의 결과

I **was sick** yesterday. After I took some medicine, I **got better**. Now, I **have become fine**.

나는 어제 아팠다.   나는 약을 먹은 후에 나아졌다.   지금 나는 괜찮아졌다.

2. 다음 동사들은 주로 이러한 변화를 의미한다.

(1) **go** + 형용사 : 부정적인 상태로의 변화

go bad 상하다, go crazy 미치다

(2) **come** + 형용사 : 긍정적인 상태로의 변화

come true 실현되다, come right 좋아지다

(3) **turn** + 형용사 : 색깔의 변화

turn red 빨갛게 되다, turn pale 창백해지다

(4) **grow** + 형용사 : 점진적인 변화

grow old 나이가 들어가다, grow rich 부유해지다

2021년 3월 고1

026 Luckily, I didn't get hurt in the accident.

luckily 다행히(도)

hurt 다친, 기분 상한, 다치게 하다, 아프다

accident 사고

2020년 9월 고1

027 People were smiling and seemed friendly.

friendly 친절한, 우호적인

2014년 3월 고1

028 Everyone knows that dogs make wonderful pets.

wonderful 멋진, 훌륭한

pet 반려동물

2017년 11월 고1

029 She remained positive and tried to do her best.

positive 긍정적인

try to-V ~하려고 노력하다

do one's best 최선을 다하다

2013년 3월 고1

030 People want to feel special and it's a normal human desire.

normal 보통의, 정상적인

human 인간, 인간의

desire 욕구

2019년 9월 고1

031 When fully charged, the battery indicator light turns blue.

fully 완전히, 충분히
charge 충전하다
battery indicator light 배터리 표시등

2015년 3월 고1 응용

032 When we are alone, problems can appear to be unsolvable.

unsolvable 해결할 수 없는

2012년 11월 고1

033 While it seems similar to sponges, it does not absorb water.

similar 비슷한, 유사한
sponge 스펀지
absorb 흡수하다

2012년 6월 고1

034 People become inspired by the good examples of their peers.

inspired 영향을 받는, 영감을 받아 한
example 예, 본보기
peer 동료

2021년 6월 고1

035 A stressful meeting with our boss becomes an opportunity to learn.

stressful 스트레스가 많은
opportunity 기회
learn 배우다

2021년 9월 고1

036 When a thief entered his home, he remained calm and cool.

thief 도둑
calm 침착한, 차분한

2016년 11월 고1

037 We become more successful when we are happier and more positive.

successful 성공한, 성공적인
positive 긍정적인

2021년 3월 고1

038 When animals know what to expect, they can feel more confident and calm.

expect 기대하다
confident 자신감 있는

2016년 9월 고1

039 Although rewards sound so positive, they can often lead to negative consequences.

reward 보상
lead to ~로 이어지다
negative 부정적인
consequence 결과

2020년 9월 고1

040 At that moment, he noticed that every face looked interested in what he had to say.

at that moment 그 때에
notice 알아차리다, 주목하다
interested 관심 있는

05 3형식, 4형식

|1| 3형식

동사 다음에 목적어까지 있는 문장을 3형식이라고 한다. 목적어 자리에는 명사가 오게 되며, 3형식 동사는 수없이 많다. 따라서 3형식에 자주 쓰이는 동사들을 따로 암기할 수도 없고 할 필요는 없지만, 다음에 나오는 동사들은 헷갈리는 3형식 동사이기도 하고 시험에도 종종 출제되니 우선적으로 암기해두자.

(1) **discuss about** : ~에 대해 토의/논의하다

Did you **discuss** the problem with your parents? 부모님과 그 문제에 대해서 논의했어?

(2) **marry with** : ~와 결혼하다

Would you **marry** me? 저와 결혼해 주실래요?

(3) **resemble with** : ~와 닮다

You **resemble** your father. 너는 너의 아빠와 닮았다.

(4) **enter to** : ~에 들어가다

Who **entered** my room? 누가 내 방에 들어간 거야?

(5) **answer to** : ~에 답하다

He didn't **answer** my question. 그는 나의 질문에 답하지 않았다.

* He didn't give an **answer** to my question. (O)

|2| 4형식

동사 다음에 목적어가 두 개 있는 문장을 4형식이라고 한다. 첫 번째 목적어를 간접목적어라고 하고, 두 번째 목적어를 직접목적어라고 한다. 간접목적어는 '~에게'를 붙여 해석하며, 직접목적어는 '~을/를'을 붙여 해석한다. 반드시 <간접목적어 + 직접목적어> 순서가 되어야 하며, 순서가 바뀌는 경우 <직접목적어 + **전치사** + 간접목적어>의 순서가 되어야 한다.

수여동사	간접목적어	직접목적어	<4형식>

└ give, send, teach, bring, make, buy, cook, find, ask 등

→	수여동사	직접목적어	전치사(to/for/of)	간접목적어	<3형식>

Dad **gave** me this book.

→ Dad **gave** this book **to** me. 아빠는 이 책을 나에게 주셨다.

Mom **made** me some cookies.

→ Mom **made** some cookies **for** me. 엄마는 나에게 쿠키를 좀 만들어주셨다.

The teacher **asked** me many questions.

→ The teacher **asked** many questions **of** me. 선생님께서는 나에게 많은 질문을 하셨다.

2018년 3월 고1

041 A good beginning makes a good ending.

beginning 시작
ending 끝

2021년 3월 고1

042 We can put our bikes in the school parking lot.

parking lot 주차장

2018년 3월 고1

043 The store provides customers with cultural events.

store 가게
customer 고객, 손님
cultural 문화의, 문화적인
event 행사, 사건

2019년 11월 고1

044 I will offer you a solution that keeps your lambs safe.

offer 주다, 제공하다
solution 해결책
lamb 어린[새끼] 양

2017년 3월 고1

045 You often remember a person's face but not his or her name.

face 얼굴, 직면하다

2021년 3월 고1

046 Changing your pillow can help you with your sleeping problem.

pillow 베개

2021년 11월 고1

047 One day a poor man brought a bunch of grapes to a prince as a gift.

a bunch of 한 다발의, 다수의

2021년 3월 고1

048 Playing with a small soft ball will give you and your dog a joyful experience.

joyful 기쁜, 기쁨을 주는
experience 경험

2018년 3월 고1

049 He tells you that he knows you are busy and he wants to help you out by buying you the sandwich.

help out 도와주다

2015년 11월 고1

050 When we discuss the idea of responsibility, we need to make a distinction between responsibility and moral responsibility.

responsibility 책임
distinction 차이, 탁월함
moral 도덕의, 도덕적인

UNIT 06 5형식 1

동사 다음에 목적어와 목적격 보어가 나와 의미를 완성하는 문장을 5형식 문장이라고 한다.

(1) 목적어 다음에 명사가 있고 이 명사가 목적어와 같은 말이면 목적격 보어이다.

(2) 목적어 다음에 형용사가 있고, 이 형용사가 목적어에 관한 정보라면 목적격 보어이다.

자주 쓰이는 동사는 다음과 같다.

| 1 | make, consider, call, name ...

(1)	make	O	명사	목적어를 ~로 만들다
(2)	consider	O	명사	목적어를 ~라고 생각하다
(3)	call	O	명사	목적어를 ~라고 부르다
(4)	name	O	명사	목적어를 ~라고 (이름 지어) 부르다

| 2 | make, consider, keep, find, leave ...

(1)	make	O	형용사	목적어를 ~하게 만들다
(2)	consider	O	형용사	목적어를 ~하다고 생각하다
(3)	find	O	형용사	목적어가 ~하다고 생각하다/알게 되다
(4)	keep	O	형용사	목적어를 ~한 상태로 유지하다
(5)	leave	O	형용사	목적어를 ~한 상태로 두다

2020년 3월 고1

051 He always keeps the bathroom clean.

bathroom 욕실, 화장실

2013년 6월 고1

052 Cushions make the sofa more comfortable.

cushion 쿠션
comfortable 편한, 편안한

2013년 3월 고1

053 Americans consider freedom an essential right.

freedom 자유
essential 필수적인, 중요한
right 권리

2018년 3월 고1

054 Less stuff makes our camping more enjoyable.

less 더 적은, 덜
stuff 물건
enjoyable 즐거운

2015년 11월 고1

055 More and more people find it quite a fulfilling task and very

beneficial.

quite 꽤, 상당히
fulfilling 성취감을 주는
task 일, 과업, 과제
beneficial 유익한, 이로운

2013년 9월 고1

056 Blinking makes the eyes wet and keeps the front portion clear for good vision.

blink 깜빡이다
wet 촉촉한, 젖은
front 앞쪽의, 앞면의
portion 부분
clear 깨끗한, 선명한
vision 시력

2016년 6월 고1

057 When people find they cannot own something, they begin to think it more attractive.

own 소유하다, 자신의
attractive 매력적인

2015년 6월 고1 응용

058 All of the zoo's animals need special diets to stay healthy and the wrong food can make them sick.

diet 식사, 식습관, 식단
healthy 건강한, 건강에 좋은

2016년 11월 고1

059 Grandpa said that we could call him anything we wanted, so we decided to name that dog Blaze.

decide to-V ~하기로 결정하다

2013년 6월 고1

060 These days, many smartphone owners check Twitter during a conversation and do not consider it impolite.

these days 요즘
owner 주인
check 확인하다, 점검하다
during ~ 동안
conversation 대화
impolite 무례한, 실례되는

5형식 2

목적어 다음에 to부정사가 있고, 목적어와 주술관계이면 목적격 보어이다.

(1) | want | O | to-V ~ |　목적어가 ~하기를 원하다

(2) | expect | O | to-V ~ |　목적어가 ~하기를 기대하다

(3) | ask | O | to-V ~ |　목적어에게 ~해달라고 부탁/요청하다

(4) | require | O | to-V ~ |　목적어에게 ~해달라고 요구하다

(5) | tell | O | to-V ~ |　목적어에게 ~하라고 말하다

(6) | order | O | to-V ~ |　목적어에게 ~하라고 명령하다

(7) | allow | O | to-V ~ |　목적어가 ~하도록 허락하다

(8) | advise | O | to-V ~ |　목적어에게 ~하라고 조언하다

(9) | cause | O | to-V ~ |　목적어가 ~하는 원인이 되다

(10) | force | O | to-V ~ |　목적어가 ~하도록 강요하다

(11) | encourage | O | to-V ~ |　목적어가 ~하도록 격려하다

(12) | persuade | O | to-V ~ |　목적어가 ~하도록 설득하다

2012년 9월 고1 응용

061 My daughter kept asking me to read her a story.

keep Ving 계속 ~하다

2012년 6월 고1

062 She wanted him to learn how to play the piano.

learn 배우다, 알게 되다

2020년 9월 고1

063 I don't think they'll allow us to practice in the gym.

practice 연습하다
gym 체육관

2018년 11월 고1

064 I appreciate you for encouraging me to be positive.

appreciate 고마워하다, 진가를 알아보다
positive 긍정적인

2017년 11월 고1

065 The teacher told the students to be ready for the surprise test now.

surprise test 깜짝 시험

2014년 3월 고1

066 In his last championship game, his mistake caused his team to lose the game.

championship 선수권 대회
mistake 실수

2013년 6월 고1

067 When we make a loud noise, it will frighten fish and cause them to swim away.

make a noise 시끄럽게 하다, 소란을 피우다
loud (소리가) 큰, 시끄러운
frighten 겁먹게 만들다
swim away 헤엄쳐 가버리다

2021년 6월 고1

068 Artificial lights can confuse sea turtles and cause them not to reach the sea and die.

artificial light 인공조명
confuse 혼란스럽게 하다
sea turtle 바다거북이
reach ~에 이르다, 도달하다

2016년 6월 고1

069 In one study, researchers asked students to arrange ten posters in order of beauty.

study 연구
researcher 조사자
arrange 배열하다
poster 포스터
order 순서
beauty 아름다움, 미인

2018년 3월 고1

070 Experts advise people to "take the stairs instead of the elevator" or "walk or bike to work."

expert 전문가
take the stairs 계단을 이용하다
instead of ~ 대신에
bike 자전거로 가다
work 직장, 작품

071 The habit of reading books multiple times encourages people to engage with them emotionally.

habit 습관
multiple 많은, 다수의
engage with ~와 연결되다, ~와 관계를 맺다
emotionally 감정적으로

072 So, we are asking you to donate canned goods, warm clothes, blankets, and money.

donate 기부하다
canned goods 통조림 제품
blanket 담요

073 A few years ago, I asked two groups of people to spend an afternoon picking up trash in a park.

spend 시간 Ving ~하며 시간을 보내다
pick up 줍다
trash 쓰레기

074 As adults, we have a responsibility to teach children to respect and interact with animals in a positive way.

adult 성인
responsibility 책임
respect 존중하다, 존경하다
interact 상호 작용을 하다
positive 긍정적인

075 This year, for our birthdays, let's tell our friends and family to donate money to a charity instead of buying us presents.

donate 기부하다
charity 자선단체
instead of ~ 대신에
present 선물

5형식 3

목적어 다음에 원형부정사, 현재분사, 또는 과거분사가 있고, 목적어와 주술관계이면 목적격 보어이다.

(1) 목적격 보어 자리에 원형부정사(동사원형)가 오면 목적어와 능동 관계이다.

(2) 목적격 보어 자리에 현재분사가 오면 목적어와 능동, 진행 관계이다.

(3) 목적격 보어 자리에 과거분사가 오면 목적어와 수동, 완료 관계이다.

| 1 | 사역동사 : make, have, let, help

(1)	make	O	V / p.p. ~	목적어가 ~하게/되게 만들다
(2)	have	O	V / p.p. ~	목적어가 ~하게/되게 하다
(3)	let	O	V / be p.p. ~	목적어가 ~하게/되게 두다/허락하다
(4)	help	O	V / to-V ~	목적어가 ~하는 것을 도와주다
*	get	O	to-V / p.p. ~	목적어가 ~하게/되게 하다

| 2 | 지각동사 : see, watch, hear, listen to, notice, feel

(1)	지각동사	O	V ~	목적어가 ~하는 것을 보다/듣다/느끼다
(2)	지각동사	O	Ving ~	목적어가 ~하고 있는 것을 보다/듣다/느끼다
(3)	지각동사	O	p.p. ~	목적어가 ~된/되는 것을 보다/듣다/느끼다

| 3 | find, keep, leave, want

(1)	find	O	Ving / p.p. ~	목적어가 ~하고 있는/된 것을 발견하다
(2)	keep	O	Ving / p.p. ~	목적어를 (계속) ~하고 있는/된 상태로 두다/유지하다
(3)	leave	O	Ving / p.p. ~	목적어를 ~하고 있는/된 상태로 두다
(4)	want	O	p.p. ~	목적어가 ~되기를 원하다

2020년 3월 고1

076 Thank you for letting me know.

2012년 6월 고1 응용

077 I wanted my mom to hear me play the piano.

2019년 3월 고1

078 How does a leader make people feel important?

leader 리더, 지도자
important 중요한

2013년 6월 고1

079 Your wife wants her feelings acknowledged first.

wife 아내
acknowledge 인정하다

2016년 6월 고1

080 I heard something moving slowly along the walls.

along ~을 따라
wall 벽

2011년 3월 고1
081 Special effects help make the movies seem more realistic.

special effect 특수효과
realistic 현실적인

2018년 9월 고1
082 If you want the TV installed, there is an additional $50 fee.

install 설치하다
additional 추가적인
fee 요금

2016년 3월 고1
083 Having a full stomach makes people feel satisfied and happier.

stomach 위, 배
satisfied 만족한

2021년 9월 고1
084 Diversity, challenge, and conflict help us maintain our imagination.

diversity 다양성
challenge 어려움, 도전
conflict 갈등
maintain 유지하다
imagination 상상력

2016년 11월 고1
085 Don't let distractions interrupt your attentive listening to the speaker.

distraction 주의를 산만하게
하는 것
interrupt 방해하다
attentive 주의 깊은

086 She looked out her window and saw the rain slowly beginning to fade.

fade 서서히 사라지다, 바래다, 희미해지다

087 Collect 100 amazing artists in a room and have them draw the same chair.

collect 모으다, 수집하다
amazing 놀라운

088 Let them know you respect their thinking, and let them voice their opinions.

respect 존중하다, 존경하다
voice (말로) 나타내다
opinion 의견

089 By the age of fourteen, Dunbar had poems published in the *Dayton Herald*.

poem 시
publish 출간하다, 공개하다

090 This preparation increases their confidence in their own ability to get things done.

preparation 준비
increase 증가하다, 늘다
confidence 자신감
ability 능력

2016년 6월 고1

091 We work hard for our money, and we want to see it grow and work hard for us.

hard 열심히, 어려운

2015년 9월 고1

092 When he was at the bus station as usual, he found himself sitting next to an old woman.

as usual 평소처럼, 늘 그렇듯이
next to ~ 옆에

2021년 3월 고1

093 On the way home, Shirley noticed a truck parked in front of the house across the street.

on the[one's] way (to) ~로 가는 길에
notice 알아차리다, 주목하다
park 주차하다

2016년 11월 고1

094 When Amy heard her name called, she stood up from her seat and made her way to the stage.

make one's way to ~로 가다, 나아가다
stage 무대

2011년 9월 고1

095 Today, most people get their wisdom teeth removed before they can squeeze other teeth out of place or get infected.

wisdom teeth 사랑니
remove 제거하다
squeeze A out of place A를 밀어내다
infect 감염시키다

Chapter 2

형용사

UNIT 09 형용사의 개념, 역할, 종류

| 1 | 형용사의 개념, 역할, 종류

(1) 형용사의 개념 및 역할 : 명사의 상태나 성질을 설명하는 말로, 명사를 수식하거나 보어가 된다.

(2) 형용사의 종류

①	형용사	형용사, 현재분사, 과거분사
②	형용사구	형용사구, 전치사구, to부정사구, 현재분사구, 과거분사구
③	형용사절	관계대명사절, 관계부사절

| 2 | 길어진 형용사 모아보기

(1) 명사가 있는 곳은 언제나 형용사가 앞, 뒤에서 수식할 수 있다.

(2) <u>두 단어 이상의 길어진 형용사</u>는 명사 뒤에서 수식한다.
　　형용사구, 형용사절

(3) 길어진 형용사의 다양한 종류를 정확하게 익히고 나면 길고 복잡한 문장이 단순하게 보이기 시작한다.

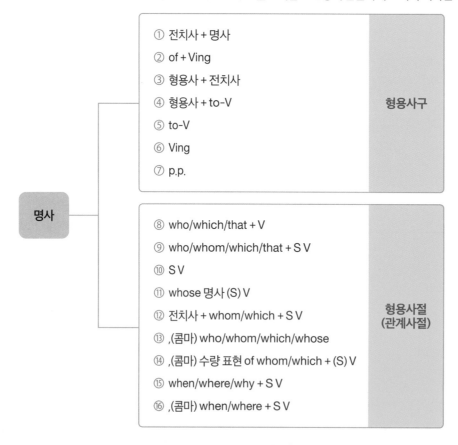

1	명사	전치사 + 명사	the book **on the table**
		전치사의 의미에 맞게 명사 수식	테이블 위에 있는 책
2	명사	of + Ving	the ability **of reading people's mind**
		~하는 명사	사람들의 마음을 읽는 능력
3	명사	형용사 + 전치사	the house **full of books**
		~한 명사	책으로 가득 찬 집
4	명사	형용사 to-V	the book **easy to read**
		형용사와 to부정사의 의미에 맞게 명사 수식	읽기 쉬운 책
5	명사	to-V	the book **to read on a plane**
		~할/하는 명사	비행기에서 읽을 책
6	명사	Ving	the book **containing many pictures**
		~하고 있는 명사	많은 그림을 포함하고 있는 책
7	명사	p.p.	the book **written in easy English**
		~된/되는 명사	쉬운 영어로 쓰인 책
8	명사	who/which/that + V	the house **which was built by my father**
		~하는 명사	나의 아빠에 의해 지어진 집
9	명사	who/whom/which/that + S V	the people **whom you trust**
		주어가 ~하는 명사	당신이 믿는 사람들
10	명사	S V	the people **you trust**
		주어가 ~하는 명사	당신이 믿는 사람들
11	명사	whose 명사 (S) V	the book **whose cover is red**
		명사가 ~인 / 명사를 주어가 ~하는	표지가 빨간색인 책
12	명사	전치사 + whom/which S V	the friends **with whom I play**
		주어가 ~하는 명사	내가 (함께) 노는 친구들
13	명사	, (콤마) who/whom/which/whose	Seoul, **which is the biggest city in Korea**
		그런데 그 사람은 / 그것은 / 그것의	서울, 그런데 그곳은 한국에서 가장 큰 도시인
14	명사	, (콤마) 수량 표현 of whom/which + (S) V	the people, **most of whom you don't know well**
		그런데 그(것)들 중 수량 표현을 (주어가) ~하는	사람들, 그런데 그들 중 대부분을 당신이 잘 모르는
15	명사	when/where/why S V	the house **where I was born**
		주어가 ~하는 명사	내가 태어난 집
16	명사	, (콤마) when/where S V	Seoul, **where I was born**
		그런데 그때 / 그곳에서 주어가 ~하는	서울, 그런데 그곳에서 내가 태어난

UNIT 10 전치사구, of 동명사

| 1 | 전치사구

명사	전치사 + (한정사) (부사) (형용사) 명사

전치사의 의미에 맞게 앞에 있는 명사를 수식

(1) 전치사는 명사 앞에 위치하는 말로 전치사가 나오면 전치사부터 명사까지 덩어리로 묶어준다. 전치사부터 명사까지의 덩어리를 <전치사구>라고 한다.

(2) 전치사구는 시간, 장소, 방법, 이유, 소유, 방향 등의 정보를 제공하며, 정확한 의미 파악은 대부분 문장 내에서만 가능하다.

(3) 전치사구 앞에 명사가 있고 전치사구가 그 명사를 수식하면 <형용사구>이다. 전치사구 앞에 명사가 있지만 그 명사를 수식하지 않거나, 형용사, 동사, 문장 등을 수식하는 경우는 <부사구>이다. 반드시 해석을 통해서 확인하자.

The book on the table is interesting. 테이블 위에 있는 그 책은 재미있다.
형용사구

I put the book on the table. 나는 그 책을 테이블 위에 두었다.
부사구

The name of the boy behind me is Tom. 내 뒤에 있는 그 소년의 이름은 Tom이다.
형용사구   형용사구

(4) 동사구나 형용사구에 포함된 전치사의 경우 한 덩어리의 표현으로 이해하는 것이 좋다.

She **looked at** herself in the mirror. 그녀는 거울 속에 비친 자신을 바라보았다.
I **was good at** my work and **proud of** it. 나는 내 일을 잘했고, 내 일을 자랑스러워했다. 2019년 중3
You should **take care of** your dogs and cats. 당신은 당신의 개와 고양이를 돌봐야 한다.

| 2 | of 동명사

명사	of + Ving ~

~하는 명사 * 명사와 동명사(Ving)는 동격이지만 형용사처럼 해석하면 된다.

She is talking about the positive effects **of raising** animals. 2020년 11월 고1 응용
그녀는 동물을 기르는 (것의) 긍정적인 효과에 대해 이야기하고 있다.

096 The Olympics gives a good chance of sharing cultures.

2013년 3월 고1

chance 기회
share 공유하다
culture 문화

097 You also won't have the burden of remembering all of them.

2020년 3월 고1

burden 부담

098 He was writing about the effects of leaving tasks incomplete.

2021년 9월 고1 응용

effect 효과
incomplete 미완성의

099 Do you know the advantages of teaching values through proverbs?

2019년 3월 고1 응용

advantage 이점, 장점
value 가치
proverb 속담

100 The letters include a lot of information about school events such as parent-teacher meetings.

2020년 3월 고1

include 포함하다
parent-teacher meetings
학부모 상담주간

2021년 11월 고1 응용

101 The above passage is about the difficulty of discovering how neurons in the brain work.

above 위의, 위에 있는
passage 지문, 구절
difficulty 어려움
discover 발견하다
neuron 뉴런, 신경세포
brain 뇌

2013년 3월 고1

102 One of the primary tensions in American culture is the one between freedom and prohibition.

primary 주요한, 기본적인
tension 긴장
culture 문화
freedom 자유
prohibition 금지

2017년 9월 고1

103 From the beginning of human history, people have asked questions about the world and their place within it.

history 역사

2016년 3월 고1

104 Some of the most extensive research on the subject of success was conducted by George and Alec Gallup.

extensive 광범위한
research 조사
subject 주제
success 성공
conduct (특정 활동을) 하다

2021년 11월 고1

105 The reduction of minerals in our food is the result of using pesticides and fertilizers that kill off beneficial bacteria, earthworms, and bugs in the soil.

reduction 감소, 삭감
mineral 광물, 무기물
result 결과
pesticide 살충제
fertilizer 비료
beneficial 유익한
earthworm 지렁이

UNIT 11 형용사 + 전치사, 형용사 + to부정사, to부정사

① 전치사구	② of 동명사	③ 형용사 + 전치사	④ 형용사 + to부정사
⑤ to부정사	⑥ 현재분사	⑦ 과거분사	⑧ 관계대명사 주격
⑨ 관계대명사 목적격	⑩ 관계대명사 목적격의 생략	⑪ 관계대명사 소유격	⑫ 전치사 + 관계대명사절
⑬ 관계대명사의 계속적 용법	⑭ , 수량 표현 of whom/which	⑮ 관계부사절	⑯ 관계부사의 계속적 용법

| 3 | 형용사 + 전치사

> 명사 　 형용사 + 전치사
> ～한 (형용사의 의미에 맞게 앞에 있는 명사를 수식)

The box **full of toys** is in your room. 장난감으로 가득 찬 상자가 너의 방에 있다.

| 4 | 형용사 + to부정사

> 명사 　 형용사 + to-V
> 형용사와 to부정사의 의미에 맞게 앞에 있는 명사를 수식

The book **easy to read** sells well. 읽기 쉬운 그 책은 잘 팔린다.

| 5 | to부정사

> 명사 　 to-V ～
> ～할/～하는

(1) 앞에 명사가 있어야 하고, '～할' 또는 '～하는'으로 해석된다. 앞에 명사가 있다고 무조건 그 명사를 수식하는 것은 아니므로 반드시 해석을 통해 확인해야 한다.

　She had a plan **to go to Canada**. (형용사적 용법) 그녀는 캐나다로 갈 계획이 있었다.

　* She went to the market **to buy some fruits**. (부사적 용법) 그녀는 과일을 좀 사기 위해서 시장에 갔다.

(2) to부정사 다음에 전치사가 있는 경우 전치사의 의미까지 포함하여 해석해주는 것이 좋다.

　There is a chair **to sit on**. (위에) 앉을 의자가 하나 있다.

　I need a pen **to write with**. 나는 (가지고) 쓸 펜이 필요하다.

(3) -thing, -one, -body로 끝나는 대명사 뒤에는 형용사가 한 번, to부정사가 한 번 더 수식할 수 있다.

　I want something **to drink**. 나는 마실 무언가를 원한다.

　I want something **cold to drink**. 나는 마실 차가운 무언가를 원한다.

2021년 6월 고1

106 We have a tendency to interpret events selectively.

tendency 경향
interpret 해석하다, 설명하다, 통역하다
selectively 선택적으로

2020년 6월 고1

107 Some planets do not even have the surfaces to land on.

planet 행성
surface 표면
land 착륙하다, 육지

2011년 3월 고1

108 On August 15, 1947, India became a nation free from British rule.

nation 국가
rule 통치(하다), 지배(하다)

2019년 11월 고1 응용

109 The topic is persuasive ways to communicate what you think to people.

topic 주제
persuasive 설득력 있는
communicate (생각, 느낌 등을) 전하다, 알리다

2015년 3월 고1

110 Shoppers usually have a limited amount of money to spend and a limited amount of time to shop.

limited 한정된, 제한된
amount 양
shop 쇼핑하다

2015년 11월 고1

111 In prehistoric times, humans faced challenges different from those they face today.

prehistoric 선사 시대의
face 직면하다
challenge 도전적인 일, 어려운 일
different from ~와 다른

2012년 3월 고1

112 She was skilled in all areas of knowledge necessary to the education of a fine lady.

skilled 숙련된, 능통한
area 분야, 지역
knowledge 지식
necessary 필요한
education 교육
fine lady 숙녀

2019년 9월 고1

113 Most of the world's population today has plenty of food available to survive and thrive.

population 인구
plenty of 많은
available 이용 가능한
survive 생존하다
thrive 번영하다, 번창하다

2020년 11월 고1

114 The camera automatically turns on the flash as there is not enough light available to produce a correct exposure.

automatically 자동으로
enough 충분한
produce 생산하다
correct 정확한
exposure 노출

2015년 9월 고1

115 From different appearances, to different personalities, to different beliefs — it's a big world full of interesting and diverse people!

appearance 외모
personality 성격
belief 신념
full of ~로 가득 찬
diverse 다양한

길어진 형용사 ③

현재분사, 과거분사

① 전치사구   ② of 동명사   ③ 형용사 + 전치사   ④ 형용사 + to부정사
⑤ to부정사   ⑥ 현재분사   ⑦ 과거분사   ⑧ 관계대명사 주격
⑨ 관계대명사 목적격   ⑩ 관계대명사 목적격의 생략   ⑪ 관계대명사 소유격   ⑫ 전치사 + 관계대명사절
⑬ 관계대명사의 계속적 용법   ⑭ , 수량 표현 of whom/which   ⑮ 관계부사절   ⑯ 관계부사의 계속적 용법

| 6 | 현재분사

명사   Ving ~
      ~하는 / ~하고 있는

(1) 명사 뒤에 현재분사(Ving)가 있는 경우 앞에 있는 명사를 수식한다.

(2) 현재분사에 사용된 동사에 따라 의미 덩어리를 파악할 수 있어야 한다.

Every year the number of people **living in Africa and Asia** increases. 2018년 예비 고1

매년 아프리카와 아시아에 사는 사람들의 수가 증가한다.

I have a picture of my grandpa **holding me** when I was two. 2014년 중3

나는 두 살 때 나를 안고 있는 할아버지의 사진을 가지고 있다.

There is a very old story **involving a man trying to fix his broken boiler**. 2018년 6월 고1

그의 고장 난 보일러를 고치기 위해서 애를 쓰고 있는 한 남자에 관한 옛날이야기가 있다.

| 7 | 과거분사

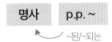

명사   p.p. ~
      ~된/~되는

(1) 명사 뒤에 과거분사(p.p.)가 있는 경우 앞에 있는 명사를 수식한다.

(2) 동사의 <과거형>과 <과거분사형>이 같은 경우 구별이 어려울 수 있으니 충분한 연습이 필요하다.

　①타동사의 과거분사형이면 뒤에 목적어 없이 앞에 있는 명사를 수식하여 '~된, ~되는'으로 해석된다.

　②타동사의 과거형이라면 뒤에 목적어가 있으며 '~했다'라고 해석된다.

The amount of oil **produced** by this region is decreasing. 2019년 중3

이 지역에서 생산되는 기름의 양은 감소하고 있다.

Dams on large rivers **produced** most of the country's electricity. 2019년 중3

큰 강에 있는 댐들은 그 나라 전기의 대부분을 생산했다.

(3) 과거분사에 사용된 동사에 따라 의미 덩어리로 파악할 수 있어야 한다. ^{* Chapter 5. UNIT 41-44 참고}

| 명사 | p.p. + 전치사구/명사/형용사/to부정사/that절 등 |

The human pyramid **shown in this picture** is an exercise that can be done with six people. 2013년 중3

이 그림에서 보이는 인간 피라미드는 6명이 할 수 있는 운동이다.

Plato was born in Athens and later studied under another famous philosopher **called Socrates**. 2014년 중3

플라톤은 아테네에서 태어났고, 이후에 소크라테스라고 불리는 또 다른 유명한 철학자 밑에서 공부했다.

The positive words **spoken in a positive tone** prompted the strongest activity in the dogs' brains. 2017년 중3

긍정적인 어조로 말해지는 긍정적인 단어들은 개들의 두뇌에서 가장 강한 활동을 촉진시켰다.

2015년 11월 고1

116 Consider a fascinating study involving carrot juice.

consider 고려하다
fascinating 흥미로운
involve 포함하다, 관련시키다
carrot 당근

2015년 3월 고1

117 He wrote a letter asking his father to punish him.

punish 벌하다

2020년 6월 고1

118 Like anything else involving effort, compassion takes practice.

effort 노력
compassion 연민, 동정
practice 연습

2017년 3월 고1

119 Images are simply mental pictures showing ideas and experiences.

simply 간단히 말해, 요약하면
mental picture 심상
experience 경험

2021년 11월 고1

120 For species approaching extinction, zoos can act as a last chance for survival.

species 종
approach 다가가다
extinction 멸종
act as ~로서 역할을 하다
chance 기회
survival 생존

2020년 11월 고1

121 This is a common problem called the *red-eye effect*.

common 흔한
red-eye effect 적목 현상

2021년 11월 고1

122 Some people waste electricity generated by burning fuel in power plants.

waste 낭비하다
electricity 전기
generate 만들어 내다
burn 태우다
fuel 연료
power plant 발전소

2015년 3월 고1

123 Inferences are conclusions based on reasons, facts, or evidence.

inference 추론
conclusion 결론
base on ~에 기초를 두다
reason 근거, 이유
fact 사실
evidence 증거

2020년 3월 고1

124 We all know that tempers are one of the first things lost in many arguments.

temper 화, (화내는) 성질
lose temper 화를 내다, 이성을 잃다
argument 논쟁

2020년 3월 고1

125 The natural world provides a rich source of symbols used in art and literature.

natural world 자연계
provide 제공하다
rich 풍부한
source 원천
symbol 상징
literature 문학

2021년 3월 고1

126 Throughout her life, Elizabeth Catlett created art representing the voices of people suffering from social injustice.

throughout one's life ~의 평생
represent 대변하다, 나타내다
suffer from ~으로 고통받다
injustice 부당함, 부정

2019년 6월 고1

127 If you've picked a good spot for stargazing, you'll see a sky full of stars shining and twinkling like thousands of brilliant jewels.

spot 장소
stargaze 별을 쳐다보다
shine 빛나다
twinkle 반짝이다
brilliant 광채가 나는
jewel 보석

Greg S. Reid

128 A dream written down with a date becomes a goal. A goal broken down becomes a plan. A plan backed by action makes your dream come true.

write down 적어 두다
break down 잘게 나누다
back 후원하다, 뒷받침하다

2019년 11월 고1

129 One example was uncovered by behavioral ecologists studying the behavior of a small Australian animal called the quoll.

example 예
uncover 발견하다
behavioral ecologist 행동
생태학자
behavior 행동
quoll 쿠올, 주머니고양이

2017년 3월 고1

130 City governments with downtown areas struggling with traffic jams and lack of parking lots are driving the growing popularity of car sharing.

government 정부
struggle with ~에 고심하다, ~을
해결하려고 애쓰다
lack 부족, 결핍
drive 추동하다
popularity 인기

131 2016년 9월 고1

You get dressed in clothes made of cotton grown in Georgia and sewn in factories in Thailand.

cotton 목화, 면직물
sew 바느질하다 (sew-sewed-sewed/sewn)
factory 공장

132 2018년 11월 고1

The above graph shows the number of jobs directly created by travel and tourism in 2016 and 2017 for five regions.

above 위에 있는
directly 직접적으로
create 창조하다, 만들다
tourism 관광업
region 지역

133 2011년 9월 고1

Feathers help to keep a bird warm by trapping heat produced by the body close to the surface of the skin.

feather 깃털
trap 가두다
produce 생산하다, 만들다
close 가까운
surface 표면

134 2021년 11월 고1 응용

In general, kinetic energy is the energy associated with motion, while potential energy represents the energy "stored" in a physical system.

in general 일반적으로
kinetic energy 운동 에너지
associate 관련짓다
motion 운동, 움직임
potential energy 위치 에너지
store 저장하다
physical system 물리계

135 2013년 3월 고1

In one study, Sarah Pressman and Sheldon Cohen studied autobiographies written by study participants including psychologists, poets, and novelists.

autobiography 자서전
participant 참가자
including 포함하여
psychologist 심리학자
poet 시인
novelist 소설가

UNIT 13 관계대명사 주격, 목적격, 관계대명사 목적격의 생략

① 전치사구　　　　② of 동명사　　　　③ 형용사 + 전치사　　　④ 형용사 + to부정사
⑤ to부정사　　　　⑥ 현재분사　　　　⑦ 과거분사　　　　　　⑧ 관계대명사 주격
⑨ 관계대명사 목적격　⑩ 관계대명사 목적격의 생략　⑪ 관계대명사 소유격　⑫ 전치사 + 관계대명사절
⑬ 관계대명사의 계속적 용법　⑭ , 수량 표현 of whom/which　⑮ 관계부사절　⑯ 관계부사의 계속적 용법

참고 | 관계대명사와 관계부사 모아보기

1. 관계대명사와 관계부사는 <문장 단위로 명사를 수식하는 형용사>이다. (관계대명사 what절 제외)

2. 명사 뒤에 **that**이나 **wh-(who, which, when, where, why)**가 있으면 관계대명사 또는 관계부사라고 판단하고 다음과 같이 해석하면 된다. <that>의 경우 관계대명사가 아닌 동격절을 이끄는 접속사 that일 수도 있으나 해석할 때는 구분할 필요 없다.

명사	that/wh- (S) V ~

（주어가) ~하는 명사

· the man **who is walking his dog**
　개를 산책시키고 있는 남자

· the girl **whom you talked with**
　당신과 이야기했던 소녀

· the bag **which she is carrying**
　그녀가 들고 있는 가방

· the first woman **that became a pilot**
　비행기 조종사가 된 최초의 여성

· the country **where many people enjoy its beautiful scenery**
　많은 사람들이 아름다운 풍경을 즐기는 나라

· the morning **when I got up so late**
　내가 정말 늦게 일어났던 아침

· the reason **why I don't agree with your idea**
　내가 당신의 생각에 동의하지 않는 이유

|8| 관계대명사 주격

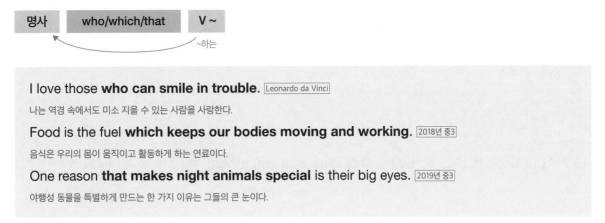

명사 who/which/that V ~
~하는

I love those **who can smile in trouble.** Leonardo da Vinci

나는 역경 속에서도 미소 지을 수 있는 사람을 사랑한다.

Food is the fuel **which keeps our bodies moving and working.** 2018년 중3

음식은 우리의 몸이 움직이고 활동하게 하는 연료이다.

One reason **that makes night animals special** is their big eyes. 2019년 중3

야행성 동물을 특별하게 만드는 한 가지 이유는 그들의 큰 눈이다.

|9| 관계대명사 목적격

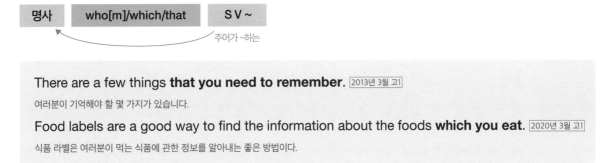

명사 who[m]/which/that S V ~
주어가 ~하는

There are a few things **that you need to remember.** 2013년 3월 고1

여러분이 기억해야 할 몇 가지가 있습니다.

Food labels are a good way to find the information about the foods **which you eat.** 2020년 3월 고1

식품 라벨은 여러분이 먹는 식품에 관한 정보를 알아내는 좋은 방법이다.

|10| 관계대명사 목적격의 생략

관계대명사 목적격 생략

명사 S V ~ = 명사 (대)명사 V ~
주어가 ~하는   (대)명사가 ~하는

명사 다음에 <주어 + 동사>가 나오면 관계대명사 목적격이 생략되었다고 판단하고 앞에 있는 명사를 수식하면 된다. 다시 말해서, 명사 두 개가 연속해서 나온 후 동사가 나오면 명사와 명사 사이에 관계대명사 목적격이 생략된 것이다.

Dogs can understand both the words **we speak** and the tone **we use.** 2017년 중3

개는 우리가 말하는 단어와 우리가 사용하는 말투 둘 다를 이해할 수 있다.

I'm the only father **my children have** and I'm the only husband **my wife has.** 2016년 3월 고1

저는 우리 아이들의 유일한 아버지이자 제 아내의 유일한 남편입니다.

2020년 3월 고1

136 A person who can never take a risk can't learn anything.

take a risk 위험을 무릅쓰다

2021년 11월 고1 응용

137 Your brain is shaped by the thoughts that you repeat.

shape 형성하다, (어떤 형태로) 만들다
thought 생각
repeat 반복하다

2019년 6월 고1

138 Creativity is a skill we usually consider uniquely human.

creativity 창의력, 창의성
skill 기술, 능력
consider 간주하다, 생각하다
uniquely 유일하게
human 인간, 인간적인

2015년 3월 고1

139 We are social animals who need to discuss our problems with others.

social 사회적인
discuss 토론하다, 논의하다

2020년 9월 고1

140 I'm not one of those people who just "must" have the latest phone.

latest 최근의, 최신의

2021년 3월 고1

141 Once upon a time, there lived a young king who had a great passion for hunting.

once upon a time 옛날에
passion 열정
hunting 사냥

2014년 3월 고1

142 The door-to-door delivery service is very convenient for people who don't have time to go to the library.

door-to-door 집집마다의, 택배의
delivery 배달
convenient 편리한

2019년 9월 고1

143 We have lots of muscles in our faces which enable us to move our face into lots of different positions.

muscle 근육
enable A to B A가 B하게 해주다
position 위치

2017년 중3

144 When tragedy strikes, or when we lose everything, the question we usually ask is "Why?" "Why me?" "Why now?"

tragedy 비극
strike 치다, 부딪치다, (재난, 질병 등이 갑자기) 발생하다

2015년 중3

145 Reducing the amount of water and energy used in your house is the first step that you can take for the environment.

reduce 줄이다
step 움직임, 걸음, 단계
take a step 조치를 취하다
environment 환경

146 An old man whom society would consider a beggar was coming toward him from across the parking lot.

beggar 걸인, 거지
toward ~쪽으로, ~을 향하여
parking lot 주차장

147 Africans hold some of the same beliefs and practices regarding feet and footwear that are found in other cultures.

hold 가지고 있다
belief 믿음
practice 관습
regarding ~에 관한
footwear 신발

148 Consumers like goods they can touch in stores more than products they only see and read about online or in catalogs.

consumer 소비자
goods 제품, 상품
product 상품
online 온라인으로
catalog 목록, 카탈로그

149 There are limits on the number of people we can possibly pay attention to or develop a relationship with.

limit 한계
possibly 아마
pay attention to ~에 주의를 기울이다
develop 성장하다, 개발하다, 발전시키다
relationship 관계

150 One of the most important skills you can develop in human relations is the ability to see things from others' points of view.

relation 관계, 친척
ability 능력
point of view 관점

2014년 11월 고1

151 In the not-too-distant future, everyday objects such as shoes, carpets, and toothbrushes will contain technology that collects information.

object 물체, 물건
contain 포함하다
technology 기술
collect 모으다, 수집하다
information 정보

2014년 6월 고1

152 The anger that criticism causes can upset employees, family members and friends, and still not correct the situation which is a problem.

anger 화, 분노
criticism 비판
cause 야기하다
upset 화나게 하다
employee 직원, 종업원
correct 바로잡다

2020년 3월 고1

153 Ironically, students with the greatest need to concentrate when studying are often the ones who surround themselves with the most distractions.

ironically 모순적이게도
concentrate 집중하다
surround 둘러싸다
distraction 주의를 산만하게
하는 것

2016년 11월 고1

154 In the history of sports and in our 'winning is everything' culture, I'm not aware of anyone who ever won every game, or every event, or every championship they competed for.

aware of ~을 아는
championship 선수권 대회
compete for ~을 두고 경쟁하다

2021년 3월 고1

155 If the disappointment you're feeling is linked to an exam you didn't pass because you didn't study for it, or a job you didn't get because you said silly things at the interview, or a person you didn't impress because you took entirely the wrong approach, accept that it's *happened* now.

disappointment 실망
link to ~와 연결시키다
exam 시험
silly 어리석은
impress 좋은 인상을 주다
entirely 완전히, 전적으로
approach 접근 방법
accept 받아들이다

UNIT 14 관계대명사 소유격, 전치사 + 관계대명사절

① 전치사구	② of 동명사	③ 형용사 + 전치사	④ 형용사 + to부정사
⑤ to부정사	⑥ 현재분사	⑦ 과거분사	⑧ 관계대명사 주격
⑨ 관계대명사 목적격	⑩ 관계대명사 목적격의 생략	⑪ 관계대명사 소유격	⑫ 전치사 + 관계대명사절
⑬ 관계대명사의 계속적 용법	⑭ , 수량 표현 of whom/which	⑮ 관계부사절	⑯ 관계부사의 계속적 용법

|11| 관계대명사 소유격

(1) <명사2>가 be동사인

명사 1	whose	명사 2	주로 be동사

(2) <명사2>를 주어가 동사하는

명사 1	whose	명사 2	S V ~

소유격 관계대명사는 <명사1>과 <명사2>의 소유관계를 나타낸다. 소유격 관계대명사 앞과 뒤에 명사가 있으며, <명사 2> 다음의 구조를 보고 해석해야 한다.

> The teacher noticed a girl **whose** name was Serena. [2009년 11월 고1]
> 선생님은 Serena라는 이름의 한 소녀를 주목했다. (선생님은 이름이 Serena인 한 소녀를 주목했다.)
>
> A girl **whose** name I don't know lives next door.
> 내가 이름을 모르는 한 소녀가 옆집에 산다. (이름을 내가 모르는 한 소녀가 옆집에 산다.)

|12| 전치사 + 관계대명사절

명사	전치사 + whom/which	S V ~

주어가 ~하는

관계대명사 앞에 전치사가 있어도 해석은 같다. 다만 전치사의 의미를 살려주면 더 좋다.

> I know a website **on which** you can learn foreign languages. [2019년 9월 고1 응용]
> 나는 당신이 외국어를 배울 수 있는 웹사이트를 알고 있다.
>
> The people **with whom** I work are going to do volunteer work at a nursing home tomorrow.
> 내가 함께 일하는 사람들은 내일 양로원에서 자원봉사할 예정이다.

2018년 9월 고1

156 So a patient whose heart has stopped can no longer be regarded as dead.

patient 환자
no longer 더 이상 ~하지 않은
regard A as B A를 B라고 간주하다, 여기다

2020년 6월 고1

157 In order to learn language, an infant must make sense of the contexts in which language occurs.

language 언어
infant 유아
make sense of ~을 이해하다, 파악하다
context 맥락
occur 일어나다, 발생하다

2014년 9월 고1

158 She was working for "The Hunger Project" whose goal was to bring an end to hunger around the world.

goal 목표
bring an end to ~을 끝내다
hunger 기아, 굶주림

2006년 11월 고1

159 The results showed much higher levels of the stress hormone in children whose working mothers hated their jobs.

result 결과
hormone 호르몬
hate 싫어하다

2018년 3월 고1

160 Just think for a moment of all the people upon whom your participation in your class depends.

for a moment 잠시 동안
participation 참여
depend (up)on ~에 의존하다, ~에 달려 있다

161 Timothy Wilson did an experiment in which he gave students a choice of five different art posters.

experiment 실험

162 The land through which the proposed Pine Hill walking trail would cut is home to a variety of species.

proposed 제안된
walking trail 산책로
cut through ~ 사이로 길을 내다
home 서식지
a variety of 다양한
species 종

163 This was to make library services available to people for whom evening was the only convenient time to visit.

available 이용 가능한
convenient 편리한

164 The researchers created several apparent emergencies whose solution required cooperation between the two groups.

several 몇몇의
apparent 분명한, 명백한
emergency 비상사태
solution 해결, 해결책
require 필요로 하다
cooperation 협력

165 Among the three platforms whose usage increased between the two years, cell phones showed the smallest increase.

platform 플랫폼
usage 사용
increase 증가, 증가하다

2020년 3월 고1

166 To get your new toaster, simply take your receipt and the faulty toaster to the dealer from whom you bought it.

toaster 토스터
simply 그냥, 그저
receipt 영수증
faulty 고장 난, 결함 있는
dealer 판매인

2013년 6월 고1

167 In most cases sound reaches the ear through the air; but air is not the only medium through which sound is carried.

case 경우, 사례
reach 도달하다
medium 매개체
carry 전달하다, 들고 있다, 나르다

2015년 6월 고1

168 He was an economic historian whose work has centered on the study of business history and, in particular, administration.

economic 경제의
historian 사학자
center on ~에 집중하다
in particular 특히
administration 행정, 경영관리

2019년 3월 고1

169 Select clothing appropriate for the temperature and environmental conditions in which you will be doing exercise.

select 선택하다
appropriate 적절한
temperature 기온, 온도
environmental condition 환경 조건

2015년 6월 고1

170 They also noted that success was greater in those patients whose partners had also lost weight even though they were not included in the program.

note 언급하다, 주목하다
success 성공
lose weight 살을 빼다
even though 비록 ~이지만
include 포함하다

UNIT 15 관계대명사의 계속적 용법, 수량 표현 of whom/which

① 전치사구	② of 동명사	③ 형용사 + 전치사	④ 형용사 + to부정사
⑤ to부정사	⑥ 현재분사	⑦ 과거분사	⑧ 관계대명사 주격
⑨ 관계대명사 목적격	⑩ 관계대명사 목적격의 생략	⑪ 관계대명사 소유격	⑫ 전치사 + 관계대명사절
⑬ 관계대명사의 계속적 용법	⑭ , 수량 표현 of whom/which	⑮ 관계부사절	⑯ 관계부사의 계속적 용법

|13| 관계대명사의 계속적 용법

명사	,	who/which V ~	그런데 그 사람은/그것은
명사	,	who(m)/which S V ~	그런데 그 사람을/그것을
명사	,	whose 명사 (S) V ~	그런데 그 사람의/그것의 명사는/명사를
명사	,	전치사 + whom/which S V ~	그런데 + 전치사의 의미에 맞게 해석한다.

My little sister, **who was playing with a doll**, suddenly started crying.

나의 여동생은, 인형을 가지고 놀고 있었는데, 갑자기 울기 시작했다. (인형을 가지고 놀고 있던 나의 여동생은 갑자기 울기 시작했다.)

Robots can work 24 hours a day without sleep, **which greatly improves productivity.** `2017년 중3`

로봇은 잠을 자지 않고 하루에 24시간 일할 수 있는데, 그것이 생산성을 크게 향상시킨다.

|14| , 수량 표현 of whom/which

명사	,	수량 표현 of whom (S) V ~	그런데 그들 중 수량 표현은/을
명사	,	수량 표현 of which (S) V ~	그런데 그것들 중 수량 표현은/을

* 자주 쓰이는 수량 표현 : 분수, half, all, some, most, none 등

There are many students in the classroom, **half of whom are sleeping.**

교실에 많은 학생들이 있는데, 그들 중 절반은 잠자고 있다.

The math teacher gave us 10 questions, **most of which were really difficult.**

수학 선생님께서 우리에게 수학 문제 10개를 내주셨는데, 그것들 중 대부분은 정말 어려웠다.

2019년 중3

171 The Alhambra, which means 'red castle', is one of the most beautiful buildings in the world.

castle 성

2018년 11월 고1

172 Plants can't move, which means they can't escape the creatures that feed on them.

escape 도망가다, 탈출하다
creature 생물체
feed on ~을 먹고 살다

2018년 11월 고1

173 We cannot predict the outcomes of sporting contests, which vary from week to week.

predict 예측하다
outcome 결과
contest 경기, 대회
vary 다르다

2013년 11월 고1

174 It reminded me of my own mother, who did the same for me until she died when I was 19.

remind A of B A에게 B를
생각나게 하다
until ~까지

2019년 9월 고1

175 She admired the work of Edgar Degas and was able to meet him in Paris, which was a great inspiration.

admire 존경하다, 감탄하며
바라보다
work 작품
be able to ~할 수 있다
inspiration 영감

2015년 6월 고1 응용

176 Linda, who sat next to her, passed the sign-up sheet for the Talent Contest without signing it.

sign-up sheet 신청서
sign 서명하다, 신청하다

2012년 중3

177 Rapid scene changes and bright colors, which are typical of baby videos, may have negative effects on the normal development of a baby's attention.

rapid 빠른
typical 전형적인
negative 부정적인
effect 영향
normal 정상적인
development 발달
attention 주의력, 관심

2021년 6월 고1

178 She was living near campus with several other people — none of whom knew one another.

campus 캠퍼스
several 몇몇의

2010년 6월 고1

179 Finnish filmmaker Timo Vuorensola came up with the idea for his movie *Star Wreck*, whose original was *Star Trek*.

Finnish 핀란드의, 핀란드 사람의
filmmaker 영화 제작자
come up with ~을 생각해내다
original 원본, 원작

2019년 11월 고1

180 Minority individuals have many encounters with majority individuals, each of which may trigger such responses.

minority 소수 (집단)
individual 개인
encounter 마주침, 마주치다
majority 다수 (집단)
trigger 유발하다, 촉발하다
response 반응

181 2021년 11월 고1
There is often a lot of uncertainty in the realm of science, which the general public finds uncomfortable.

uncertainty 불확실성
realm 영역
general public 일반 대중
uncomfortable 불편한

182 2018년 6월 고1
Plastic is extremely slow to degrade and tends to float, which allows it to travel in ocean currents for thousands of miles.

extremely 매우, 극단적으로
degrade 분해되다
tend to-V ~하는 경향이 있다
float 뜨다, 떠가다
allow 허락하다
current 흐름, 해류

183 2014년 11월 고1
Globalization has resulted in a global brain drain, which refers to the situation in which countries lose their best educated workers.

globalization 세계화
result in ~을 초래하다
drain 유출, 배출
refer to ~을 나타내다, 언급하다
situation 상황
educated 교육받은

184 2016년 9월 고1
Every day, you rely on many people, most of whom you do not know, to provide you with the goods and services that you enjoy.

rely on ~에 의존하다
goods and services 재화와 용역(제품과 서비스)

185 2020년 6월 고1
Unlike ineffective coaches, who focus on players' mistakes, effective coaches help players improve by encouraging them to picture successful plays.

unlike ~와 달리
ineffective 유능하지 않은
improve 개선하다, 향상하다
encourage 격려하다, 독려하다
picture 상상하다, 마음속에 그려보다

2010년 11월 고1

186 No such economic and political changes had occurred in the country, whose per capita GNP was about one-fifteenth of that of South Korea's in the 1990s.

economic 경제적인
political 정치적인
occur 일어나다
per capita GNP(Gross National Product) 1인당 국민소득

2020년 9월 고1

187 Indeed, all the coal, natural gas, and oil we use today is just solar energy from millions of years ago, a very tiny part of which was preserved deep underground.

indeed 사실, 정말
coal 석탄
solar 태양의
tiny 작은
preserve 보존하다
underground 지하에

2019년 11월 고1

188 It has simultaneously given voice and organizational ability to new cyber tribes, some of whom spend their time spreading blame and division across the World Wide Web.

simultaneously 동시에
organizational 조직적인
cyber tribe 사이버 부족
spread 퍼뜨리다
blame 비난
division 분열

2018년 3월 고1

189 At greater depths — it is dark and cold there — photography is the principal way of exploring a mysterious deep-sea world, 95 percent of which has never been seen before.

depth 깊이
photography 사진술
principal 주요한
explore 탐험하다
mysterious 신비로운
deep-sea 심해

2013년 9월 고1

190 According to research, if a person's body is short of water, his brain releases a hormone called cortisol that has a shrinkage effect to the brain, which then decreases its memory power.

according to ~에 따르면
short of ~이 부족한
release 배출하다
shrinkage 수축
effect 효과
decrease 감소하다

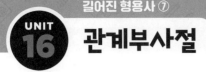

관계부사절

|15-1| when, where, why 관계부사절

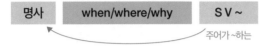

| 명사 | when/where/why | S V ~ |

주어가 ~하는

관계부사는 앞에 있는 명사(선행사)에 따라 달라지는데, 시간 명사이면 when, 장소 명사이면 where, 이유 명사이면 why가 연결된다. 선행사와 관계부사는 서로 같이 사용할 수 있고 둘 중 하나는 생략이 가능하다.

There may be times **when you do not achieve your goals.** 2013년 중3

여러분이 목표를 달성하지 못하는 때가 있을지도 모른다.

She and her dad made a website **where she posted cooking videos.** 2017년 중3

그녀와 그녀의 아빠는 그녀가 요리 영상을 게시하는 웹사이트를 만들었다.

Do you know the reason **why insects go towards light at night?** 2017년 중3

여러분은 곤충들이 밤에 빛을 향해 가는 이유를 아시나요?

|15-2| how 관계부사절

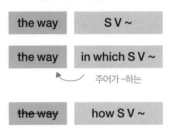

| the way | S V ~ |

| the way | in which S V ~ |

주어가 ~하는

| ~~the way~~ | how S V ~ |

* how절은 선행사(the way)와 같이 쓸 수 없으며, 단순히 명사절로 보면 된다. 따라서 주어, 보어, 목적어 자리에 위치한다.

Many great ideas come from observing nature, and they can improve **the way we live.** 2019년 중3

많은 훌륭한 생각들은 자연을 관찰하는 것에서 나오고, 그것들은 우리가 사는 방식을 개선시킬 수 있다.

* Art museums teach us about artists and **how they work.** 2012년 중3

미술관은 우리에게 미술가들과 그들이 작업하는 방식에 대해 가르쳐준다.

2012년 3월 고1

191 There's a reason a dog is a man's best friend.

reason 이유

2011년 6월 고1

192 Imagine a world where we all cooperate with each other.

imagine 상상하다
cooperate 협력하다

2011년 3월 고1

193 That is one of the reasons why we can't ignore sixth sense.

ignore 무시하다
sixth sense 육감

2014년 중3

194 The picture reminds me of the time my parents and I used to visit my grandpa's apartment.

remind A of B A에게 B를 생각나게 하다
used to-V ~하곤 했다

2013년 중3

195 Knowing the reasons why you failed will help you improve your chances for success next time.

fail 실패하다
improve 개선하다, 향상하다, 증진시키다
chance 기회
success 성공

2021년 6월 고1

196 One reason babies might like faces is because of something called evolution.

because of ~ 때문에
evolution 진화

2015년 6월 고1

197 If you are abroad, English is likely to be somewhat different from the way you speak it.

abroad 해외에
be likely to-V ~일 것 같다
somewhat 다소, 약간

2019년 9월 고1

198 The culture that we inhabit shapes how we think, feel, and act in the most pervasive ways.

inhabit 살다, 거주하다
shape 형성하다
pervasive 만연하는, 스며드는

2018년 11월 고1

199 The way we communicate influences our ability to build strong and healthy communities.

communicate 의사소통하다
influence 영향을 미치다
ability 능력
community 공동체

2013년 9월 고1

200 Life and sports present many situations where critical and difficult decisions have to be made.

present 제시하다, 제출하다
situation 상황
critical 중요한
decision 결정
have to-V ~해야 하다

201 The differences in perceived stress between days the dog was present and absent were significant.

perceived 인지된, 지각된
present 있는, 출석한
absent 없는, 결석한
significant 상당히 큰

202 People and animals eat basically the same food; the only difference is the way we prepare meals.

basically 기본적으로
difference 차이
prepare 준비하다
meal 식사

203 There are times when you feel generous but there are other times when you just don't want to be bothered.

generous 관대한
bother 방해하다, 신경 쓰다

204 For example, let us imagine that a man is in the unfortunate situation where he forgot his wedding anniversary.

unfortunate 난처한, 불행한
forget 잊다 (forget-forgot-forgotten)
wedding anniversary 결혼기념일

205 Wildlife faces pressure from development, and these animals need space where they can hide from human activity.

wildlife 야생 동물
pressure 압력
development 발달
space 공간
hide 숨다

2020년 9월 고1

206 From its earliest beginnings in infancy, play is a way in which children learn about the world and their place in it.

infancy 유아기

2011년 9월 고1

207 Researchers suggest this may be one of the reasons why tooth erosion is more common in Europe than America.

suggest 말하다, 제안하다
erosion 침식
common 흔한

2018년 9월 고1

208 From our experiences and the stories of others we tend to form generalizations about the way people behave and things work.

experience 경험
generalization 일반화
behave 행동하다

2015년 11월 고1

209 While a home provides shelter and a place to gather, it is also the safe place where we can express our feelings and enjoy some of the most important and meaningful events in our lives.

shelter 안식처
gather 모이다
express 표현하다
meaningful 의미 있는

2011년 6월 고1

210 We have to realize that in most situations when we are learning something new, particularly when we are young, we need to hear it several times before it becomes part of our knowledge.

realize 깨닫다
particularly 특히
knowledge 지식

UNIT 17 관계부사의 계속적 용법

① 전치사구	② of 동명사	③ 형용사 + 전치사	④ 형용사 + to부정사
⑤ to부정사	⑥ 현재분사	⑦ 과거분사	⑧ 관계대명사 주격
⑨ 관계대명사 목적격	⑩ 관계대명사 목적격의 생략	⑪ 관계대명사 소유격	⑫ 전치사 + 관계대명사절
⑬ 관계대명사의 계속적 용법	⑭ , 수량 표현 of whom/which	⑮ 관계부사절	⑯ 관계부사의 계속적 용법

|16| 관계부사의 계속적 용법

명사	,	when S V ~	그런데/하지만 그때(에) 주어가 ~하는
명사	,	where S V ~	그런데/하지만 그곳에(서) 주어가 ~하는

One of my students wanted to meet me during lunchtime, **when I had an important meeting.** 나의 학생 중 한 명이 점심시간에 나를 만나길 원했다, 그런데 그때에(점심시간에) 나는 중요한 회의가 있었다.

We live in a multicultural setting, **where words, gestures, beliefs, and views may have different meanings.** 2021년 9월 고1 응용

우리는 다문화 환경에 산다, 그런데 그곳에서(다문화 환경에서) 어휘, 몸짓, 믿음, 그리고 견해들이 다양한 의미를 가질 수 있다.

Occupations that require uniforms are frequently service jobs, **where workers perform services for other people.** 2018년 중3

유니폼이 필요한 직업은 흔히 서비스직이다, 그런데 그곳에서(서비스직에서) 근로자들은 다른 사람들을 위해 봉사한다.

2011년 6월 고1

211 You could have a notice board in your room, where you can pin up important notes.

notice board 게시판
pin up 핀으로 고정하다

2021년 11월 고1

212 At the age of 23, Coleman moved to Chicago, where she worked at a restaurant to save money for flying lessons.

save 모으다, 저축하다
flying lesson 비행 수업

2015년 9월 고1

213 After that, she worked for a government office in Washington D.C., where she was fired just because she was a woman.

government office 관공서
fire 해고하다

2018년 9월 고1

214 He developed his passion for photography in his teens, when he became a staff photographer for his high school paper.

develop 성장하다, 개발하다
passion 열정
photography 사진
teen 십대

2021년 11월 고1

215 E-commerce soon snowballed into the enormous industry it is today, where you can buy everything from toilet paper to cars online.

e-commerce 전자상거래
snowball 눈덩이처럼 커지다
enormous 거대한
industry 산업

UNIT 18 주격 보어로 형용사가 오는 경우

| 1 | 보어의 개념 및 종류

(1) 개념 : 주어나 목적어를 보충 설명하는 말이며, 보어가 될 수 있는 품사는 명사와 형용사이다.

(2) 종류

　① 주격 보어 : 주어를 보충 설명한다.

　　a. 주격 보어 자리에 명사가 나오면 주어와 같은 말이다.

　　b. 주격 보어 자리에 형용사가 나오면 주어의 상태를 설명한다.

　② 목적격 보어 : 목적어를 보충 설명한다.

　　a. 목적격 보어 자리에 명사가 나오면 목적어와 같은 말이다.

　　b. 목적격 보어 자리에 형용사가 나오면 목적어의 상태를 설명한다.

| 2 | 보어 자리에 나오는 것 모아보기

(1) 주격 보어

(2) 목적격 보어

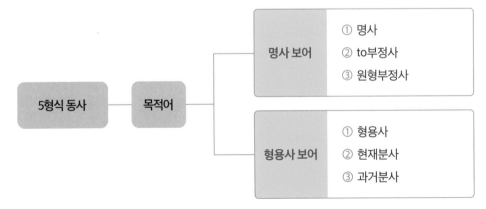

| 3 | 주격 보어로 형용사가 오는 경우

주격 보어로 명사가 나오는 경우는 <Chapter 3. 명사>편에서 살펴볼 예정이므로, 여기에서는 주격 보어로 형용사(현재분사, 과거분사 포함)가 나오는 경우만 살펴본다.

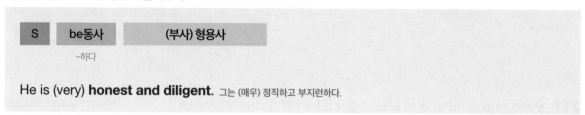

S	be동사	(부사) 형용사
	~하다	

He is (very) **honest and diligent.** 그는 (매우) 정직하고 부지런하다.

| 4 | 주격 보어로 현재분사와 과거분사가 오는 경우

감정을 나타내는 동사에서 만들어진 형용사이다. <감정을 나타내는 분사>라고 알려져 있는데, 자주 쓰이다보니 형용사로 굳어진 것이다. 그냥 형용사라고 생각하면 편하다.

현재분사	감정을 유발하는	과거분사	감정을 느끼는
boring	지루한	bored (with)	지루해하는
exciting	신나는	excited (about)	신난
interesting	흥미로운	interested (in)	관심 있는
amazing	놀라운	amazed (at/by)	놀란
surprising	놀라운	surprised (at/by)	놀란
shocking	충격적인	shocked (at/by)	충격받은
moving	감동적인	moved (by)	감동받은
touching	감동적인	touched (by)	감동받은
fascinating	매혹적인	fascinated (by)	매료된
confusing	혼란스럽게 하는	confused (by)	혼란스러운
satisfying	만족스럽게 하는	satisfied (with)	만족하는
depressing	우울하게 하는	depressed (by)	우울한
embarrassing	당황하게 하는	embarrassed (by)	당황한
disappointing	실망하게 하는	disappointed (at)	실망한

S	be동사	Ving / p.p. ~

Their presentation was **satisfying.** 그들의 발표는 만족스러웠다.

They **were satisfied with** my presentation. 그들은 나의 발표에 만족했다.

2017년 11월 고1

216 When we set a plan, we are very excited about it.

set a plan 계획을 세우다

2021년 11월 고1

217 Everyone around him was moved by his thoughtfulness.

thoughtfulness 사려 깊음

2011년 3월 고1

218 When he opened the door, he was shocked by what he

saw.

2021년 11월 고1

219 The close friends of the prince who were around him were

very surprised.

prince 왕자

2019년 11월 고1

220 Boole was deeply interested in expressing the workings of

the human mind in symbolic form.

deeply 매우, 깊이
working 작용
symbolic form 기호 형태

221 2017년 11월 고1

When Angela was young, she was always disappointed about her performance despite her efforts.

performance 성취
despite ~에도 불구하고
effort 노력

222 2017년 11월 고1

After reading Anna's answer, the teacher was touched and all her students were also deeply moved.

223 2019년 6월 고1

This can be very confusing because there would be a need to stress when to touch and when not to touch.

need 필요
stress 강조하다

224 2020년 9월 고1

Any goal you set is going to be difficult to achieve, and you will certainly be disappointed at some points along the way.

achieve 달성하다, 성취하다
certainly 분명히
along the way 도중에, 그 과정에서

225 2016년 9월 고1

According to the experiments, people who thought more carefully about what to choose felt less satisfied with their choices.

according to ~에 따르면
experiment 실험

목적격 보어 모아보기

목적격 보어의 경우 <Chapter 1. 문장의 기초>편에서 이미 살펴보았다. 정리하는 마음으로 다시 한번 모아서 보도록 한다.

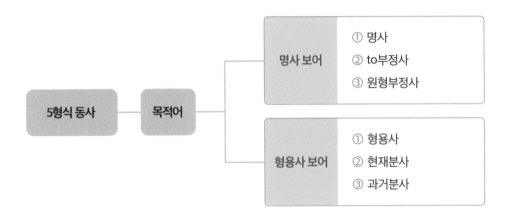

1 make/call/name 등   목적어   명사
                        └ 동격 관계 ┘

2 make/find/keep 등   목적어   형용사
                        └ 보충 설명 ┘

3 want/tell/ask 등   목적어   to부정사
                        └ 능동 관계 ┘

4 사역동사/지각동사   목적어   원형부정사
                        └ 능동 관계 ┘

5 지각동사   목적어   현재분사
                        └ 능동/진행 관계 ┘

6 사역동사/지각동사   목적어   과거분사
                        └ 수동/완료 관계 ┘

2020년 11월 고1

226 The old man asked James to come closer since he wanted

to say something to him.

close 가까운, 가까이
since ~ 때문에

2020년 9월 고1

227 To get the music class started, we need more instruments

than we have now.

instrument 악기

2015년 3월 고1

228 His stories were always aimed at helping us children use

our brains to get out of trouble.

be aimed at ~에 목표를 두다
get out of trouble 곤경에서
벗어나다

2018년 3월 고1

229 After she got the phone back, I heard someone walking

past her say, "Today's your lucky day!"

past ~을 지나서
get something back (잃었던
것을) 되찾다

2018년 3월 고1 응용

230 People considered online customer ratings and reviews

important when planning a purchase.

customer 고객
rating 평점
review 후기
purchase 구매, 구매하다

2015년 3월 고1

231 Let me give you a piece of advice that might change your mind about being courageous.

advice 조언
courageous 용기 있는

2021년 6월 고1

232 We request you to create a logo that best suits our company's core vision, 'To inspire humanity.'

request 요청하다
suit ~에 어울리다
core vision 핵심 비전
inspire 고양하다, 영감을 주다
humanity 인간성, 인류애

2021년 3월 고1

233 Doubt causes you to see positive, neutral, and even genuinely negative experiences more negatively.

doubt 의심
neutral 중립적인
genuinely 진짜로, 정말로
negative 부정적인

2014년 3월 고1

234 Once the dogs find the insect nest with their sharp nose, people can have the insects and their nest removed.

once 일단 ~하면
insect 곤충
nest 둥지, 서식처
sharp 예민한
remove 제거하다

2020년 6월 고1

235 Every event that causes you to smile makes you feel happy and produces feel-good chemicals in your brain.

feel-good 기분 좋게 해 주는
chemical 화학물질

Chapter 3

명사

UNIT 20 명사의 개념, 종류, 역할

| 1 | 명사의 개념, 종류, 역할

(1) 명사의 개념 : 사람, 사물, 동물 등의 이름을 나타내는 말

(2) 명사의 종류 : 10가지

①	명사	명사, 대명사
②	명사구	to부정사구, 동명사구, 의문사+to부정사구
③	명사절	접속사 that절, 접속사 whether/if절, 관계대명사 what절, 의문사절, 복합관계대명사절

(3) 명사의 역할 및 중요도 : 문장에서 주어, 보어, 목적어(타동사의 목적어, 전치사의 목적어)가 된다.

★는 사용 빈도 및 중요도를 나타냄

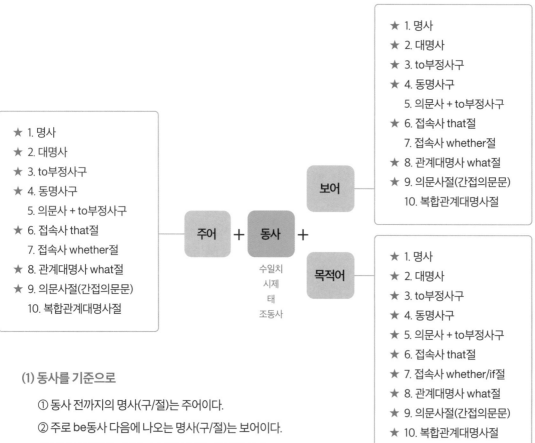

(1) 동사를 기준으로

　① 동사 전까지의 명사(구/절)는 주어이다.

　② 주로 be동사 다음에 나오는 명사(구/절)는 보어이다.

　③ 타동사 다음에 나오는 명사(구/절)는 목적어이다.

(2) 동사에 관해서 항상 고려해야 할 사항

　① 주어와의 수일치를 파악해야 한다.

　② 앞에 조동사가 붙어 동사의 의미를 다양하게 해준다.

　③ 다양한 시제와 태(능동태, 수동태)가 표현된다.

UNIT 21 to부정사구

| ① to부정사구 | ② 의문사 + to부정사구 | ③ 동명사구 | ④ 접속사 that절 |
| ⑤ 접속사 whether절 | ⑥ 관계대명사 what절 | ⑦ 의문사절(간접의문문) | ⑧ 복합관계대명사절 |

동사원형 앞에 to를 붙여 동사를 명사, 형용사, 부사로 바꾼 것이다. 따라서 to부정사구가 명사적으로 사용되면 문장에서 주어, 보어, 목적어 자리에 사용된다.

주어	**To master English** is my plan for this year. = **It** is my plan for this year **to master English.**
보어	My plan for this year is **to master English.**
동사의 목적어	I want **to master English.**
전치사의 목적어	전치사의 목적어로는 사용하지 않음

참고 | to부정사에 사용된 다양한 동사

to-V1	**To run every day** is good for your health. 매일 달리는 것은 당신의 건강에 좋다.
to-V2 + SC	**To be a singer** is my dream. 가수가 되는 것은 나의 꿈이다.
to-V3 + O	**To read an English newspaper** can improve your English skills. 영어 신문을 읽는 것은 당신의 영어실력을 키워줄 수 있다.
to-V4 + IO + DO	**To teach students English** is not easy. 학생들에게 영어를 가르치는 것은 쉽지 않다.
to-V5 + O + OC	**To keep the vegetables fresh** is important. 채소를 신선하게 유지하는 것은 중요하다.

| 1 | 주어 : ~하는 것은, ~하기는

(1) 문장이 to부정사로 시작한 후 그 뒤에 술어동사가 나오면 술어동사 전까지가 to부정사 주어이다.

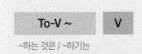

~하는 것은 / ~하기는

To master English is my plan for this year. 영어를 정복하는 것은 올해 나의 계획이다.

(2) to부정사로 시작된다고 무조건 주어는 아니다. to부정사로 시작되었지만 주로 콤마(,)가 나오고 다시 주어와 동사가 연결되면 대부분 '~하기 위해서'로 해석되는 부사적 용법의 목적이다.

To master English, I will keep a diary in English. 영어를 정복하기 위해서, 나는 영어로 일기를 쓸 것이다.

(3) to부정사 주어는 대부분 가주어-진주어 구문으로 사용된다.

① 주어 자리에 to부정사가 사용되면 길어져서 뒤로 간다.

② 이때 주어 자리가 비게 되는데 주어 자리를 비워둘 수 없으므로 가짜 주어 it을 넣어준다.

③ 비어 있는 주어 자리만 채워주는 가짜 주어 it을 **가주어**라고 하고, 문장의 뒤로 이동한 진짜 주어 **to부정사**를 **진주어**라고 한다.

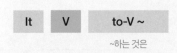

To master English is my plan for this year.
= **It** is my plan for this year **to master English**. 영어를 정복하는 것은 올해 나의 계획이다.

| 2 | 보어 : ~하는 것이다

(1) 주로 be동사 다음에 to부정사가 연결된다.
(2) to부정사의 명사적 용법이 보어로 쓰이는 경우는 주어와 같은 말이다.

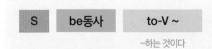

My plan for this year is **to master English**. 올해 나의 계획은 영어를 정복하는 것이다.

| 3 | 목적어 : ~하는 것을, ~하기를, ~하기로

(1) 타동사의 목적어로 사용되며, 전치사의 목적어로 사용되지 않는다.
(2) 주로 want to-V, hope to-V, decide to-V, plan to-V 등과 같이 사용된다. *UNIT 24 참고

I want **to master English**. 나는 영어를 정복하기를 원한다.
I decided **to master English**. 나는 영어를 정복하기로 결심했다.

2020년 6월 고1
236 To choose not to run is to lose.

lose 지다

2016년 3월 고1
237 In my dream, I wanted to start running, but I couldn't.

2018년 9월 고1 응용
238 All you have to do is have friendly people close to you.

friendly 친절한
close 가까운, 가까이

2014년 3월 고1
239 It is very important to help poor countries, but it's not simple.

poor 가난한, 불쌍한
country 나라
simple 단순한

2018년 3월 고1
240 The best means of destroying an enemy is to make him your friend.

means 수단, 방법
destroy 파괴하다, 멸망시키다
enemy 적

241 It is important to recognize your pet's particular needs and respect them.

recognize 인식하다
particular 특별한, 특정한
need 욕구
respect 존중하다

242 Modern-day men tend to spend a lot of time and money on their appearance.

modern-day 현대의
tend to-V ~하는 경향이 있다
appearance 외모

243 Therefore, it is essential to control the amount of food we eat for our well-being.

therefore 따라서, 그러므로
essential 필수적인
control 조절하다
well-being 건강한 삶

244 George Orwell wrote: "To see what is in front of your nose needs constant struggle."

constant 끊임없는
struggle 노력

245 Another simple way to reduce the use of energy is to turn off lights when you leave a room.

reduce 줄이다
turn off (전기, 가스, 수도 등을)
끄다
leave 떠나다

2016년 3월 고1

246 One easy way to do that is to geographically separate yourself from the source of your anger.

geographically 지리적으로
separate 떼어놓다, 분리하다
source 근원, 원천

2021년 3월 고1

247 When a child is upset, the easiest and quickest way to calm them down is to give them food.

upset 화가 난
calm down 진정시키다

2016년 6월 고1

248 In philosophy, the best way to understand the concept of an argument is to contrast it with an opinion.

philosophy 철학
concept 개념
argument 논증
contrast 대조하다
opinion 의견

2020년 3월 고1

249 To take risks means you will succeed sometime but never to take a risk means that you will never succeed.

take a risk 위험을 무릅쓰다
succeed 성공하다
sometime 언젠가

2014년 11월 고1

250 One of the best things you can do to get support for your dream is to support somebody else's first.

support 지지, 지지하다

UNIT 22 의문사 + to부정사구

① to부정사구	② 의문사 + to부정사구	③ 동명사구	④ 접속사 that절
⑤ 접속사 whether절	⑥ 관계대명사 what절	⑦ 의문사절(간접의문문)	⑧ 복합관계대명사절

<의문사 + to부정사>는 명사구로서 주어, 보어, 동사의 목적어, 전치사의 목적어 자리에 사용될 수 있다. 주로 동사나 전치사의 목적어 자리에 사용되며, 주어 또는 보어 자리에 사용되는 빈도는 높지 않다.

주어	**What to eat for dinner** is important to me.
보어	My biggest question is **what to eat for dinner**.
동사의 목적어	I don't know **what to eat for dinner**.
전치사의 목적어	I am thinking about **what to eat for dinner**.

의문사 자리에 다음과 같은 의문사가 주로 온다.

what to-V	무엇을 ~할지	where to-V	어디에서 ~할지
how to-V	어떻게 ~할지 / ~하는 방법	which 명사 to-V	어떤 명사를 ~할지
when to-V	언제 ~할지	whether to-V	~할지 말지

| 1 | 주어 : ~할지는

| 의문사 + to-V ~ | V |

What to eat for dinner is important to me. 저녁으로 무엇을 먹을지는 나에게 중요하다.

How to eat is more important than **what to eat**. 어떻게 먹는지가 무엇을 먹는지 보다 더 중요하다.

| 2 | 보어 : ~할지이다

| S | be동사 | 의문사 + to-V ~ |

My biggest question is **what to eat for dinner**. 나의 최대 관심사는 저녁으로 무엇을 먹을지다.

| 3 | 목적어 : ~할지를

| 타동사/전치사 | 의문사 + to-V ~ |

I don't know **what to eat for dinner**. 나는 저녁으로 무엇을 먹을지 모르겠다.

I am thinking about **what to eat for dinner**. 나는 저녁으로 무엇을 먹을지 생각하고 있다.

I learned **how to make a kite**. 나는 연 만드는 방법을 배웠다.

Let me know **where to get off**. 어디에서 내려야 할지 알려주세요.

She didn't know **whether to laugh or cry**. 그녀는 웃어야 할지 울어야 할지 몰랐다.

251 2016년 6월 고1

I don't know how to buy tickets online.

online 온라인으로, 인터넷상으로

252 2015년 3월 고1

Only you can decide whether to take the costs or not.

decide 결정하다
take the costs 비용을 감수하다

253 2017년 3월 고1

Tell me how to keep good relationships with classmates.

relationship 관계
classmate 반 친구

254 Lord of the Rings

All we have to decide is what to do with the time that is given to us.

255 2017년 11월 고1

Knowing how to breathe when you were born is an implicit memory.

breathe 숨 쉬다
born 태어난
implicit 내재적인

2016년 3월 고1

256 The editors must make difficult decisions about whom to include and whom to exclude.

editor 편집자
include 포함하다
exclude 배제하다

2016년 11월 고1

257 They couldn't determine where to live, what to eat, and what products to buy and use.

determine 결정하다
product 제품

2018년 중3

258 Workers in stores and restaurants frequently wear uniforms so that customers know whom to ask for help.

uniform 유니폼
customer 손님

2020년 9월 고1

259 For example, they learn how to compete and cooperate with others, how to lead and follow, how to make decisions, and so on.

compete 경쟁하다
cooperate 협력하다
and so on 기타 등등

2017년 6월 고1

260 One real concern in the marketing industry today is how to win the battle for broadcast advertising exposure in the age of the remote control and mobile devices.

concern 관심사, 걱정
marketing industry 마케팅 산업
battle 전쟁, 전투
broadcast 방송, 방송하다
exposure 노출
remote 리모컨, 먼
mobile 이동하는, 이동식의
device 장치

UNIT 23 동명사구

동명사는 동사원형에 ing를 붙여 명사로 바꾼 것이다. 따라서 주어, 보어, 동사의 목적어, 전치사의 목적어 자리에 사용될 수 있다.

주어	**Learning foreign languages** takes a lot of time and effort.
보어	My hobby is **learning foreign languages**.
동사의 목적어	I enjoy **learning foreign languages**.
전치사의 목적어	I am interested in **learning foreign languages**.

| 1 | 주어 : ~하는 것은, ~하기는

(1) 문장이 Ving로 시작한 후 그 뒤에 동사가 나오면 동사 전까지가 동명사 주어이다.

(2) 동명사는 가주어-진주어로 잘 사용하지 않으며, 동명사가 문장의 주어로 사용되는 경우 동사는 단수로 받아준다.

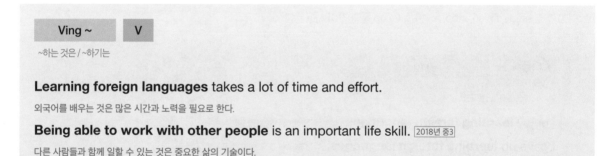

Ving ~		V

~하는 것은 / ~하기는

Learning foreign languages takes a lot of time and effort.
외국어를 배우는 것은 많은 시간과 노력을 필요로 한다.

Being able to work with other people is an important life skill. 2018년 중3
다른 사람들과 함께 일할 수 있는 것은 중요한 삶의 기술이다.

(3) Ving로 시작된다고 무조건 동명사 주어는 아니다. Ving로 시작되었지만 주로 콤마(,)가 나오고 다시 주어와 동사가 연결되면 분사구문이다. * Chapter 6. UNIT 56-57 참고

Ving ~	,	S	V

시간, 이유, 결과, 동시/연속 동작 등을 의미

Leaving the house, I turned off the lights. 집을 나서면서 나는 불을 껐다.

| 2 | 보어 : ~하는 것이다

(1) 주로 be동사 다음에 Ving가 연결된다.

(2) <be동사 + Ving>의 경우 '~하는 것이다'로 해석될 때 <Ving>는 동명사이며, '~하고 있다', '~하는 중이다'로 해석될 때 <Ving>는 <진행형>을 만드는 <현재분사>이다.

S	be동사	Ving ~

~하는 것이다

My hobby is **learning foreign languages.** <동명사> 나의 취미는 외국어를 공부하는 것이다.

* My sister is **learning foreign languages.** <현재분사> 나의 언니는 외국어를 공부하고 있다.

| 3 | 목적어 : ~하는 것을, ~하기를

(1) 타동사 또는 전치사의 목적어로 사용된다.

(2) 주로 enjoy, finish, stop, mind, give up 등과 같이 사용된다. * UNIT 24 참고

타동사	Ving ~

~하는 것을 / ~하기를

I enjoy **learning foreign languages.** 나는 외국어 배우는 것을 즐긴다.

I gave up **learning foreign languages.** 나는 외국어 배우는 것을 포기했다.

전치사	Ving ~

~하는 것을 / ~하기를

I am interested **in learning foreign languages.** 나는 외국어를 배우는 것에 관심이 있다.

Being a good listener is the most important skill for **making new friends.** 2016년 중3

잘 듣는 사람이 되는 것은 새로운 친구를 사귀는 데 가장 중요한 기술이다.

On the morning of my performance, I was worried about **forgetting my lines.** 2012년 중3

공연 날 아침에 나는 나의 대사를 잊어버릴까봐 걱정했다.

2019년 9월 고1
261 Luckily, fixing the phone wasn't expensive.

fix 고치다
expensive 비싼

2014년 11월 고1
262 Giving support is often the best way to get it.

support 지지

2015년 6월 고1
263 We are all responsible for looking after the environment.

responsible for ~에 책임이
있는
look after ~을 돌보다
environment 환경

2015년 11월 고1
264 On arriving at the bus stop, I started frantically searching

for my purse.

arrive at ~에 도착하다
frantically 미친 듯이
search for ~을 찾다
purse 지갑

2019년 중3
265 You can change the shape of materials by stretching,

twisting, bending, and pressing them.

material 재료
stretch 늘이다
twist 비틀다
bend 구부리다
press 누르다

266 Attempting to do too much too fast is worse than doing

nothing at all.

attempt to-V ~하려고 시도하다

267 When people are depressed, recalling their problems

makes things worse.

depressed 우울한
recall 회상하다, 기억해내다

268 The simple act of fact-checking prevents misinformation

from shaping our thoughts.

prevent A from Ving A가 ~하지
못하게 하다
misinformation 잘못된 정보
thought 생각

269 Therefore, overcoming your instinct to avoid uncomfortable

things at first is essential.

overcome 극복하다
instinct 본능
avoid 피하다
uncomfortable 불편한
essential 필수적인, 기본적인

270 Focusing too much on the goal can prevent you from

achieving the thing you want.

focus on ~에 집중하다
achieve 성취하다, 달성하다

2017년 중3

271 Holding back your true feelings and pretending you are not upset will only make things worse later on.

| hold back (감정을) 참다, 억누르다 |
| pretend ~인 척하다 |
| later on 나중에 |

2018년 6월 고1

272 When I was very young, I had a difficulty telling the difference between dinosaurs and dragons.

| have (a) difficulty Ving ~하는 데 어려움을 겪다 |
| dragon 용 |

2019년 11월 고1

273 Intellectual humility is admitting you are human and there are limits to the knowledge you have.

| intellectual 지적인, 지능의 |
| humility 겸손 |
| admit 인정하다 |
| limit 한계, 제한 |
| knowledge 지식 |

2014년 3월 고1

274 Making an effort to communicate in another person's language shows your respect for that person.

| make an effort 노력하다 |
| communicate 의사소통하다 |
| language 언어 |
| respect 존중, 존경 |

2017년 3월 고1

275 Having friends with other interests keeps life interesting — just think of what you can learn from each other.

| interest 관심 |

276 2021년 3월 고1

Meanwhile, improving by 1 percent isn't particularly notable, but it can be far more meaningful in the long run.

meanwhile 한편
improve 향상하다
particularly 특히
notable 주목할 만한, 눈에 띄는
meaningful 의미 있는
in the long run 장기적으로

277 2016년 6월 고1

Perhaps the biggest mistake that most investors make when they first begin investing is getting into a panic over losses.

investor 투자자
invest 투자하다
panic 공황상태
loss 손실

278 2021년 11월 고1

Paying attention to the nonverbal messages you send can make a significant difference in your relationship with students.

pay attention to ~에 주의를 기울이다
nonverbal 비언어적인
significant 중요한
relationship 관계

279 2017년 11월 고1

Upon seeing Anna's simple clothing and knowing she was from a small village, some students in the classroom started making fun of her.

(up)on Ving ~하자마자
clothing 옷
village 마을
make fun of ~을 놀리다

280 2014년 11월 고1

For example, your toothbrush will be capable of analyzing your breath and booking an appointment with your doctor if it detects the smell of lung cancer.

be capable of ~할 수 있다
analyze 분석하다
breath 숨
book 예약하다
appointment 약속
detect 발견하다
lung cancer 폐암

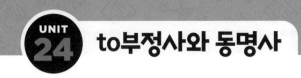

UNIT 24 to부정사와 동명사

to부정사(미래적 성향)만 목적어로 취하는 동사

want (원하다)	앞으로 ~하기를 원하는 것이다.
would like (원하다)	앞으로 ~하기를 원하는 것이다.
would love (원하다)	앞으로 ~하기를 원하는 것이다.
hope (희망하다)	앞으로 ~하기를 희망하는 것이다.
wish (소원하다)	앞으로 ~하기를 소원하는 것이다.
expect (기대하다)	앞으로 ~하기를 기대하는 것이다.
plan (계획하다)	앞으로 ~하겠다고 계획하는 것이다.
decide (결정하다)	앞으로 ~하겠다고 결정하고 결심하는 것이다.
agree (동의하다)	앞으로 ~하겠다고 동의하는 것이다.
promise (약속하다)	앞으로 ~하겠다고 약속하는 것이다.

동명사(과거적 성향)만 목적어로 취하는 동사

finish (끝내다)	시작을 했어야 끝을 낼 수 있다.
stop/quit (그만두다)	시작을 했어야 그만 둘 수 있다.
give up (포기하다)	시작을 했어야 포기를 할 수 있다.
keep (유지하다)	시작을 했어야 유지할 수 있다.
mind (꺼리다)	과거에 쓰라린 경험을 하면 꺼리게 된다.
dislike (싫어하다)	과거에 쓰라린 경험을 하면 싫어하게 된다.
enjoy (즐기다)	경험해 본 것은 더 잘 즐길 수 있다.
suggest (제안하다)	경험해보고 좋았던 것을 다른 사람에게 추천한다.
practice (연습하다)	무언가를 배우고 나서 연습할 수 있다.
* imagine (상상하다)	미래 지향적이지만 동명사와 어울리므로 주의하자.

둘 다 목적어로 취하지만 의미가 달라져 주의해야 하는 동사

try Ving	(시험 삼아) ~해보다	I **tried climbing** the tree. 나는 그 나무에 시험 삼아 올라 가봤다.
try to-V	~하려고 노력하다/애쓰다	I **tried to climb** the tree. 나는 그 나무에 올라가려고 노력했다.
forget Ving	~한 것을 잊다	I **forgot watering** the flowers. 나는 꽃에 물 준 것을 잊었다.
forget to-V	~해야 할 것을 잊다	I **forgot to water** the flowers. 나는 꽃에 물을 줘야 하는 것을 잊었다.
remember Ving	~한 것을 기억하다	I **remember turning** off the light. 나는 불을 끈 것을 기억한다.
remember to-V	~해야 할 것을 기억하다	I **remember to turn** off the light. 나는 불을 꺼야 하는 것을 기억한다.
stop Ving	~하는 것을 멈추다	He **stopped smoking**. 그는 담배 피우는 것을 멈추었다. (금연했다)
* **stop to-V**	~하기 위해서 멈추다	He **stopped to smoke**. 그는 담배 피우기 위해 멈추었다.

281 2021년 6월 고1

I finished packing a present for you.

pack 포장하다, (짐을) 싸다

282 2010년 11월 고1

You should stop surfing the Internet.

surf the Internet 인터넷을 검색하다

283 2014년 6월 고1

He decided to try a different approach.

approach 접근(법), 접근하다

284 2020년 3월 고1

Try to participate in school events often.

participate in ~에 참가하다

285 2017년 11월 고1

I forgot to charge my cell phone battery.

charge 충전하다
cell phone 휴대폰
battery 배터리

2017년 9월 고1

286 I kept coughing and didn't want to bother anyone.

cough 기침하다
bother 신경 쓰이게 하다,
괴롭히다

2019년 3월 고1

287 So we keep searching for answers on the Internet.

search for ~을 찾다

2021년 6월 고1

288 Try doing new things outside of your comfort zone.

comfort 안락, 편안, 위로
zone 구역

2014년 3월 고1

289 You can enjoy reading new books without stepping out of your home.

step out of ~에서 나오다

2015년 3월 고1

290 When you skip breakfast, you are like a car trying to run without fuel.

skip 거르다, 건너뛰다
fuel 연료

291 When you put your dreams into words, you begin putting them into action.

put A into words A를 글[말]로 적다[하다]
put A into action A를 실행하다

292 I remember reading about a rumor that was passed along by an individual.

rumor 소문
pass along 퍼뜨리다
individual 개인

293 Why do some people choose to know the truth about their health, and others refuse?

truth 진실
health 건강
refuse 거부하다

294 When Toby returned to camp that evening, he couldn't stop thinking about the little boy with the big sad eyes.

return 돌아오다[가다]

295 Perhaps as a child you remember going to your mother when you broke that garage window with a baseball.

break 깨다, 부수다 (break-broke-broken)
garage 차고

UNIT 25 접속사 that절

| ① to부정사구 | ② 의문사 + to부정사구 | ③ 동명사구 | ④ 접속사 that절 |
| ⑤ 접속사 whether절 | ⑥ 관계대명사 what절 | ⑦ 의문사절(간접의문문) | ⑧ 복합관계대명사절 |

<접속사 that>은 <완전한 절>을 이끌어 명사절을 만든다. 따라서 주어, 보어, 동사의 목적어 자리에 사용되며, 동격절을 이끌기도 한다.

주어	**That I don't know how to study English** is true. = **It** is true **that I don't know how to study English.**
보어	The problem is **that I don't know how to study English.**
동사의 목적어	I think **(that) I don't know how to study English.**
전치사의 목적어	전치사의 목적어로는 사용하지 않음 (일부 예외 있음)
동격의 **that**	**The fact that I don't know how to study English** makes me sad.

| 1 | 주어 : ~하는 것은, ~하기는

(1) 문장이 <That 완전한 절>로 시작한 후 동사가 나오면 동사 전까지가 that절 주어이다.

(2) that절이 문장의 주어로 사용되는 경우 대부분 가주어-진주어 구문으로 사용된다.

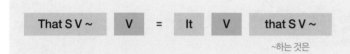

~하는 것은

That I don't know how to study English is true.

= **It** is true **that I don't know how to study English.**   내가 영어 공부하는 방법을 모른다는 것은 사실이다.

| 2 | 보어 : ~하는 것이다

(1) 주로 be동사 다음에 <that 완전한 절>이 연결된다.

(2) 보어절을 이끄는 접속사 that은 간혹 생략되기도 한다.

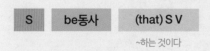

~하는 것이다

The problem is **that I don't know how to study English.**   문제는 내가 영어 공부하는 방법을 모른다는 것이다.

| 3 | 목적어 : ~하는 것을, ~하다고

(1) 타동사의 목적어로 사용된다.

(2) 목적어절을 이끄는 접속사 that은 자주 생략된다.

S	타동사	that S V ~

~하는 것을 / ~하다고

I think (that) I don't know how to study English. 나는 내가 영어 공부하는 방법을 모른다고 생각한다.

I couldn't believe (that) he said (that) the object was white. 2019년 중3

나는 그가 그 물체가 흰색이었다고 말했다는 것을 믿을 수 없었다.

| 4 | 동격절을 이끄는 that : 주어가 ~하는

(1) 명사에 대한 추가적인 정보를 제공하며, 명사 자리에 주로 the fact, the news, the idea, the belief, the rumor 등과 같은 명사가 온다.

(2) 관계대명사 that인지 동격의 that인지와 상관없이, 명사 다음에 that절이 연결되어 있으면 '주어가 ~하는 명사'라고 해석하면 된다.

명사	(that) S V ~

주어가 ~하는

The fact that I don't know how to study English makes me sad.

내가 영어 공부하는 방법을 모른다는 사실이 나를 슬프게 만든다.

There is no **doubt that many students have difficulty studying English.**

많은 학생들이 영어를 공부하는 데 어려움을 겪는다는 것에 의심의 여지가 없다.

We were surprised at **the news that you passed the exam.**

우리는 당신이 시험에 통과했다는 소식을 듣고 놀랐다.

참고 | be 형용사 + that S V

1. \<that>이 부사절을 이끌며 '주어가 ~해서'로 해석한다.

be + 감정 형용사	(that) S V ~

↳ glad, happy, sad, surprised 등

I'm so glad (that) you like my present. 당신이 나의 선물을 마음에 들어 해서 너무 기뻐요.

2. \<that>절이 명사절(목적어절)을 이끌며 '주어가 ~하다고'로 해석한다.

be + 확신 형용사	(that) S V ~

↳ sure, certain 등

I'm sure (that) you will do better next time. 저는 당신이 다음에 더 잘할 거라고 확신해요.

296 2011년 6월 고1

We all know that children learn from adults.

adult 성인

297 2018년 9월 고1 응용

No one likes to think they're average or below average.

average 평균, 평균의
below 아래에

298 2012년 6월 고1

The most vivid way to show people that they matter is to take time.

vivid 분명한, 생생한
matter 중요하다
take time 짬[시간]을 내다

299 2020년 3월 고1

The reality is that most people will never have enough education in their lifetime.

reality 현실
education 교육
in one's lifetime ~의 평생 동안

300 2015년 3월 고1

One cool thing about my Uncle Arthur was that he could always pick the best places to camp.

cool 멋진
pick 고르다

301 While most experts say eight hours of sleep is ideal, the truth is it all depends on how you feel.

expert 전문가
ideal 이상적인
depend on ~에 달려있다

302 The point to remember is that sometimes in arguments the other person is trying to get you to be angry.

argument 논쟁

303 We believe that the quality of the decision is directly related to the time and effort that went into making it.

quality 질
decision 결정
directly 직접적으로
related to ~와 관련된
effort 노력

304 When meeting someone in person, body language experts say that smiling can portray confidence and warmth.

in person 직접, 몸소
portray 그리다, 나타내다
confidence 자신감
warmth 따뜻함, 친밀감

305 They surveyed the rich in America and found that the main secret that they could be wealthy was modest spending.

survey 조사하다
main 주요한, 주된
secret 비결, 비밀
wealthy 부유한
modest 검소한, 겸손한
spending 소비

306 2014년 11월 고1

The biggest complaint of kids who don't read is that they can't find anything to read that interests them.

complaint 불평, 불만
interest ~의 관심을 끌다

307 2015년 6월 고1

They believed that all people have the right to medical care regardless of race, religion, gender, and political belief.

right 권리
medical care 의학적 치료
regardless of ~와 상관없이
race 인종
religion 종교
gender 성별
political 정치적인

308 2015년 3월 고1

I told them that they were participating in an experiment to examine the best way to make people take care of their local parks.

participate in ~에 참가하다
experiment 실험
examine 조사하다, 검사하다
take care of ~을 돌보다
local 지역의

309 2013년 3월 고1

People think identical twins are exactly alike in every way: they look alike, they dress in matching clothes, and they share the same likes and dislikes.

identical twin 일란성 쌍둥이
exactly 정확히, 정확하게
alike 똑같은, 똑같이
share 공유하다
likes 좋아하는 것들
dislikes 싫어하는 것들

310 2020년 6월 고1

One of the main reasons that students may think they know the material, even when they don't, is that they mistake familiarity for understanding.

material 자료
mistake A for B A를 B로 착각/오인하다
familiarity 친숙함, 익숙함
understanding 이해

UNIT 26 접속사 whether절

① to부정사구	② 의문사 + to부정사구	③ 동명사구	④ 접속사 that절
⑤ 접속사 whether절	⑥ 관계대명사 what절	⑦ 의문사절(간접의문문)	⑧ 복합관계대명사절

<접속사 whether>는 <완전한 절>을 이끌어 명사절을 만든다. 따라서 주어, 보어, 동사의 목적어, 전치사의 목적어 자리에 사용된다.
<whether> 바로 뒤나 <whether절> 끝에 <or not>을 붙여 의미를 강조하기도 한다.

주어	**Whether you agree with my opinion** doesn't matter. = **It** doesn't matter **whether you agree with my opinion**.
보어	My question is **whether you agree with my opinion**.
동사의 목적어	I wonder **whether[if] you agree with my opinion**.
전치사의 목적어	Think about **whether you did your best**.

| 1 | 주어 : ~인지 (아닌지)는

(1) 문장이 <Whether 완전한 문장>로 시작한 후 술어동사가 나오면 술어동사 전까지가 whether절 주어이다.

(2) whether절이 문장의 주어로 사용되는 경우 가주어-진주어 구문을 사용하기도 한다.

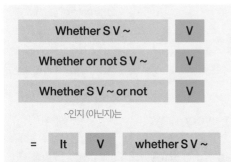

Whether you agree with my opinion doesn't matter.

= **It** doesn't matter **whether you agree with my opinion**. 당신이 나의 의견에 동의하는지는 중요하지 않다.

Whether or not you agree with my opinion doesn't matter.

= **Whether you agree with my opinion or not** doesn't matter.

당신이 나의 의견에 동의하는지 아닌지는 중요하지 않다.

| 2 | 보어 : ~인지이다

주로 be동사 다음에 <whether 완전한 절>이 연결된다.

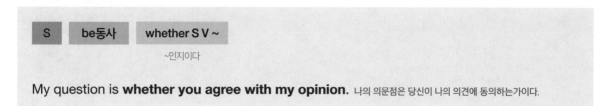

| S | be동사 | whether S V ~ |

~인지이다

My question is **whether you agree with my opinion.** 나의 의문점은 당신이 나의 의견에 동의하는가이다.

| 3 | 목적어 : ~인지를

(1) 타동사나 전치사의 목적어로 사용된다.

(2) 타동사의 목적어로 사용되는 경우에 한에서만 whether를 if로 바꿀 수 있다.

(3) 주로 see, ask, wonder 다음에는 <if절>이 연결된다.

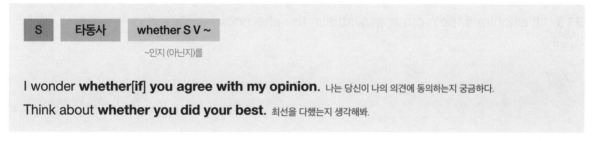

| S | 타동사 | whether S V ~ |

~인지 (아닌지)를

I wonder **whether[if] you agree with my opinion.** 나는 당신이 나의 의견에 동의하는지 궁금하다.

Think about **whether you did your best.** 최선을 다했는지 생각해봐.

참고 | 양보의 whether절

(1) 접속사 whether는 명사절뿐만 아니라 양보의 부사절도 이끌 수 있다.

(2) 양보의 부사절을 이끄는 whether절은 다음과 같이 사용된다.

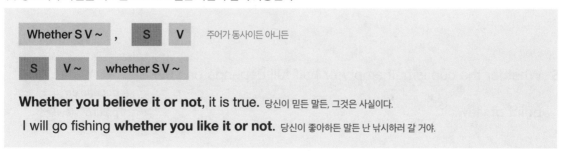

| Whether S V ~ | , | S | V | 주어가 동사이든 아니든 |

| S | V ~ | whether S V ~ |

Whether you believe it or not, it is true. 당신이 믿든 말든, 그것은 사실이다.

I will go fishing **whether you like it or not.** 당신이 좋아하든 말든 난 낚시하러 갈 거야.

2011년 11월 고1

311 Dogs can tell whether you like them or not.

tell 알다, 구별하다

2017년 9월 고1

312 I'll check if your order can be canceled or not.

order 주문, 주문하다
cancel 취소하다

2018년 9월 고1

313 I'll ask him if the room is available in the afternoon.

available 이용 가능한

2019년 11월 고1

314 In that case, I'd better go and see if I can join the club.

case 경우
had better V ~하는 것이 좋겠다

2009년 11월 고1

315 Whether the cup is half empty or half full depends on your

point of view.

empty 빈, 비어 있는
depend on ~에 달려 있다
point of view 관점

2019년 3월 고1

316 It is difficult to know how to determine whether one culture is better than another.

determine 결정하다
culture 문화

2013년 6월 고1

317 Whether I actually liked living in a messy room or not was another subject altogether.

actually 실제로
messy 지저분한
subject 문제, 사안
altogether 전적으로

2018년 11월 고1

318 Therefore, judging whether something is right or wrong is based on individual societies' beliefs.

judge 판단하다
based on ~에 근거하여
individual 개별의
society 사회
belief 신념

2021년 3월 고1

319 Situations are uniquely stressful for each of us based on whether or not they activate our doubt.

uniquely 독특하게
stressful 스트레스가 많은,
스트레스를 일으키는
activate 활성화하다
doubt 의심

2018년 3월 고2

320 Whether someone becomes an entrepreneur or not depends on environment, life experiences, and personal choices.

entrepreneur 사업가
environment 환경
experience 경험
personal 개인적인
choice 선택

2019년 9월 고1

321 Instead of making guesses, scientists follow a system designed to prove if their ideas are true or false.

guess 추측
design 고안하다, 디자인하다
prove 증명하다
false 거짓인

2019년 3월 고1

322 Audience feedback often indicates whether listeners understand, have interest in, and are ready to accept the speaker's ideas.

audience 청중
feedback 피드백
indicate 보여주다, 나타내다
have interest in ~에 관심을 갖다
accept 받아들이다

2021년 11월 고2

323 In this picture, whether we succeed or fail turns out to be a matter of whether individual humans are rational and intelligent.

turn out ~인 것으로 드러나다, 밝혀지다
matter 문제
rational 합리적인, 이성적인
intelligent 지적인, 총명한

2017년 11월 고1

324 I asked Kenichi Ohmae, a global management consultant, if he could sense whether a company was going to be successful.

consultant 상담가, 자문위원, 컨설턴트
sense 감지하다, 알아차리다
successful 성공적인

2017년 6월 고1

325 Throw away your own hesitation and forget all your concerns about whether you are musically talented or whether you can sing or play an instrument.

hesitation 주저함
forget 잊다
concern 걱정
talented 재능 있는
instrument 악기

UNIT 27 관계대명사 what절

| ① to부정사구 | ② 의문사 + to부정사구 | ③ 동명사구 | ④ 접속사 that절 |
| ⑤ 접속사 whether절 | ⑥ 관계대명사 what절 | ⑦ 의문사절(간접의문문) | ⑧ 복합관계대명사절 |

<관계대명사 what>은 <불완전한 절>을 이끌어 명사절을 만든다. 따라서 주어, 보어, 동사의 목적어, 전치사의 목적어 자리에 사용된다.

주어	**What I want to do now** is to sleep.
보어	That is exactly **what I want to do now**.
동사의 목적어	I want to know **what you want for your birthday**.
전치사의 목적어	Think about **what you can do now**.

| 1 | 주어 : ~하는 것은

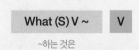

What (S) V ~   V
    ~하는 것은

What I want to do now is to sleep. 내가 지금 하고 싶은 것은 잠자는 것이다.
What is important to me is your health. 나에게 중요한 것은 당신의 건강이다.

| 2 | 보어 : ~하는 것이다

S   be동사   what (S) V ~
    ~하는 것이다

That is exactly **what I want to do now**. 그것이 바로 내가 지금 하고 싶은 것이다.

| 3 | 목적어 : ~하는 것을

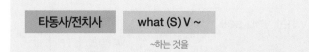

타동사/전치사   what (S) V ~
    ~하는 것을

I want to know **what you want for your birthday**. 네가 생일 선물로 원하는 것을 알고 싶어.
Tell me **what you want for your birthday**. 생일 선물로 네가 원하는 것을 나에게 말해줘.
Think about **what you can do now**. 당신이 지금 할 수 있는 것을 생각해보세요.

2014년 9월 고1
326 What this tells us is that words matter.

matter 중요하다

2016년 9월 고1
327 The ending is different from what I expected.

expect 예상하다, 기대하다

2017년 11월 고1
328 What is needed is active engagement with children.

active 적극적인
engagement 참여

2022년 3월 고1
329 Since he couldn't draw well, he hired an artist to draw pictures of what he described.

hire 고용하다
describe 설명하다, 묘사하다

2018년 6월 고1
330 Curiosity is a way of adding value to what you see.

curiosity 호기심
value 가치

331 2021년 6월 고1

Selective perception is based on what seems to us to stand out.

selective 선택적인
perception 지각, 인식
stand out 눈에 띄다

332 2018년 3월 고1

That is what made Newton and the others so famous.

famous 유명한

333 2015년 6월 고1

What you and your spouse need is quality time to talk.

spouse 배우자
quality 양질, 양질의

334 2021년 3월 고1

What starts as a small win or a minor failure adds up to something much more.

minor 사소한
failure 패배, 실패
add up to ~이 되다

335 2018년 9월 고1

What is *unique* is the quality of ideas that come out of the regular meetings.

unique 독특한, 유일한
quality 질, 고급, 우수함
regular 정기적인, 규칙적인

336 However, what really made Erik's climb unbelievable is the

fact that he is blind.

unbelievable 믿을 수 없는
blind 앞을 못 보는

337 He let her know that her lateness was what caused her to

miss the dinner party.

lateness 늦음, 늦는 것
miss 놓치다, 그리워하다

338 It was what I put a lot of time and effort in, and it was what

I did most outside of work.

effort 노력

339 It provides access to what people need, what they love,

and what they aspire to become.

access 접근, 접촉
aspire to-V ~하기를 열망하다

340 Their effective freedom depends on actually having the

means and ability to do what they choose.

effective 실질적인, 효과적인
freedom 자유
depend on ~에 달려있다
means 수단
ability 능력

2018년 3월 고1

341 Many people think of what might happen in the future based on past failures and get trapped by them.

happen 일어나다, 발생하다
based on ~에 근거하여
trap 가두다, 사로잡다

2009년 3월 고1

342 This is what you can do if you have to live with a messy roommate: never clean up for your roommate.

messy 지저분한
roommate 룸메이트

2021년 6월 고1

343 The reason they have trouble making choices is they believe that what they may want is not related to what they are supposed to do.

have trouble Ving ~하는 데 어려움을 겪다
be related to ~와 관련이 있다
be supposed to-V ~해야 한다

2021년 3월 고1

344 What you've written can have misspellings, errors of fact, rude comments, obvious lies, but it doesn't matter.

misspelling 잘못 쓴 철자
error 오류
rude 무례한
comment 말
obvious 명백한

2021년 9월 고1

345 It can also create a frustrating situation where we believe we are doing what is right, but what we are doing is not being interpreted in the way in which it was meant.

create 만들어 내다
frustrating 불만스러운, 좌절감을 주는
interpret 해석하다
mean 의미하다, 의도하다

의문사절(간접의문문)

① to부정사구   ② 의문사 + to부정사구   ③ 동명사구   ④ 접속사 that절
⑤ 접속사 whether절   ⑥ 관계대명사 what절   ⑦ 의문사절(간접의문문)   ⑧ 복합관계대명사절

<의문사절>은 명사절이다. 따라서 주어, 보어, 동사의 목적어, 전치사의 목적어 자리에 사용된다. 주로 동사의 목적어 자리에 쓰이며 해석은 의문사에 따라 달라진다.

주어	**How I should study English** is important.
보어	The most important thing is **how I should study English**.
동사의 목적어	I want to know **how I should study English**.
전치사의 목적어	I am thinking about **how I should study English**.

| 1 | 주어

> 의문사 (S) V ~   V

How I should study English is important. 내가 어떻게 영어를 공부해야 하는지가 중요하다.

Why he told a lie isn't clear. 왜 그가 거짓말을 했는지 분명하지 않다.

How you speak shows a lot about you. 당신이 말하는 방식은 당신에 관해 많은 것을 보여준다.

| 2 | 보어

> S   be동사   의문사 (S) V ~

The most important thing is **how I should study English**.

가장 중요한 것은 내가 어떻게 영어를 공부해야 하는가이다.

What I want to know is **when you will finish the work**.

제가 알고 싶은 것은 당신이 언제 그 일을 끝낼 것인가입니다.

| 3 | 목적어

> 타동사/전치사   의문사 (S) V ~

I want to know **how I should study English**. 나는 내가 어떻게 영어를 공부해야 하는지 알고 싶다.

Try not to judge others by **how they talk**. 2018년 중3 말하는 방식에 의해 다른 사람들을 판단하지 않도록 노력하세요.

Could you tell me **why you gave up studying English**? 왜 영어 공부하는 것을 포기했는지 말씀해 주실 수 있나요?

2018년 3월 고1

346 The good news is, where you end up ten years from now is

up to you.

end up 결국 ~이 되다
up to ~에 달려 있는

2021년 3월 고1

347 Before a trip, research how the native inhabitants dress,

work, and eat.

research 조사, 조사하다
native 토착의
inhabitant 주민

2006년 3월 고1 응용

348 Whether you're fat or skinny, how you think can make your

life happy.

fat 살찐
skinny 아주 마른

2018년 11월 고1 응용

349 Dr. Einstein said, "I know who I am. What I don't know is

where I'm going."

Dr. 박사, 의사 (= doctor)

2011년 중3

350 It's better to say "no" and explain why you can't help this

time rather than to say "yes" and regret it.

explain 설명하다
rather than ~보다는
regret 후회하다

351 That is why even after years of not riding a bike you still know how to ride.

ride 타다
still 여전히

352 People wondered what the moon was made of, how big it was, and how far away it was.

wonder 궁금해하다
made of ~로 만든

353 This is when we need to see a doctor, who may prescribe medicines to control the infection.

prescribe 처방하다
medicine 약
control 통제하다
infection 감염

354 Many of us live our lives without examining why we habitually do what we do and think what we think.

examine 조사하다, 검사하다
habitually 습관적으로

355 These rings can tell us how old the tree is, and what the weather was like during each year of the tree's life.

ring 나이테
weather 날씨

356 2013년 11월 고1
People may or may not remember what you said or did, but they will always remember how you made them feel.

remember 기억하다

357 2017년 6월 고1 응용
One of the most essential decisions any of us can make is how we invest our time but how we invest time is not our decision alone to make.

essential 필수적인
decision 결정
invest 투자하다

358 2012년 11월 고1 응용
Why consumers keep watching reality TV programs is one type of question consumer behavior researchers are interested in answering.

keep Ving 계속 ~하다
type 유형
consumer 소비자
behavior 행동
researcher 연구자

359 2011년 9월 고1
Yet recent research suggests that where your ancestors came from, whether it was the city or the countryside, could affect your resistance to infections.

recent 최근의
suggest 제안하다, 시사하다
ancestor 조상
countryside 시골
resistance 저항, 저항력
infection 감염

360 2018년 3월 고1
On the walk back to their farm, she wondered why white people had all kinds of nice things and why, above all, they could read while black people couldn't.

above all 무엇보다도

UNIT 29 복합관계대명사절

| ① to부정사구 | ② 의문사 + to부정사구 | ③ 동명사구 | ④ 접속사 that절 |
| ⑤ 접속사 whether절 | ⑥ 관계대명사 what절 | ⑦ 의문사절(간접의문문) | ⑧ 복합관계대명사절 |

복합관계대명사는 <관계대명사+ever>의 형태이며 명사절과 양보절(Chapter 6. UNIT 10 참고)을 이끈다. 명사절을 이끄는 경우 주어, 동사의 목적어, 전치사의 목적어 자리에 사용된다.

주어	**Whoever says so** is a liar.
동사의 목적어	You may buy **whichever you want**.
전치사의 목적어	I will give it to **whoever comes first**.

| 1 | 주어

(1) 문장이 <복합관계대명사절>로 시작한 후 술어동사가 나오면 술어동사 전까지가 의문사절 주어이다.

(2) 복합관계대명사에 따라 다음과 같이 의미가 달라진다.

whoever V	anyone who V	~하는 누구든지
who(m)ever S V	anyone who(m) S V	주어가 ~하는 누구든지
★ whatever (S) V	anything that (S) V	~하는 무엇이든지
whichever (S) V	anything that (S) V	~하는 어떤 것이든지

복합관계대명사 (S) V ~   V

Whoever says so is a liar.

= **Anyone who says so** is a liar. 그렇게 말하는 사람은 누구든 거짓말쟁이다.

Whatever has a beginning has an end.

= **Anything that has a beginning** has an end. 시작이 있는 무엇이든지 끝이 있다.

Whichever you choose doesn't matter to me.

= **Anything that you choose** doesn't matter to me. 당신이 어느 것을 선택하든지 나에게 중요하지 않다.

Whomever you trust will trust you.

= **Anyone whom you trust** will trust you. 당신이 믿는 누구든 당신을 믿을 것이다.

| 2 | 목적어

(1) 타동사나 전치사의 목적어로 쓰일 수 있다.

(2) 복합관계대명사에 따라 다음과 같이 의미가 달라진다.

타동사/전치사	복합관계대명사 (S) V ~

You may buy **whichever you want.**

= You may buy **anything that you want.** 당신이 원하는 어떤 것이든 사도 된다.

I eat **whatever I want** but don't gain weight.

= I eat **anything that I want** but don't gain weight. 나는 내가 원하는 무엇이든 먹지만 살찌지 않는다.

I will give it to **whoever comes first.**

= I will give it to **anyone who comes first.** 나는 먼저 오는 누구에게든 그것을 줄 것이다.

I will give it to **who(m)ever you like.**

= I will give it to **anyone who(m) you like.** 나는 당신이 좋아하는 누구에게든 그것을 줄 것이다.

참고 | 복합관계형용사 whichever, whatever

(1) whichever와 whatever는 명사 앞에 위치하여 형용사적 기능을 할 수 있으며, 이때는 <복합관계형용사>라고 부른다.

(2) <복합관계형용사 + 명사 + (S) + V>의 구조이며 명사절로서 문장에서 주어, 목적어 자리에 쓰일 수 있다.

whichever/whatever 명사 (S) V ~

You can buy **whichever book you want.** 당신은 당신이 원하는 어떤 책이든지 살 수 있다.

Whatever advice you give is always helpful. 당신이 해주는 어떤 조언이든 항상 도움이 된다.

The dog ate **whatever food was given to him.** 그 개는 주어지는 어떤 음식이든지 다 먹었다.

361 Usually the prince shared whatever he had with others.

prince 왕자
share 공유하다

2016년 9월 고1

362 As soon as harmony is disrupted, we do whatever we can to restore it.

harmony 조화
disrupt 방해하다
restore 복구하다

2021년 11월 고1

363 He would offer them whatever he was given and they would eat it together.

offer 주다, 제공하다

2016년 3월 고1

364 Counselors often advise clients to get some emotional distance from whatever is bothering them.

counselor 상담원
client 의뢰인, 고객
emotional 감정적인
distance 거리
bother 괴롭히다, 신경 쓰다

2014년 11월 고1

365 They live off whatever nature provides in their immediate surroundings.

live off ~에 의존해 살아가다
immediate 인접한, 즉각적인, 당면한
surrounding 주변 환경

2021년 9월 고1 응용

366 The conclusions of a trustworthy group of people could be better than whatever you think.

conclusion 결론
trustworthy 믿을 만한, 신뢰할 수 있는

2019년 11월 고1 응용

367 Achieving focus in a movie is easy because directors can simply point the camera at whatever they want the audience to look at.

achieve 성취하다
focus 초점, 집중
director 감독
point 가리키다, 향하게 하다

2021년 3월 고1 응용

368 Giving food to a child who is upset gives them something to do with their hands and mouth and shifts their attention from whatever was upsetting them.

upset 화난, 화나게 하다
shift 옮기다, 이동하다
attention 관심

2020년 3월 고2

369 The grandmother smiled and said, "Remember this, and you will be successful in whatever you do: If you choose the safe option all of your life, you will never grow."

successful 성공적인
option 선택

2020년 11월 고1

370 Consumers could generally learn through the Web whatever they wanted to know about a company, its products, its competitors, its distribution systems, and, most of all, its truthfulness when talking about its products and services.

consumer 소비자
generally 일반적으로
competitor 경쟁자
distribution 분배, 유통
truthfulness 진정성

Chapter 4
명사 모아보기

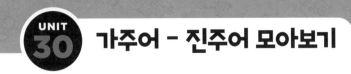

UNIT 30 가주어 - 진주어 모아보기

길어진 주어, 즉 명사구와 명사절이 문장의 주어 자리에 쓰이면, <길어진 주어>를 문장의 뒤로 보내고 <빈 주어> 자리에 <it>을 넣어 준다. 이때 문장의 뒤로 이동한 <길어진 주어>를 **진(眞)주어**라고 하고, <빈 주어> 자리를 채워주는 <it>을 **가(假)주어**라고 한다. 원칙적으로 <길어진 주어>는 모두 <가주어-진주어>가 가능하지만, 자주 쓰이는 것과 그 구조는 다음과 같다.

가주어	진주어
It　주로 be + 형용사	★★ 1. to부정사구 ★ 2. 동명사구 3. 의문사 + to부정사구 ★★ 4. 접속사 that절 ★ 5. 접속사 whether절 6. 관계대명사 what절 ★ 7. 의문사절(간접의문문) 8. 복합관계대명사절

★는 사용 빈도 및 중요도를 나타냄

1. to부정사구	**To get up early in the morning** is not easy. = **It** is not easy **to get up early in the morning**. 아침에 일찍 일어나는 것은 쉽지 않다.
2. that절	**That he passed the exam** is true. = **It** is true **that he passed the exam**. 그가 시험에 통과했다는 것은 사실이다.
3. whether절	**Whether you agree or not** doesn't matter. = **It** doesn't matter **whether you agree or not**. 당신이 동의하는지 아닌지는 중요하지 않다.
4. 의문사절 **(간접의문문)**	**Why he left Korea** is not clear. = **It** is not clear **why he left Korea**. 그가 왜 한국을 떠났는지는 명확하지 않다.

2016년 6월 고1

371 It is surprising how often people depend on this kind of nonsense.

depend on ~에 의존하다
nonsense 터무니없는 말

2016년 3월 고1

372 It is better that you make your mistakes early on rather than later in life.

mistake 실수
rather than ~보다는

2018년 9월 고2

373 It doesn't matter whether you want to buy tea, coffee, jeans, or a phone.

matter 중요하다

2016년 3월 고1

374 However, it is necessary to drink as much water as possible to stay healthy.

necessary 필요한
possible 가능한
healthy 건강한

2015년 3월 고1

375 It's often easier and cheaper to walk a few blocks than to wait for a taxi or subway.

a few 약간의
subway 지하철

376 Whether that's true or not, it's safe to assume that we can't be real friends with everyone.

assume 가정하다

377 It is important to help students activate prior knowledge so they can build on it productively.

activate 활성화하다
prior knowledge 사전 지식
productively 생산적으로

378 It is obvious that a collision at a lower speed is less likely to result in death or serious injury.

obvious 분명한
collision 충돌
be less likely to-V 덜 ~할 것 같다
result in ~을 초래하다
serious injury 중상

379 It's true that before puberty, kids don't gain the same muscle from lifting weights that a teen or adult would.

puberty 사춘기
muscle 근육
lift weights 역기를 들다

380 It's usually a waste of time and energy to put a lot of effort into assigning blame or determining who is at fault.

assign 맡기다, 배정하다
blame 책임, 탓, ~을 탓하다
determine 결정하다
fault 잘못

2014년 9월 고1

381 It wasn't easy finding herself apart from her family at Christmas and missing the festivities of her son's wedding.

apart (시/공간상) 떨어져
festivities 축제 행사

2014년 9월 고1

382 It's no surprise that labels are becoming the "go-to" place when people have questions about how food is produced.

label 라벨
go-to 정보를 얻을 수 있는
produce 생산하다

2017년 11월 고1

383 Although humans have been drinking coffee for centuries, it is not clear just where coffee originated or who first discovered it.

although 비록 ~이지만
century 세기
clear 분명한
originate 유래하다
discover 발견하다

2015년 9월 고1

384 In short, it is becoming increasingly difficult, if not impossible, to consider ourselves members of a single society unaffected by other societies.

in short 간단해 말하면
increasingly 점점 더
impossible 불가능한
society 사회
unaffected 영향 받지 않는

2020년 9월 고1

385 Although it is obvious that part of our assessment of food is its visual appearance, it is perhaps surprising how visual input can override taste and smell.

assessment 평가
visual 시각적인
appearance 외모
input 입력
override ~에 우선하다

UNIT 31 의미상 주어 모아보기

to부정사와 동명사는 모두 동사에서 출발했기 때문에 동사의 주체, 즉 주어가 필요하다. 의미상의 주어는 문장의 주어와 구별되는 to부정사 또는 동명사의 주어를 말한다.

|1| 의미상 주어를 표시하지 않는 경우

원칙상 모든 to부정사와 동명사는 의미상 주어가 필요하다. 하지만 대부분의 사람들에게 해당되거나, 내용상 뻔히 알 수 있는 경우는 생략한다.

(1) 대부분의 사람들에게 해당하는 경우

It is dangerous **to ride** a bike without a helmet. 헬멧 없이 자전거를 타는 것은 위험하다.

Sleeping well at night is good for health. 밤에 잘 자는 것은 건강에 좋다.

(2) 내용상 뻔히 알 수 있는 경우

I enjoy **swimming**. 나는 수영하는 것을 즐긴다.

I want **you to clean** your room. 나는 네가 방청소 하기를 원해.

My dream is **to travel** all around the world. 나의 꿈은 세계를 여행하는 것이다.

|2| 의미상 주어를 표시하는 경우

(1) to부정사의 의미상주어

for/of 목적격	to-V ~

① 대부분의 경우 : for 목적격

It is difficult **for me to get up early**. 내가 아침에 일찍 일어나는 것은 어렵다.

② 칭찬 또는 비판의 내용이 있는 경우 : of 목적격

It is foolish **of you to tell a lie**. 거짓말을 하다니 당신은 참 어리석군요.

(2) 동명사의 의미상 주어

동명사 바로 앞에 소유격 또는 목적격으로 표시한다.

소유격/목적격	Ving ~

I was sure of **his being late**. 나는 그가 늦을 거라고 확신했다.

386 It's careless of you to spill coffee.

careless 부주의한
spill 쏟다

387 We will accept only one photo of you wearing the costume you made.

accept 받다, 받아들이다
costume 의상

388 The images you see in your head are images of you dropping the ball!

image 이미지
drop 떨어뜨리다

389 What is the quickest way for you to measure your effectiveness at work?

measure 평가하다, 측정하다
effectiveness 효율성

390 It is very important for medical centers to fight this growing health-security issue.

medical center 의료 센터
growing 증가하는
health-security issue 건강
안전 문제

391 Simply providing students with complex texts is not enough for learning to happen.

provide A with B A에게 B를 제공하다
complex 어려운, 복잡한

392 Instead of humans competing with AI, they could focus on servicing and using AI.

compete 경쟁하다
focus on ~에 집중하다

393 The key to using food effectively as a manager is for it not to become a planned event.

key 비결
effectively 효과적으로
manager 경영자, 관리자
planned 계획된

394 Until recently, bicycles had to have many gears for them to be considered high-end.

until ~까지
recently 최근에
gear (자전거 등의) 기어
high-end 최고급의

395 It is important for the speaker to memorize his or her script to reduce on-stage anxiety.

memorize 암기하다
script 원고, 대본
reduce 줄이다
on-stage 무대 위의
anxiety 불안

396 2018년 3월 고1 응용
You trust your best friend so much that you won't worry about him knowing you too well.

trust 믿다
worry 걱정하다

397 2013년 중3
It is natural for us as parents to want to protect our children from things painful or difficult.

natural 자연스러운, 당연한
protect 보호하다
painful 고통스러운

398 2011년 11월 고1
If someone I know well becomes happy, the possibility of me becoming happy will increase by 15 percent.

possibility 가능성
increase 증가하다

399 2015년 중3
We hope something outside of ourselves will magically happen in order for us to be happy and life to be good.

magically 마술적으로
in order to ~하기 위해서

400 2017년 6월 고1
If language play becomes another educational tool for adults to use to produce outcomes, it loses its very essence.

language 언어
educational 교육적인
tool 도구, 수단
outcome 결과
essence 본질

401 2013년 중3
It is difficult for teenagers to fall asleep before midnight, even if they are tired and need 8 to 9 hours of sleep a day.

teenager 십대
fall asleep 잠이 들다
midnight 자정

402 2011년 3월 고1
So when you see an octopus under the sea, please check its color, though the chance for you to see one is very rare.

octopus 문어
though 비록 ~이지만
chance 기회, 가능성
rare 드문

403 2016년 중3
In the past, it was hard for the people on the island to communicate with the rest of the world, but now they have telephones and the internet.

communicate 의사소통하다
rest 나머지

404 2020년 3월 고1
They know that if they get you to lose your cool you'll say something that sounds foolish; you'll simply get angry and then it will be impossible for you to win the argument.

lose one's cool ~의 침착함을 잃다
foolish 어리석은
impossible 불가능한
argument 논쟁

405 2018년 9월 고1
As a result, my dad and I didn't have much of a relationship when I was young other than him constantly nagging me to take care of chores like mowing the lawn, which I hated.

as a result 그 결과
constantly 끊임없이
nag 잔소리하다
chore 일
mow the lawn 잔디를 깎다

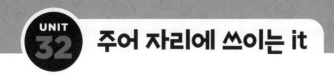

UNIT 32 주어 자리에 쓰이는 it

<it>은 <그것>을 의미하는 <대명사> 이외에도 쓰임이 다양하다.

| 1 | 비인칭 주어

(1) 날씨, 시간, 거리, 계절, 요일, 명암 등을 표현할 때 주어 자리에 써주는 형식상의 주어를 비인칭 주어라고 한다.

(2) 주어 자리만 채워주는 형식상의 주어이기 때문에 따로 해석하지 않는다.

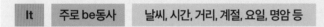

| It | 주로 be동사 | 날씨, 시간, 거리, 계절, 요일, 명암 등 |

It is hot and humid in summer. 여름에 덥고 습하다.

Let's hurry. **It** is getting darker and darker. 서두르자. 점점 어두워지고 있어.

| 2 | It takes 구문

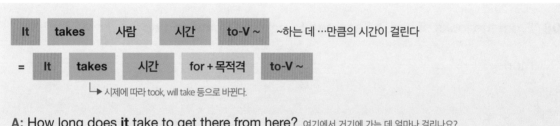

| It | takes | 사람 | 시간 | to-V ~ | ~하는 데 …만큼의 시간이 걸린다

= | It | takes | 시간 | for + 목적격 | to-V ~

↳ 시제에 따라 took, will take 등으로 바뀐다.

A: How long does **it** take to get there from here? 여기에서 거기에 가는 데 얼마나 걸리나요?

B: **It** takes about 20 minutes on foot / by bus. 걸어서 / 버스를 타고 20분 정도 걸립니다.

It took three hours for me to finish my homework. 내가 숙제를 끝내는 데 3시간이 걸렸다.

| 3 | It seems/appears that 구문

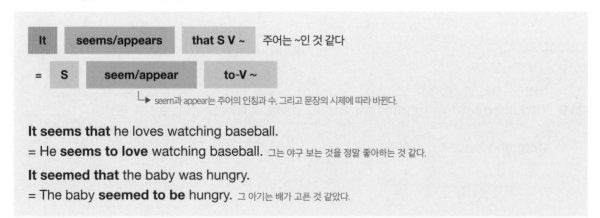

| It | seems/appears | that S V ~ | 주어는 ~인 것 같다

= | S | seem/appear | to-V ~

↳ seem과 appear는 주어의 인칭과 수, 그리고 문장의 시제에 따라 바뀐다.

It seems that he loves watching baseball.

= He **seems to love** watching baseball. 그는 야구 보는 것을 정말 좋아하는 것 같다.

It seemed that the baby was hungry.

= The baby **seemed to be** hungry. 그 아기는 배가 고픈 것 같았다.

2016년 9월 고1

406 It took me a long time to knit the gloves.

knit 뜨개질하다
glove 장갑

2012년 3월 고1

407 Many people seem to agree that exercise should be painful.

agree 동의하다
exercise 운동
painful 고통스러운

2019년 6월 고1

408 From the looks of him, he seemed to have no home and no money.

looks 외모, 생김새

2019년 6월 고1

409 It seems that you had better walk to the shop to improve your health.

had better V ~하는 것이 좋겠다
improve 개선하다, 향상하다
health 건강

2011년 중3

410 It took about five months for her to paint a flower with a stem and leaves.

stem 줄기
leaves 잎 (leaf의 복수형)

2012년 9월 고1

411 Interestingly, the birds seem to hide 25 percent more nuts than they normally need.

interestingly 흥미롭게도
hide 숨기다
nut 견과
normally 정상적으로

2009년 9월 고1

412 It doesn't take much effort to accurately recall whether you've seen a particular face or not.

effort 노력
accurately 정확하게
recall 상기하다
particular 특정한, 특별한

2011년 9월 고1

413 It's natural for us to grieve over things we've lost and it takes time to fill the hole left by loss.

natural 당연한
grieve 애도하다, 슬퍼하다
hole 구멍, 공허함
loss 상실

2020년 3월 고1

414 We often ignore small changes because they don't seem to matter very much in the moment.

ignore 무시하다
matter 중요하다

2019년 6월 고1

415 Artificial light, which typically contains only a few wavelengths of light, does not seem to have the same effect on mood that sunlight has.

artificial light 인공조명
typically 전형적으로
contain 포함하다
only a few 단지 몇 개의
wavelength 파장
have an effect on ~에 영향을 미치다
mood 분위기

가목적어 – 진목적어 모아보기

5형식(동사 + 목적어 + 목적격 보어)에서 <목적어> 자리에 <to부정사구>나 <접속사 that절>이 사용되면, <to부정사구>나 <접속사 that절>을 문장의 뒤로 보내고 비어 있는 목적어 자리에 가짜 목적어 'it'을 넣어 주게 된다. 이때, 'it'을 <가목적어>라고 하고 <to부정사구>나 <접속사 that절>을 <진목적어>라고 한다. 빈 목적어 자리만 채워주는 형식상의 목적어이기 때문에 가목적어 it은 해석하지 않는다. 주로 사용되는 동사와 구조는 다음과 같다.

| make | it | 명사/형용사 | to-V ~ / that S V ~ |

~하는 것을 …으로/하게 만들다

| think | it | 명사/형용사 | to-V ~ / that S V ~ |

~하는 것을 …라고/하다고 생각하다

| find | it | 명사/형용사 | to-V ~ / that S V ~ |

~하는 것을 …라고/하다고 생각하다/알게 되다

| consider | it | 명사/형용사 | to-V ~ / that S V ~ |

~하는 것을 …라고/하다고 생각하다/간주하다

I think it possible to make our town better.

나는 우리 마을을 더 좋게 만드는 것이 가능하다고 생각한다.

She found it hard to express her feelings.

그녀는 그녀의 감정을 표현하는 것이 어렵다는 것을 알았다.

He makes it a rule to keep a diary in English.

그는 영어로 일기 쓰는 것을 규칙으로 한다.

Her busy schedule made it difficult for her to prepare for the final exam.

그녀의 바쁜 일정은 그녀가 기말고사를 준비하는 것을 어렵게 했다.

His father considered it inappropriate that he went out late at night.

그의 아빠는 그가 밤늦게 외출하는 것이 부적절하다고 생각했다.

We shouldn't take it for granted that they would help us.

우리는 그들이 우리를 도와줄 것이라고 당연하게 생각하면 안 된다.

I will keep it a secret that you broke the window.

나는 네가 창문을 깼다는 것을 비밀로 해줄게.

2014년 6월 고1

416 She finds it interesting to consider why Ms. Ashley did so.

so 그렇게

2012년 6월 고1

417 You can make it easier for the next person to use the copier.

copier 복사기

2017년 6월 고1 응용

418 My real concern is to make it possible to deliver any goods any time.

concern 관심사, 걱정
possible 가능한
goods 제품, 상품

2018년 6월 고1

419 Written language is more complex, which makes it more work to read.

written language 문어체
complex 복잡한

2015년 3월 고1

420 Rosa made it clear that our happiness was important to her as well.

as well 또한

421 Technology makes it much easier to worsen a situation with a quick response.

technology 기술
worsen 악화시키다
response 반응

422 The slow pace of transformation also makes it difficult to break a bad habit.

pace 속도
transformation 변화, 변형
break 부수다, 깨다
habit 습관

423 The sail made it possible to trade with countries that could be reached only by sea.

sail 돛, 항해
possible 가능한
trade with ~와 무역하다
reach 도달하다

424 If a developed country gives food to a poor country, its local farmers will find it difficult to produce food to sell.

developed country 선진국
local 지역의
farmer 농부

425 These students were victims of distractions who found it very difficult to study anywhere except in their private bedrooms.

victim 희생자
distraction 주의를 산만하게 하는 것
private 개인의, 사적인

2012년 6월 고1

426 They hear from dozens of people, which makes it far less likely that they will take a moment to remember you and your message.

hear from ~로부터 연락을 받다
dozens of 많은, 수십의
likely ~할 것 같은
take a moment 시간을 내다

2019년 11월 고1

427 They tend to be well-liked and respected by others because they make it clear that they value what other people bring to the table.

tend to-V ~하려는 경향이 있다
well-liked 인기 있는, 호감을 사는
value 평가하다, 가치 있게 생각하다

2021년 9월 고1 응용

428 Since it is better for the firm to have buyers complain rather than go to a rival company, it is important to make it easier for dissatisfied customers to complain.

firm 회사
buyer 구매자
complain 불평하다
rather than ~보다
rival company 경쟁사
dissatisfied 불만족한

2017년 6월 고1

429 Some African countries find it difficult to feed their own people or provide safe drinking water, yet precious water is used to produce export crops for European markets.

feed 먹여 살리다
provide 제공하다
yet 그렇지만, 그런데도
precious 귀중한
export crop 수출 작물

2020년 11월 고1

430 FOBO, or Fear of a Better Option, is the anxiety that something better will come along, which makes it undesirable to commit to existing choices when making a decision.

fear 두려움, 공포
option 선택
anxiety 불안
undesirable 원하지 않은
commit 전념하다
existing 기존의, 현존하는

길어진 주어 모아보기

|1| 길어진 주어 모아보기

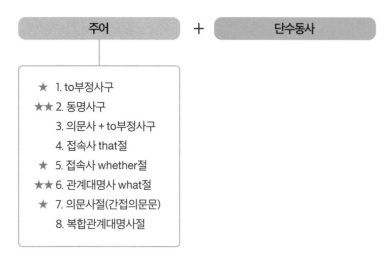

(1) 주어 자리에는 명사나 대명사 이외에도 명사구, 명사절이 올 수 있다.

(2) 문장의 동사, 즉 '~다'로 해석되는 동사가 나오기 전까지가 주어이다.

(3) 주어 자리에 명사구 또는 명사절이 오면 동사는 <단수동사>로 받아준다.

(4) 주어 자리에 오는 명사구와 명사절은 원칙상 가주어-진주어 구문으로 만들 수 있다.

|2| 가주어-진주어 모아보기

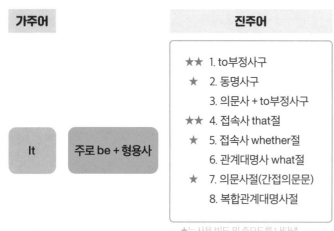

★는 사용 빈도 및 중요도를 나타냄

| 3 | 길어진 주어의 구조와 예문 모아보기

1. to부정사구

To-V ~	단수동사

~하는 것은

To get up early in the morning is not easy.

일찍 일어나는 것은 쉽지 않다.

2. 동명사구

Ving ~	단수동사

~하는 것은

Learning foreign languages takes a lot of time and effort.

외국어를 배우는 것은 많은 시간과 노력을 필요로 한다.

3. 의문사+to부정사구

의문사 + to-V ~	단수동사

무엇을/언제/어디서/어떻게 ~할지는

What to do next is really important.

다음에 무엇을 할지는 매우 중요하다.

4. 접속사 that절

That S V ~	단수동사

주어가 ~하는 것은

That he passed the exam is true.

그가 시험에 통과했다는 것은 사실이다.

5. 접속사 whether절

Whether S V ~	단수동사

주어가 ~인지는

Whether you agree or not doesn't matter.

당신이 동의하는지 아닌지는 중요하지 않다.

6. 관계대명사 what절

What (S) V ~	단수동사

(주어가) ~하는 것은

What I want to do now is to sleep.

내가 지금 하고 싶은 것은 자는 것이다.

7. 의문사절

의문사 (S) V ~	단수동사

(주어가) 언제/어디서/어떻게/왜 ~하는지는

Why he left Korea is not clear.

그가 한국을 떠난 이유는 분명하지 않다.

8. 복합관계대명사절

복합관계대명사 (S) V ~	단수동사

~든지

Whatever you want is not important to me.

당신이 무엇을 원하든지 나에게 중요하지 않다.

2021년 3월 고1

431 What you buy is waste unless you use it.

waste 낭비
unless ~하지 않으면

2019년 9월 고1

432 It takes 90 minutes for the battery to be fully charged.

fully 완전히
charge 충전하다

2016년 3월 고1

433 Over time, it became clear that he couldn't do a good job at both.

over time 시간이 흐르면서
both 둘 다

2012년 6월 고1

434 Accepting a job means that you accept the responsibility that goes with it.

accept 받아들이다
responsibility 책임

2019년 9월 고1

435 How a person approaches the day impacts everything else in that person's life.

approach 접근하다
impact 영향을 미치다

2019년 3월 고1

436 It can be tough to settle down to study when there are so many distractions.

tough 힘든, 곤란한
settle down 전념하다, 몰두하다
distraction 마음을 산만하게 하는 것

2014년 9월 고1

437 There doesn't seem to be any obvious reason to suppose this is true, but it probably is.

obvious 분명한
reason 이유, 근거
suppose 생각하다, 가정하다
probably 아마도

2021년 11월 고1 응용

438 The bottom line is that we can intentionally create the habits for the brain to be happier.

bottom line 핵심, 결론
intentionally 의도적으로

2020년 3월 고1

439 Paying attention to some people and not others doesn't mean you're being dismissive or arrogant.

pay attention to ~에 주의를 기울이다
dismissive 무시하는
arrogant 오만한

2020년 11월 고1

440 The Internet opened up a forum for customers to compare products, experiences, and values with other customers easily and quickly.

forum 포럼, 장, 토론회
compare 비교하다
experience 경험
value 가치
customer 소비자, 손님

UNIT 35 길어진 목적어 모아보기

| 1 | 길어진 목적어 모아보기

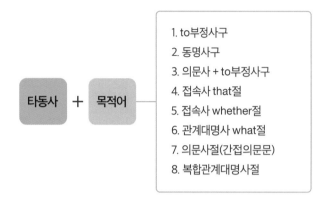

1. to부정사구
2. 동명사구
3. 의문사 + to부정사구
4. 접속사 that절
5. 접속사 whether절
6. 관계대명사 what절
7. 의문사절(간접의문문)
8. 복합관계대명사절

(1) 목적어 자리에는 명사나 대명사 이외에도 명사구, 명사절이 올 수 있다.

(2) 위에 나열된 길어진 목적어들은 모두 사용빈도가 매우 높다.

(3) 목적어에는 다음의 두 종류로 나눠볼 수 있다.

① 타동사의 목적어 : 타동사 즉, 목적어를 필요로 하는 동사 다음에 나오는 명사(구/절)는 타동사의 목적어가 될 수 있다.

② 전치사의 목적어 : 전치사 다음에 나오는 명사(구)를 전치사의 목적어라고 하며 주로 명사나 명사구가 전치사의 목적어 역할을 하며 아주 일부 명사절도 가능하다.

(4) 목적어 자리에 명사구와 명사절과 같은 긴 목적어가 오면 가목적어-진목적어 구문을 주로 사용한다.

| 2 | 가목적어-진목적어 모아보기

| 3 | 길어진 목적어의 구조와 예문 모아보기

1. to부정사구

타동사	to-V ~

~하는 것을 / ~하기를 / 하기로

I want **to get up early in the morning**. 나는 아침 일찍 일어나기를 원한다.

2. 동명사구

타동사	Ving ~

~하는 것을 / 하기를

I enjoy **learning foreign languages**. 나는 외국어 배우는 것을 즐긴다.

3. 의문사 + to부정사구

타동사	의문사 to-V ~

무엇을/언제/어디서/어떻게 ~할지를

I don't know **what to do next**. 나는 다음에 무엇을 할지(를) 모르겠다.

4. 접속사 that절

타동사	(that) S V ~

주어가 ~하는 것을 / ~하다고

I believe **(that) he passed the exam**. 나는 그가 시험에 통과했다고 믿는다.

5. 접속사 whether절

타동사	whether/if S V ~

주어가 ~인지를

I wonder **whether you agree or not**. 나는 당신이 동의하는지 아닌지(를) 궁금해한다.

6. 관계대명사 what절

타동사	what (S) V ~

(주어가) ~하는 것을

I don't know **what I want to do now**. 나는 내가 지금 무엇을 하고 싶은지 모르겠다.

7. 의문사절

타동사	의문사 (S) V ~

(주어가) 언제/어디서/어떻게/왜 ~하는지를

Can you tell me **why he left Korea**? 왜 그가 한국을 떠났는지(를) 말해주실 수 있나요?

8. 복합관계대명사절

타동사	복합관계대명사 S V ~

~든지

You eat **whatever you want** but don't gain weight.

당신은 당신이 원하는 무엇이든 먹지만 살찌지 않는다.

2014년 6월 고1

441 I wonder what other referees will think of how I did.

wonder 궁금해하다
referee 심판

2011년 9월 고1

442 You can control how much or how often you work out.

control 조절하다, 통제하다
work out 운동하다

2016년 3월 고1

443 Everyone in the audience tried not to show they were laughing.

audience 청중
try to-V ~하려고 노력하다
laugh 웃다

2020년 3월 고1

444 In life, they say that too much of anything is not good for you.

2014년 3월 고1

445 Unlike what we generally believe, some of our actions are done automatically.

unlike ~와 달리
generally 일반적으로
action 행동
automatically 자동적으로

2017년 3월 고1

446 For example, you may not care about whether you start your new job in June or July.

care about ~에 마음을 쓰다

2020년 6월 고1

447 You should also ask if the scientist or group conducting the experiment was unbiased.

conduct (특정 활동을) 하다
experiment 실험
unbiased 선입견 없는

2021년 3월 고1

448 By grabbing a hammer or a paint brush and donating your time, you can help with the construction.

grab 붙잡다
hammer 망치
paint brush 페인트 붓
donate 기부하다
construction 공사

2015년 3월 고1

449 For example, the modern Icelander does not find it very difficult to read the Icelandic sagas from the Middle Ages.

modern 현대의
saga (특히 노르웨이, 아이슬란드의) 영웅 전설
the Middle Ages 중세 시대

2012년 11월 고1

450 An English scientist observes an apple fall from a tree and suddenly understands what keeps the moon and the planets in their orbit.

observe 보다, 관찰하다
suddenly 갑자기
orbit 궤도

UNIT 36 주격 보어(명사)와 명사(주어, 보어, 목적어) 모아보기

| 1 | 주격 보어(명사) 모아보기

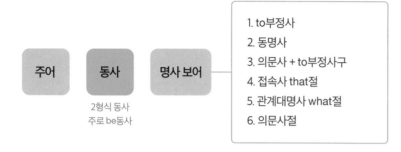

주어	동사	명사 보어
	2형식 동사 주로 be동사	1. to부정사 2. 동명사 3. 의문사 + to부정사구 4. 접속사 that절 5. 관계대명사 what절 6. 의문사절

1. to부정사구

be동사	to-V ~
	~하는 것이다

My dream is **to study English.** 나의 꿈은 영어를 공부하는 것이다.

2. 동명사구

be동사	Ving ~
	~하는 것이다

My hobby is **studying English.** 나의 취미는 영어를 공부하는 것이다

3. 의문사 + to부정사구

be동사	의문사 to-V ~
	무엇을/언제/어디서/어떻게 ~할지이다

The important thing is **what to do next.** 중요한 것은 다음에 무엇을 할지이다.

4. 접속사 that절

be동사	(that) S V ~
	주어가 ~하는 것이다

The problem is **that I don't know how to study English.**

문제는 내가 영어를 어떻게 공부해야 할지를 모른다는 것이다.

5. 관계대명사 what절

be동사	what (S) V ~
	(주어가) ~하는 것이다

English is **what I want to study.** 영어는 내가 공부하고 싶은 것이다.

6. 의문사절

be동사	의문사 (S) V ~
	(주어가) 언제/어디서/어떻게/왜 ~하는지이다

The important thing is **how I should study English.**

중요한 것은 어떻게 내가 영어를 공부해야 하는가이다.

| 2 | 명사(주어, 보어, 목적어) 모아보기

1. to부정사구

To study English is important.

My dream is **to study English**.

I want **to study English**.
주의! 전치사의 목적어로 사용되지 않음

2. 의문사 + to부정사구

What to do next is important.

The important thing is **what to do next**.

I want to know **what to do next**.

I am thinking about **what to do next**.

3. 동명사

Studying English is important.

My hobby is **studying English**.

I enjoy **studying English**.

I am interested in **studying English**.

4. what절

What I want to study is English.

English is **what I want to study**.

I know **what I want to study**.

He is interested in **what I want to study**.

5. that절

That I don't know how to study English is the problem.

The problem is **that I don't know how to study English**.

I think **that I don't know how to study English**.
주의! 전치사의 목적어로 사용되지 않음

6. whether절

Whether you will study English or not doesn't matter.

The problem is **whether you will study English or not**.

I want to know **whether[if] you will study English or not**.

I am thinking about **whether you will study English or not**.

7. 의문사절(간접의문문)

How I should English is important.

The important thing is **how I should English**.

I want to know **how I should study English**.

I am thinking about **how I should study English**.

8. 복합관계대명사절

Whoever says so is a liar.

You may buy **whichever you want**.

451 2011년 6월 고1
That's what we did after our first fight in our marriage.

marriage 결혼, 결혼생활

452 2012년 3월 고1
Fatigue and pain are your body's ways of saying that it is in danger.

fatigue 피로
pain 고통
in danger 위기에 처한

453 2019년 11월 고1
She knows what she has to do, but it's not easy for her to remember everything.

remember 기억하다

454 2020년 6월 고1
Being unbiased means that you have no special interest in the outcome of the experiment.

unbiased 선입견 없는
interest 이익, 이해관계
outcome 결과
experiment 실험

455 2017년 6월 고1
Many people suppose that to keep bees, it is necessary to have a large garden in the country.

suppose 생각하다
necessary 필요한
garden 정원
country 시골, 나라

2011년 11월 고1

456 Our society is a youth-oriented culture, one that assumes that what is new and current is of most value.

society 사회
youth-oriented 젊은이 중심의
assume 가정하다
current 현재의
value 가치

2015년 11월 고1

457 As a result, I would like to ask if you might consider giving an additional week to consider your offer.

as a result 그 결과
additional 추가적인
offer 제안

2015년 6월 고1

458 While it's fun to read what other people have said about friendship, what matters most is what you think of when you hear the word "friend."

friendship 우정

2021년 11월 고1

459 One of the aims of these activities is to make us aware of various types of news media and the language used in printed newspaper articles.

aim 목표
activity 활동
aware of ~을 인식하는
various 다양한
media 미디어, 매체
article 기사

2021년 11월 고1

460 What this means is that you can actually train your brain to become more grateful, relaxed, or confident, by repeating experiences that evoke gratitude, relaxation, or confidence.

grateful 감사해 하는
relaxed 편안한, 느긋한
evoke 불러일으키다
gratitude 감사
relaxation 휴식
confidence 자신감

Chapter 5
동사와 준동사

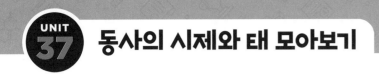

UNIT 37 동사의 시제와 태 모아보기

시제와 태는 모두 <동사>에 표현된다.

따라서 <동사>를 보고 어떤 <시제>인지 그리고 <능동태>인지 <수동태>인지 파악할 수 있다.

| 1 | 동사의 12가지 시제

단순시제	현재시제	He	studies.	현재 / 반복적이거나 일상적인 일
	과거시제		studied.	과거에 일어난 일
	미래시제		will study.	미래에 대한 추측, 예상, 의지
진행시제	현재진행시제	He	is studying.	현재에 진행 중인 일
	과거진행시제		was studying.	과거에 진행 중이었던 일
	미래진행시제		will be studying.	미래에 진행되고 있을 일
완료시제	현재완료시제	He	has studied.	과거에 일어난 일이 현재 어떠한지
	과거완료시제		had studied.	대과거에 일어난 일이 과거에 어떠했는지
	미래완료시제		will have studied.	미래 어느 시점에 어떤 상황일 것인지
완료진행시제	현재완료진행시제	He	has been studying.	과거에 시작된 일이 현재에도 계속되는 상황
	과거완료진행시제		had been studying.	대과거에 시작된 일이 과거에도 계속되는 상황
	미래완료진행시제		will have been studying.	미래의 어느 시점에 계속되고 있을 상황

| 2 | 동사의 12가지 시제와 수동태의 결합

단순 수동태	현재 수동태	This song	is loved.
	과거 수동태		was loved.
	미래 수동태		will be loved.
진행 수동태	현재진행 수동태	This song	is being loved.
	과거진행 수동태		was being loved.
	미래진행 수동태		will be being loved.
완료 수동태	현재완료 수동태	This song	has been loved.
	과거완료 수동태		had been loved.
	미래완료 수동태		will have been loved.
완료진행 수동태	현재완료진행 수동태	This song	has been being loved.
	과거완료진행 수동태		had been being loved.
	미래완료진행 수동태		will have been being loved.

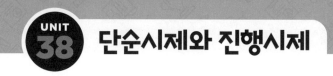

UNIT 38 단순시제와 진행시제

| 1 | 단순시제 : 현재, 과거, 미래

(1) **현재시제** : 과거에도 그랬고, 현재도 그렇고, 앞으로도 그럴 가능성이 높은 상황을 표현한다.

   * 습관, 일상적인 일, 과학적 사실, 불변의 진리 등

   I **have** an apple every morning. 나는 매일 아침 사과 하나를 먹는다.

   The Sun **rises** in the east and **sets** in the west. 태양은 동쪽에서 떠서 서쪽으로 진다.

(2) **과거시제** : 과거에 일어난 일을 표현하며, 주로 과거 표현 부사와 함께 사용된다.

   * 과거시제는 과거에 관한 정보만 제공할 뿐, 현재에 관한 정보는 제공하지 않는다.

   He **went** to Busan yesterday. 그는 어제 부산에 갔다.

(3) **미래시제** : 주어의 의지 또는 미래에 대한 예측이나 예정되어있는 일을 표현하며, 주로 미래 표현 부사와 함께 사용된다.

   They **will buy** some flowers for their mother. 그들은 자신의 엄마에게 꽃을 좀 사드릴 것이다.

   What **are** you **going to do** this weekend? 이번 주말에 무엇을 할 예정이야?

| 2 | 진행시제 : 현재진행, 과거진행, 미래진행

(1) **현재진행시제** : 현재에 진행 중인 동작이나 행위를 표현한다. 현재진행형이 미래 표현과 함께 사용 되는 경우 확정된 미래를 나타낼 수도 있다.

   | **am/are/is + Ving** | ~하고 있다, ~하고 있는 중이다 |

   My brother **is cleaning** the house and my sister **is washing** the dishes.

   오빠는 집을 청소하고 있고, 언니는 설거지를 하고 있다. (진행 중인 행위)

   They **are leaving** for Seoul tomorrow. 그들은 내일 서울로 떠나. (확정된 미래)

(2) **과거진행시제** : 과거에 진행 중이었던 동작이나 행위를 표현한다.

   | **was/were + Ving** | ~하고 있었다, ~하고 있는 중이었다 |

   We **were winning** the game when it started raining. 우리가 경기에 이기고 있을 때 비가 내리기 시작했다.

(3) **미래진행시제** : 미래에 진행되고 있을 일을 표현한다.

   | **will be + Ving** | ~하고 있을 것이다 |

   At this time tomorrow, he **will be waiting** for you. 내일 이맘때쯤 그는 당신을 기다리고 있을 겁니다.

461 Skipping meals is bad for your health.

2021년 11월 고1

skip 거르다, 건너뛰다
health 건강

462 From next week, you will be working in the Marketing Department.

2019년 3월 고1

Marketing Department
마케팅부

463 We also had students who could not study if the library was not super quiet.

2020년 11월 고1

super 매우, 아주
quiet 조용한

464 I was diving alone in about 40 feet of water when I got a terrible stomachache.

2020년 3월 고1

dive 잠수하다
terrible 끔찍한, 지독한
stomachache 복통

465 Jasper and Mary are trying to form a rock band for the school band competition.

2021년 3월 고1

form 구성하다, 형성하다
competition 경연대회

2014년 9월 고1

466 Although it was raining and the room was leaking, 75 people were waiting for her.

although 비록 ~이지만
leak (물 등이) 새다
wait for ~을 기다리다

2021년 9월 고1

467 At the event, we will be introducing new wonderful dishes that our restaurant will be offering soon.

introduce 소개하다
dish 요리, 접시
offer 제공하다

2017년 11월 고1

468 If you hang the Eco-card at the door, we will not change your sheets, pillow cases, and pajamas.

hang 걸다
sheet 침대 시트
pillow 베개
pajama(s) 파자마, 잠옷

2019년 6월 고1

469 For example, tree rings usually grow wider in warm, wet years and are thinner in years when it is cold and dry.

tree ring 나이테
wide 넓은
thin 얇은, 좁은

2020년 11월 고1

470 Everyone was looking around in the crowd when an old man stood up and said with a shaking voice, "I will enter the contest against him."

look around 주위를 둘러보다
crowd 군중
shaking 떨리는
voice 목소리
against ~에 대항하여

UNIT 39 현재완료시제

① 현재완료는 동사 자리에 표현되는 시제로, 과거와 현재를 한꺼번에 표현하며 의미의 중심은 현재에 있다.

> have/has p.p. ~

② 영어에서 과거는 과거만을 나타내며 현재에 관한 정보는 주지 않는 반면, 현재완료는 과거와 현재를 한꺼번에 표현한다는 점에 유의하자! 따라서 현재완료는 과거의 특정한 시점을 나타내는 말(yesterday, last ~, ~ ago, in 년도 등)과 함께 쓰이지 않는다.

③ 현재완료에는 일반적으로 경험, 계속, 완료, 결과의 4가지 용법이 있으며, 주로 함께 쓰이는 말들을 통해서 구분이 가능하지만, 구분이 애매한 경우도 많아서 대화나 글의 맥락을 통해서 파악해야 한다.

| 1 | 현재완료 : 경험

(1) **개념** : 태어나서 지금까지의 경험 여부를 나타낸다.

(2) **해석** : ~해봤다, ~해 본 적 있다

(3) **주로 함께 쓰이는 표현** : ever, never, before, once, twice, ~ times 등

I**'ve** never **met** him before. 나는 이전에 그를 만난 적이 없다.

Have you ever **seen** the Milky Way? 은하수를 본 적이 있나요?

| 2 | 현재완료 : 계속

(1) **개념** : 과거에 시작된 일이 현재에도 계속되는 상황을 나타낸다.

(2) **해석** : ~해왔다, ~했다

(3) **주로 함께 쓰이는 표현** : since, for, always 등

I**'ve** always **wanted** to meet you. 저는 항상 당신을 만나보고 싶었습니다.

We **have lived** in Spain since 2020. 우리는 2020년부터 스페인에 살고 있다.

 참고 | 현재완료 진행형

> 과거에 시작된 일이 현재에도 계속되고 있음을 강조할 때 사용하며 계속적 용법과 유사하다.
>
> have/has been Ving ~　　계속 ~해오고 있는 중이다
>
> It**'s been snowing** since yesterday. 어제부터 계속 눈이 내리고 있는 중이다.
>
> Mom **has been talking** with her friend on the phone for two hours. 엄마는 두 시간째 친구와 전화 통화 중이시다.

| 3 | 현재완료 : 완료

(1) **개념** : 과거에 시작된 일이 현재를 기준으로 완료되었는지의 여부를 나타낸다.

(2) **해석** : ~했다

(3) **주로 함께 쓰이는 표현** : just, already, yet

He **has** already **had** dinner. 그는 이미 저녁을 먹었다.

I **haven't finished** writing the report yet. 나는 아직 보고서 쓰는 것을 끝내지 못했다.

| 4 | 현재완료 : 결과

(1) **개념** : 과거에 일어난 일이 현재에 미친 결과를 나타낸다.

(2) **해석** : ~했다

I **have lost** my favorite pen. 나는 내가 가장 좋아하는 펜을 잃어버렸다. (현재까지도 잃어버린 상태)

She **has forgotten** her password. 그녀는 비밀번호를 잊어버렸다. (현재까지도 기억이 나지 않는 상태)

 참고 | **have been to vs. have gone to**

> 1. **have been to** : ~에 가 본 적 있다 (경험), ~에 다녀왔다 (완료)
>
>   They **have been** to Jeju Island many times. 그들은 제주도에 여러 번 가봤다.
>
>   Where **have** you **been**? 어디 갔다 왔어?
>
> 2. **have gone to** : ~가버렸다 (그래서 지금 여기 없다) (결과)
>
>   They **have gone** to Jeju Island. 그들은 제주도에 갔다. (그래서 지금 여기 없다)

참고 | **현재시제, 현재진행시제, 현재완료시제 비교**

> 1. **현재시제** : 현재 또는 과거-현재-미래를 한꺼번에 표현
>
> 2. **현재진행시제** : 현재 진행 중인 동작이나 상태를 표현
>
> 3. **현재완료시제** : <과거 + 현재>이며 해석은 주로 <과거>로 하지만, 의미의 핵심은 <현재>에 있다.
>
>   (1) 경험 : 태어나서 현재까지의 경험을 표현
>
>   (2) 계속 : 과거부터 현재까지 계속된 일을 표현
>
>   (3) 완료, 결과 : 과거에 시작된 일이 현재 어떤 상태인지를 표현

2017년 6월 고1

471 In contrast, Europe has never come close to political unification.

in contrast 반대로, 대조적으로
come close to ~에 가까이 가다
political 정치적인
unification 통일

2017년 3월 고1

472 Today car sharing movements have appeared all over the world.

movement 운동, 움직임
appear 나타나다, 등장하다
all over the world
전 세계적으로

2020년 6월 고1

473 Marketers have known for decades that you buy what you see first.

marketer 마케팅 담당자
for decades 수십 년 동안

2015년 3월 고1

474 Some people have lost their homes due to natural disasters or war.

due to ~ 때문에
natural disaster 자연재해

2019년 11월 고1

475 You've probably heard the expression, "first impressions matter a lot".

expression 표현
first impression 첫인상
matter 중요하다

476 I have never met a person who doesn't appreciate this kind of attention.

appreciate 감사하다
attention 관심

2013년 3월 고1

2017년 9월 고1

477 A career as a historian is a rare job, which is probably why you have never met one.

career 직업, 직장생활
historian 역사가
rare 드문

2015년 3월 고1 응용

478 The girl's family has run out of the firewood they need to keep their tiny house warm.

run out of ~을 다 쓰다
firewood 장작
tiny 작은

2011년 3월 고1

479 Have you ever wondered how movies set in the winter can be filmed in the summer?

wonder 궁금해하다
set 배경을 설정하다
film 촬영하다

2015년 9월 고1

480 You've probably looked around you and noticed that all people are unique and different.

look around 둘러보다
notice 알아차리다, 주목하다
unique 독특한, 특별한

481 Immortality, which means living forever, has been an unreachable ambition for many people.

immortality 영생, 불멸
unreachable 도달할 수 없는
ambition 야망

482 People who don't seem to do anything just haven't found a good enough reason to do something.

enough 충분한, 충분히
reason 이유

483 Have you ever wondered why a dog doesn't fall over when he changes directions while running?

fall over 넘어지다
direction 방향
while ~ 동안

484 Have you ever measured the length of a room using your feet as the unit of measurement?

measure 재다, 측정하다
length 길이
unit of measurement 측정
단위

485 Babies in the womb taste, remember, and form preferences for what Mom has been eating.

womb 자궁
form 형성하다
preference 선호

2011년 6월 고1

486 Have you ever heard a song on the radio that you didn't like until it started to appeal to you?

appeal to ~의 관심을 끌다, 매력적이다

2016년 11월 고1

487 This cycle is the fundamental reason why life has thrived on our planet for millions of years.

fundamental 근본적인
thrive 번영하다, 번창하다
planet 행성, 지구
millions of 수백만의

2018년 6월 고1

488 The question of what zebras can gain from having stripes has puzzled scientists for more than a century.

zebra 얼룩말
stripe 줄무늬
puzzle 당혹스럽게 하다
century 세기

2021년 6월 고1

489 There have been occasions in which you have observed a smile and you could sense it was not genuine.

occasion (어떤 일이 일어나는 특정한) 때, 경우
observe 보다, 관찰하다
sense 느끼다, 감지하다
genuine 진짜의, 진실한

2021년 6월 고1

490 Advances in elevators over the past 20 years are probably the greatest advances we have seen in tall buildings.

advance 발전

2020년 6월 고1

491 We have all been solving problems of this kind since childhood, usually without awareness of what we are doing.

solve 풀다, 해결하다
childhood 어린 시절
awareness 인식

2017년 9월 고1

492 From the beginning of human history, people have asked questions about the world and their place within it.

history 역사

2020년 3월 고1

493 You've written to our company complaining that your toaster, which you bought only three weeks earlier, doesn't work.

complain 불평하다

2021년 9월 고1

494 Studies have consistently shown caffeine to be effective when used together with a pain reliever to treat headaches.

consistently 일관적으로
caffeine 카페인
effective 효과적인
pain reliever 진통제
treat 치료하다
headache 두통

2014년 11월 고1

495 One of the reasons I've collected a large library of books over the years is because books are a great go-to resource.

a large library of 방대한 장서
go-to 믿을 만한, 조언을 구할 만한
resource 자료

2020년 9월 고1

496 In animals, play has long been seen as a way of learning and practicing skills and behaviors that are necessary for future survival.

skill 기술, 능력
behavior 행동
necessary 필요한
future 미래의
survival 생존

2016년 6월 고1

497 For example, if you have been working on a project for eight hours, but it only feels like six, you will have more energy to keep going.

work on ~에 애쓰다, ~에 노력을 들이다
keep Ving 계속 ~하다

2017년 3월 고1

498 When someone has helped you, but has perhaps not done all that you requested, focus on what the person has done, not on what he hasn't.

request 요청하다
focus on ~에 집중하다

2016년 3월 고1

499 As you all know from seeing the pictures on television and in the newspaper, Central America has been hit hard by a series of hurricanes.

hit 치다, 강타하다
a series of 일련의
hurricane 허리케인

2017년 3월 고1

500 Ants and wolves in groups can do things that no single ant or wolf can do, and we humans, by cooperating with one another, have become the earth's dominant species.

ant 개미
wolf 늑대
cooperate 협동하다
dominant 우세한
species 종

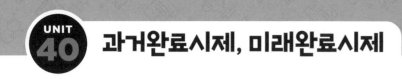

UNIT 40 과거완료시제, 미래완료시제

① 과거완료는 동사에 표현되는 시제로, 과거와 대과거를 한꺼번에 표현하며 의미의 중심은 과거에 있다.

had p.p. ~

② 두 개의 과거 일이 있고, 그 둘 사이에 발생 순서의 차이가 있을 때, 더 이전에 일어난 일을 과거완료로 표현하고 이후에 일어난 일을 과거로 표현한다. 현재완료와 마찬가지로 경험, 계속, 완료, 결과의 4가지 용법이 있다.

| 1 | 과거완료 : 경험, 계속, 완료, 결과

(1) **경험** : We **had** never **thought** we would experience a real earthquake.

우리는 실제 지진을 경험할 것이라고 생각해 본 적이 없었다.

(2) **계속** : It was exactly what I **had** always **dreamed** of.

그것은 정확하게 내가 항상 꿈꿔왔던 것이었다.

(3) **완료** : When I arrived at the bus stop, the bus **had** already **left**.

버스 정류장에 도착했을 때, 버스는 이미 떠났다.

(4) **결과** : I thought I **had lost** my dog forever. 2021년 9월 고1

나는 내 강아지를 영원히 잃어버렸다고 생각했다.

| 2 | 과거완료 진행형

이전 과거에 시작된 일이 과거까지도 계속되고 있음을 강조한다.

had been Ving ~   계속 ~해오고 있던 중이었다

It **had been raining** for three days. 3일째 비가 내리고 있었다.

| 3 | 미래완료

주로 미래시점 표현 (by 미래시점)과 함께 사용되어 미래에 완료될 예정인 상황이나 예측을 표현한다.

will have p.p. ~   (~이 되면) ~했을 것이다 / ~하게 될 것이다

We **will have overcome** the COVID-19 pandemic by the end of 2022.

우리는 2022년 말이 되면 코로나-19 유행병을 극복하게 될 것이다.

2015년 6월 고1

501 None of my neighbors had seen her either.

neighbor 이웃
either (부정문 끝에서) 또한

2021년 3월 고1

502 He had never realized that an animal, too, felt the pain of loss.

realize 깨닫다
pain 고통
loss 상실

2013년 9월 고1

503 He was excited because he had bought the speakers at half price.

excited 들뜬, 신난

2016년 11월 고1

504 A fourteen-year-old girl named Victoria had always loved to sing.

2018년 3월 고1

505 She had been practicing very hard the past week but she did not seem to improve.

past 지난
improve 나아지다, 향상하다

506 He realized that as a fighter pilot, he had never thought about who packed his parachute.

realize 깨닫다
fighter pilot 전투기 조종사
pack 포장하다
parachute 낙하산

507 Nobody had ever heard the song *Mona Lisa* sung the way it was sung that night by Nat King Cole.

sing 노래하다 (sing-sang-sung)

508 All of them agreed that success wasn't something that had just happened to them due to luck or special talents.

agree 동의하다
success 성공
due to ~ 때문에
luck 운, 행운
talent 재능

509 You will have written an essay that not only avoids passivity in the reader, but is interesting and gets people to think.

essay 글, 에세이
avoid 피하다
passivity 수동성

510 If you follow science news, you will have noticed that cooperation among animals has become a hot topic in the mass media.

notice 알아차리다
cooperation 협동
among ~ 사이에
hot topic 뜨거운 화제
mass media 대중 매체

511 2021년 11월 고1

I slowly realized that my mom had not got me a phone and my present was just a little book, which was so different from what I had wanted.

different from ~와 다른

512 2013년 6월 고1

On a Sunday evening some years ago, we were driving from New York City to Princeton, as we had been doing every week for a long time.

513 2014년 11월 고1

She went on to tell me how many classmates had called her stupid and made fun of her, and how she had felt when she couldn't find any help.

go on to-V 계속 ~하다
stupid 바보
make fun of ~을 놀리다

514 2014년 9월 고1

Even if it increases production in the short run, the bribe for thank-you notes will have failed, by inculcating the wrong way of valuing the good in question.

even if 비록 ~라 할지라도
production 성과, 생산
in the short run 단기적으로
bribe 보상, 뇌물
thank-you note 감사 편지
inculcate 주입하다
in question 논의되어지는

515 2017년 6월 고1

Thanks to the kindness of these strangers, the initial doubt I had had about my decision to study away from home was replaced with hope and excitement.

thanks to ~ 덕분에
kindness 친절함
stranger 낯선 사람
initial 초기의, 처음의
replace 바꾸다, 대신하다
excitement 흥분

능동태와 수동태 모아보기

① 모든 문장은 능동태와 수동태 둘 중에 하나이며, 태는 <동사>에 표현된다.

② 형태상으로 동사의 모양이 <be p.p.>이면 수동태이고 아니면 능동태이다.

③ 의미상으로 주어가 행위자이면 능동태, 주어가 행위의 대상이 되면 수동태를 쓴다.
  * 능동태 : 주어가 하는 것 수동태 : 주어가 되거나 받거나 당하는 것

④ 구조상으로 수동태는 목적어를 주어 자리로 이동시킨 것이다. 따라서 목적어가 있는 3형식 문장부터 수동태를 만들 수 있다. **중요한 것은 목적어가 주어 자리로 이동하고 난 후 뒤에 남게 되는 것까지 덩어리로 볼 수 있어야 한다는 것이다.** 3형식의 경우에 아무것도 남지 않거나 수식어구가 남을 수 있고, 4형식의 경우에 간접목적어나 직접목적어가 남을 수 있고, 5형식의 경우에 목적격 보어(명사, 형용사, to부정사, 현재분사, 과거분사 등)이 남을 수 있다.

주어 +	be p.p. +		
	되다 받다 당하다		

1. 없음	The window was broken.	3형식 수동태
2. 전치사구/부사(구)	The window was broken **by my son**.	
3. 명사절 (진주어)	**It** was believed **that the Earth was flat**. = The Earth was believed to be flat.	
1. 명사 (직접목적어)	I was given **a gift**.	4형식 수동태
2. 전치사구 (간접목적어)	A gift was given **to me**.	
3. 명사절 (직접목적어)	He was told **that the window was broken**.	
1. 명사	He was called **Tom**.	5형식 수동태
2. 형용사	The window was kept **clean**. The book was considered **interesting**.	
3. to부정사	He was told **to clean the house**.	
4. 현재분사	He was seen **crossing the street**.	
5. 과거분사	The window was found **broken**.	

UNIT 42 3형식, 4형식 문장의 수동태

|1| 3형식 문장의 수동태

주어 + be p.p. + [1. 없음 2. 전치사구/부사(구) 3. 명사절 (진주어)]

S	V	목적어	(부사)

→ 주어(← 목적어) be p.p. (부사) (by 목적격)

(1) 수동태 뒤에 아무것도 없는 경우

Somebody broke the window. 누군가 창문을 깼다.

→ The window **was broken**. 창문이 깨졌다.

(2) 수동태 뒤에 <전치사구>가 있는 경우

My son broke the window. 내 아들이 창문을 깼다.

→ The window **was broken by my son**. 창문이 내 아들에 의해서 깨졌다.

(3) 수동태 뒤에 <명사절 (진주어)>이 있는 경우

People believed that the Earth was flat. 사람들은 지구가 평평하다고 믿었다.

→ **That the Earth was flat was believed** (by people).

→ **It was believed that the Earth was flat**. 지구가 평평하다고 믿어졌다.

|2| 4형식 문장의 수동태

주어 + be p.p. + [1. 명사 (직접목적어) 2. 전치사구 (간접목적어) 3. 명사절 (직접목적어)]

S	V	간접목적어	직접목적어

→ 주어(← 간접목적어) be p.p. 직접목적어 (by 목적격)

→ 주어(← 직접목적어) be p.p. to/for/of 간접목적어 (by 목적격)

(1), (2) 수동태 뒤에 <명사 (직접목적어)> 또는 <전치사구 (간접목적어)>가 남는 경우

He gave me this book. 그는 나에게 이 책을 주었다.

→ I **was given this book** by him. 나는 그로부터 이 책을 받았다.

→ This book **was given to me** by him. 이 책은 그에 의해 나에게 주어졌다.

(3) 수동태 뒤에 <명사절 (직접목적어)>이 남는 경우

Someone told him that the window was broken. 누군가 그에게 창문이 깨졌다고 말했다.

→ He **was told that the window was broken**. 그는 창문이 깨졌다고 들었다.

2021년 3월 고1

516 Almost all major sporting activities are played with a ball.

almost 거의
major 주요한
activity 활동

2021년 9월 고1

517 Our two million-year history is packed with challenges and conflicts.

be packed with ~으로 가득
차다
challenge 어려움, 도전적인 일
conflict 갈등

2020년 3월 고1

518 Snakes, for example, are honored by some cultures and hated by others.

snake 뱀
honor 존중하다, 예우하다
culture 문화

2016년 11월 고1

519 People are attracted to individuals and things they cannot readily obtain.

attract 마음을 끌다
individual 개인
readily 쉽게, 기꺼이
obtain 얻다, 획득하다

2020년 6월 고1

520 Her early life was strongly influenced by her father's historical knowledge.

strongly 크게, 강하게
influence 영향을 주다
historical 역사상의, 역사와
관련된
knowledge 지식

2021년 9월 고1

521 The money from anything that's produced is used to buy something else.

produce 생산하다
be used to-V ~하는 데 사용되다

2019년 11월 고1

522 It has been determined that it takes only a few seconds for anyone to assess another individual.

determine 알아내다, 밝히다,
결정하다
second (시간 단위인) 초
assess 평가하다

2016년 9월 고1

523 The blue lights were never designed to reduce crime, but that's exactly what they appeared to be doing.

design 설계하다
reduce 줄이다, 감소하다
crime 범죄
exactly 정확하게
appear to-V ~하는 것처럼
보이다

2020년 11월 고1

524 I was born and raised in the city of Boulder and have enjoyed our scenic natural spaces for my whole life.

raise 키우다, 기르다
scenic 경치가 좋은
natural 자연의
whole 전체의, 모든

2020년 9월 고1

525 Every human being is affected by unconscious biases that lead us to make incorrect assumptions about other people.

human being 인간
unconscious 무의식적인
bias 편견
lead A to-V A가 ~하게 하다
incorrect 부정확한
assumption 가정

2015년 11월 고1

526 It is said that in ancient Athens the followers of Plato gathered one day to ask themselves the following question: "What is a human being?"

ancient 고대의
follower 추종자
gather 모이다
following 다음의

2021년 11월 고1

527 According to top nutrition experts, most nutrients are better absorbed and used by the body when consumed from a whole food instead of a supplement.

according to ~에 따르면
nutrition 영양
nutrient 영양소
absorb 흡수하다
consume 소비하다
whole food 자연 식품
supplement 보충제

2014년 3월 고1

528 Soon after I got out of school, I was offered a job.

soon after ~하자마자
get out of ~에서 나오다
offer 제안하다, 제공하다

2019년 11월 고1

529 He was awarded a gold medal for mathematics by the Royal Society.

award 상, 수여하다
mathematics 수학

2021년 11월 고1

530 When she was eleven, she was told that the Wright brothers had flown their first plane.

fly 조종하다, 날리다

531 2015년 3월 고1
One group was paid very well for their time, but the other was only given a small amount of cash.

a small amount of 소량의
cash 현금

532 2020년 9월 고1
We're often told that newborns and infants are comforted by rocking because this motion is similar to what they experienced in the womb.

newborn 신생아
infant 유아
comfort 위안하다, 편하게 하다
rock 흔들다, 바위
similar 유사한
experience 경험하다
womb 자궁

533 2016년 9월 고1
When subjects are told that an intelligence test gave them a low score, they choose to read articles criticizing the validity of IQ tests.

subject 실험 대상자
intelligence test 지능 검사
article 기사
criticize 비판하다
validity 타당성

534 2015년 3월 고1
He was once asked how a man of his age had the energy to continually travel the world to do business and meet with heads of governments.

continually 계속해서
government 정부
once 한 번, 한 때, 이전에, 일단
~하면

535 2020년 9월 고1
But I'm told that battery is no longer made and the phone is no longer manufactured because there's newer technology and better features in the latest phones.

manufacture 제조하다
technology 기술
feature 특징, 특성, 기능
latest 최신의

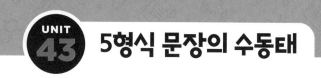

UNIT 43 · 5형식 문장의 수동태

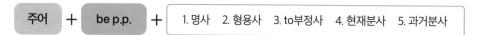

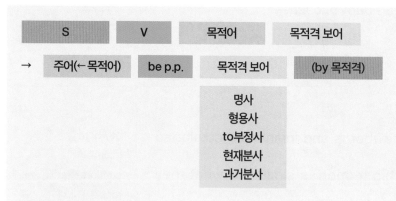

(1) 수동태 뒤에 <명사>가 있는 경우

We call the dog White. 우리는 그 개를 흰둥이라고 부른다.

→ The dog **is called White** by us. 그 개는 우리에 의해 흰둥이라고 불린다.

(2) 수동태 뒤에 <형용사>가 있는 경우

We kept the room warm. 우리는 그 방을 따뜻하게 유지했다.

→ The room **was kept warm** by us. 그 방은 우리에 의해 따뜻하게 유지되었다.

(3) 수동태 뒤에 <to부정사>가 있는 경우

He asked us to pick up the trash. 그는 우리에게 쓰레기를 주워달라고 부탁했다.

→ We **were asked to pick up** the trash by him. 우리는 그로부터 쓰레기를 주워달라는 부탁을 받았다.

(4) 수동태 뒤에 <현재분사>가 있는 경우

He saw us picking up the trash. 그는 우리가 쓰레기를 줍고 있는 것을 보았다.

→ We **were seen picking up** the trash. 우리는 그에 의해 쓰레기를 줍고 있는 것이 목격되었다.

(5) 수동태 뒤에 <과거분사>가 있는 경우

The movie made her known to the world. 그 영화가 그녀를 세상에 알려지게 했다.

→ She **was made known** to the world by the movie. 그녀는 그 영화에 의해서 세상에 알려지게 되었다.

2011년 11월 고1

536 Dieters are often told to eat with chopsticks.

dieter 다이어트 하는 사람
chopsticks 젓가락

2020년 11월 고1

537 Participants are not allowed to receive outside assistance.

participant 참가자
receive 받다
outside 외부의
assistance 도움

2017년 9월 고1

538 We are often taught to put more value in actions than words.

value 가치
action 행동

2016년 11월 고1

539 After all, confidence is often considered a positive trait.

after all 어쨌든, 결국
confidence 자신감
positive 긍정적인
trait 특징

2018년 3월 고1

540 Mae C. Jemison was named the first black woman astronaut in 1987.

astronaut 우주 비행사

541 Prior to the checkup, some participants were made to feel good about themselves.

prior to ~에 앞서
checkup 검진
participant 참가자

542 Hikers are required to wear comfortable hiking shoes or boots and bring their own lunch.

hiker 도보 여행자, 하이커
comfortable 편안한

543 To participate, students are required to have previous experience in design projects.

participate 참가하다
previous 이전의

544 He was forced to leave school at the age of sixteen after his father's business collapsed.

collapse 실패하다, 붕괴하다

545 A lot of customers buy products only after they are made aware that the products are available in the market.

customer 소비자
only after ~한 후에야
aware 알고 있는, 자각하고 있는
product 제품
available 이용 가능한

2019년 11월 고1

546 The Adélie penguins are often found strolling in large groups toward the edge of the water in search of food.

stroll 거닐다, 산책하다
edge 끝, 가장자리, 모서리
in search of ~을 찾아서

2019년 6월 고1

547 Having the ability to take care of oneself without depending on others was considered a requirement for everyone.

ability 능력
take care of ~을 돌보다
depend on ~에 의존하다
requirement 필요조건, 요건

2016년 6월 고1

548 The technique I use to train my puppy is called *behavior capture* which is different from the common training method.

technique 기술, 기법
train 훈련시키다
puppy 강아지
behavior capture 행동 포착
common 흔한, 일반적인
method 방법

2016년 11월 고1

549 Students who are made to feel happy before taking math achievement tests perform much better than their neutral peers.

achievement test 성취평가
perform 행하다, 공연하다
neutral 중립적인
peer 또래, 동료

2020년 9월 고1

550 This tendency may result from socialization processes in which women are encouraged to care for their families and men are encouraged to be successful in competitive work environments.

tendency 경향
result from ~이 원인이다
socialization process 사회화 과정
successful 성공적인
competitive 경쟁적인
environment 환경

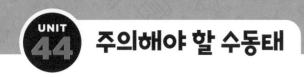

UNIT 44 주의해야 할 수동태

| 1 | 조동사 수동태

조동사 다음에는 동사원형이 나오기 때문에 조동사 수동태는 <조동사 + be p.p.>로 고정된다. 조동사의 의미에 맞게 해석하면 된다.

| 주어 | 조동사 + be p.p. ~ | by 목적격 |

Your song **will be loved** by many people. 너의 노래는 많은 사람들에 의해 사랑받게 될 거야.

| 2 | 진행형 수동태

진행형과 수동태가 결합하면 다음과 같은 형태가 된다.

| 주어 | be being p.p. ~ | by 목적격 |

My suitcase **was being carried** by the porter. 내 여행 가방이 (호텔) 직원에 의해 옮겨지고 있었다.

| 3 | 완료형 수동태

완료형과 수동태가 결합하면 다음과 같은 형태가 된다.

| 주어 | have/has/had been p.p. ~ | by 목적격 |

Garlic **has been used** in many different dishes for thousands of years all around the world.
마늘은 전 세계에서 수천 년 동안 다양한 요리에서 사용되어왔다.

| 4 | 절의 수동태

목적어 자리에 사용된 절이 주어 자리로 이동하여 수동태가 되면 주어가 길어지게 되어 <가주어-진주어>의 구조로 사용하게 된다. say, believe, think와 같은 동사가 주로 쓰인다.

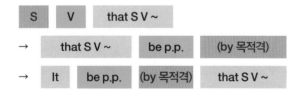

People believed that the Earth was flat. 사람들은 지구가 평평하다고 믿었다.

→ **That the Earth was flat** was believed (by people).

→ **It was believed** **that the Earth was flat**. 지구는 평평하다고 믿어졌다.

2021년 3월 고1

551 Where is the audition being held?

hold 개최하다

2017년 6월 고1

552 Children must be accompanied by an adult.

accompany 동반하다

2015년 6월 고1

553 His work has been internationally recognized.

internationally 국제적으로
recognize 인정하다, 알아보다

2012년 11월 고1

554 Children are becoming disconnected from the natural environment.

disconnect 연결을 끊다, 단절하다
natural 자연의, 자연적인
environment 환경

2019년 9월 고1

555 Registration should be made at least 2 days before the program begins.

registration 등록
at least 최소한

556 Language skills, like any other skills, can be acquired only through practice.

language 언어
skill 기술, 기능, 능력
acquire 습득하다
through ~을 통하여

557 It has been proved that less fuel is consumed at low speeds than at high speeds.

prove 증명하다
less 덜, 더 적은
fuel 연료
consume 소비하다

558 People are likely to be more honest when they feel that they are being observed.

be likely to-V ~할 것 같다
honest 정직한
observe 보다, 관찰하다, 말하다

559 Rats who had been helped previously by an unknown partner were more likely to help others.

rat 쥐
previously 이전에
unknown 모르는, 알려지지 않은

560 You are invited to attend a special presentation that will be held at our school auditorium on April 16th.

attend 참석하다
presentation 발표
auditorium 강당

2021년 3월 고1

561 One of the most important aspects of providing good care is making sure that an animal's needs are being met consistently and predictably.

aspect 측면
provide 제공하다
need 욕구, 요구
consistently 일관되게
predictably 예측 가능하게

2017년 11월 고1

562 Since our hotel was opened in 1976, we have been committed to protecting our planet by reducing our energy consumption and waste.

since ~ 이후로, ~ 때문에
commit to ~에 전념하다,
헌신하다
protect 보호하다
our planet 우리의 행성 (= 지구)
reduce 줄이다
consumption 소비

2013년 9월 고1

563 DNA left behind at the scene of a crime has been used as evidence in court, both to prosecute criminals and to set free people who have been wrongly accused.

scene of a crime 범죄 현장
evidence 증거
court 법정
prosecute 기소하다
criminal 범인
set free 석방하다
accuse 고소하다, 고발하다

2016년 11월 고1

564 According to the study, the amount of money people contributed to an 'honesty box' increased when an image caused them to feel that they were being watched.

according to ~에 따르면
contribute 기부하다, 기여하다
increase 증가하다
cause A to-V A가 ~하도록 하다

2021년 3월 고1

565 Although there is usually a correct way of holding and playing musical instruments, the most important instruction to begin with is that they are not toys and that they must be looked after.

although 비록 ~이지만
correct 정확한
musical instrument 악기
instruction 가르침, 설명
look after ~을 돌보다

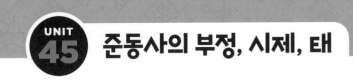

UNIT 45 준동사의 부정, 시제, 태

|1| 준동사의 부정

준동사를 부정할 때는 바로 앞에 not을 붙여주면 된다. never의 경우 to와 동사원형 사이에 놓일 수 있다.

Dad told me **not to play** computer games. 아빠는 나에게 컴퓨터 게임을 하지 말라고 하셨다.

I am sorry for **not arriving** on time. 정시에 도착하지 못해서 죄송합니다.

Not knowing what to do, I didn't do anything. 무엇을 할지 몰랐기 때문에 나는 아무것도 하지 않았다.

She promised **to never change** her hair style. 그녀는 절대 자신의 헤어스타일을 바꾸지 않기로 약속했다.

|2| 준동사의 시제와 태

	to부정사	동명사	설명
완료형	to have p.p.	having p.p.	술어동사보다 한 시제 이전을 나타낸다.
수동태	to be p.p.	being p.p.	의미상 주어와 수동 관계이다.
완료형 수동태	to have been p.p.	having been p.p.	의미상 주어와 수동 관계이며, 술어동사보다 한 시제 이전을 나타낸다.

We wanted the work **to be finished** by tomorrow. 우리는 그 일이 내일까지 완료되기를 원했다.

Being ignored by someone is very embarrassing. 누군가에게 무시당하는 것은 매우 당혹스러운 일이다.

She seems to **have been told** about me. 그녀는 나에 관해 들었던 것 같다.

I want to apologize for **having been** rude to you. 당신에게 무례했던 것에 대해서 사과하고 싶습니다.

She misses **having been treated** like a princess. 그녀는 공주처럼 대우받았던 것을 그리워한다.

2012년 6월 고1

566 People want to be treated as important.

treat 대하다, 치료하다

2015년 3월 고1

567 For example, one story was about a guy being chased by a big dog.

chase 뒤쫓다, 추적하다

2015년 11월 고1

568 However, the actual chance of being attacked by a shark is very small.

actual 실제의, 실질적인
attack 공격하다
shark 상어

2021년 3월 고1

569 He made a promise, from that day on, to never again hunt wild animals.

make a promise 약속하다
from that day on 그날부터
hunt 사냥하다
wild animal 야생 동물

2014년 3월 고1

570 Among the six typical dreams, "Being chased" was the most frequently reported dream.

typical 전형적인
chase 뒤쫓다, 추적하다
frequently 자주, 종종
reported 보고된

571 A similar process occurred for humans, who seem to have been domesticated by wolves.

similar 유사한, 비슷한
process 과정
occur 일어나다, 발생하다
domesticate 길들이다
wolf 늑대

572 If we treat others as well as we want to be treated, we will be treated well in return.

treat 대하다
in return 보답으로, 답례로

573 These tiny particles are known to be eaten by various animals and to get into the food chain.

tiny 작은
particle 입자, 조각
various 다양한
food chain 먹이 사슬

574 It seems to indicate that individuals do not want to be observed cheating the system.

indicate 나타내다, 보여주다
observe 보다, 관찰하다
cheat 속이다, 부정행위하다

575 On average, OECD countries were estimated to have spent 8.8 percent of their GDP on health care.

on average 평균적으로
be estimated to-V ~할 것으로 추정되다
spend 쓰다, 소비하다
health care 건강 관리

2013년 9월 고1

576 The founding population of our direct ancestors is not thought to have been much larger than 2,000 individuals.

found (도시, 국가)를 세우다
population 인구
direct ancestor 직계 조상

2016년 11월 고1

577 Amy felt overwhelmingly thrilled for being mentioned as one of the top five medical graduates of her school.

overwhelmingly 매우, 압도적으로
thrilled 황홀해 하는, 아주 기쁜
mention 말하다, 언급하다
medical 의학의, 의대의
graduate 졸업생

2021년 3월 고1

578 It is important to distinguish between being legally allowed to do something, and actually being able to go and do it.

distinguish 구별하다
between A and B A와 B 사이에
legally 법적으로
actually 실제로

2017년 11월 고1

579 If you want to modify people's behavior, is it better to highlight the benefits of changing or the costs of not changing?

modify 수정하다
behavior 행동
highlight 강조하다
benefit 이익
cost 비용

2014년 11월 고1

580 At the same time, they need to be taught how to interact with animals and, most importantly, when to leave the animals alone.

at the same time 동시에
interact 상호 작용을 하다
most importantly 가장 중요한 것은

2014년 6월 고1

581 Suppose the fine is $100, and a wealthy hiker decides it's worth the convenience of not having to carry his empty cans out of the park.

suppose 가정하다
fine 벌금
wealthy 부유한
worth ~의 가치가 있는
convenience 편리함
empty 빈, 비어 있는

2021년 6월 고1

582 Food chain means the transfer of food energy from the source in plants through a series of organisms with the repeated process of eating and being eaten.

food chain 먹이 사슬
transfer 이동, 전환
a series of 일련의
organism 유기체
repeated process 반복된 과정

2021년 3월 고1

583 After being disallowed entrance from the Carnegie Institute of Technology because she was black, Catlett studied design and drawing at Howard University.

disallow 인정하지 않다,
받아들이지 않다
entrance 입장, 입학

2014년 3월 고1

584 Within five minutes, all the eggs seemed to have been found and the children were heading back to the starting line to show their mothers what they had found.

head (특정 방향으로) 가다

2014년 6월 고1

585 To protect your original songs from being stolen and copied, you as an artist can license what you have made and then sell the right to use your work to others.

protect 보호하다
original 원작의, 원본의
steal 훔치다
copy 복사하다, 베끼다
license 허가하다
right 권리

UNIT 46 조동사 can, will, may, must, have to

1. 조동사의 종류 및 역할

(1) 의미를 보조해주는 조동사 : be동사 또는 일반동사의 의미를 다양하게 한다.

→ can, may, will, must, should, have to, used to, had better 등

(2) 문법적 역할을 하는 조동사

① be동사 : 현재분사와 결합하여 진행형을 만들고, 과거분사와 결합하여 수동태를 만드는 조동사

② have동사 : 과거분사와 결합하여 완료를 만드는 조동사

③ do동사 : 일반동사의 부정문, 의문문, 강조문을 만드는 조동사

2. 조동사의 특징

(1) 조동사 다음에는 반드시 be동사 또는 일반동사의 원형이 온다.

(2) 조동사는 주어의 인칭이나 수에 의해 변화하지 않는다.

(3) 조동사는 두 개 이상 연속해서 쓸 수 없다.

| 1 | **조동사 can**

(1) **능력** : ~할 수 있다　　(2) **허가** : ~해도 된다　　* can't(강한 부정의 추측) : ~일리가 없다

| 2 | **조동사 will**

(1) **주어의 의지** : ~할 것이다, ~하겠다　　(2) **미래에 대한 추측** : ~일 것이다, ~할 것이다

| 3 | **조동사 may**

(1) **추측** : ~일지도 모른다　　(2) **허가** : ~해도 된다　　(3) **금지** : ~하면 안된다 (may not)

| 4 | **조동사 must**

(1) **강한 의무** : ~해야 한다　　(2) **강한 금지** : ~해서는 안된다 (must not)　　(3) **강한 추측** : ~임에 틀림없다

| 5 | **조동사 have to**

(1) **의무** : ~해야 한다　　(2) **불필요** : ~할 필요 없다 (don't have to)

2017년 3월 고1

586 Friends, even best friends, don't have to be exactly alike.

even ~조차
exactly 정확하게
alike 비슷한

2012년 6월 고1

587 He realized that he didn't have to be perfect at everything.

realize 깨닫다

2021년 11월 고1

588 Even when the battery is fully charged, it won't last longer than an hour.

fully 완전히
charge 충전하다
last 지속되다

2016년 3월 고1

589 You can do two things at once, but you can't focus effectively on two things at once.

at once 동시에
focus on ~에 집중하다
effectively 효과적으로

2021년 11월 고1

590 You can show the beauty of nature in Camptonville by sharing your most amazing photos!

beauty 아름다움
nature 자연
amazing 놀라운
photo 사진

591 2014년 6월 고1

Many authors feel that scientific papers must use complex language to sound more scientific.

author 작가
scientific 과학적인
paper 논문, 신문
complex 복잡한
language 언어
sound ~인 것 같다

592 2011년 6월 고1

You must strictly follow safety rules in order to decrease the possibility of accidents.

strictly 엄격하게
follow 따르다
safety rule 안전 규칙
in order to ~하기 위해서
decrease 감소하다
possibility 가능성
accident 사고

593 2015년 6월 고1

Students may not spontaneously bring their prior knowledge to bear on new learning situations.

spontaneously 자발적으로
prior knowledge 사전 지식
bear on ~와 관련되다, ~에 관계가 있다
situation 상황

594 2015년 3월 고1

According to the result of this study, it seems that giving excessive rewards may have a negative effect on the attitude of the people doing the work.

according to ~에 따르면
result 결과
excessive 과도한, 지나친
reward 보상
negative effect 부정적 영향
attitude 태도

595 2021년 3월 고1

So an animal who may get enough food but doesn't know when the food will appear and can see no consistent schedule may experience distress.

appear 나타나다
consistent 일관된
distress 고통, 괴로움

UNIT 47 조동사 used to, had better, would rather

| 1 | 조동사 used to : ~하곤 했다 (지금은 아니다)

(1) 과거의 상태나 반복적인 행위를 나타낸다.

I **used to play** computer games when I was young.

= I **would play** computer games when I was young. 나는 어렸을 때 컴퓨터 게임을 하곤 했다. (지금은 하지 않는다)

(2) would는 과거의 반복적인 행위는 나타낼 수 있지만, 상태는 나타낼 수 없다.

There **used to be** a big tree in the garden. 정원에 큰 나무 한 그루가 있었다. (지금은 없다)

There **would be** a big tree in the garden. (×)

(3) 혼동되는 표현과 구별하자.

① be used to V : ~하는 데 사용되다, ~하기 위해 사용되다

The money **is used to help** the poor. 그 돈은 가난한 사람들을 돕는 데 사용된다.

② be/get used to (동)명사 : ~하는 데 익숙하다

I **got used to eating** alone. 나는 혼자 먹는 데 익숙해졌다.

| 2 | 조동사 had better : ~하는 것이 좋겠다

상대방에게 강한 조언, 권유를 나타낸다. had는 'd로 줄여 쓸 수 있다.

You **had['d] better go** now, or you will be late. 지금 가는 게 좋겠어. 그렇지 않으면 늦을 거야.

You**'d better not use** your smartphone for too long. 너무 오래 스마트폰을 사용하지 않는 것이 좋겠어.

| 3 | 조동사 would rather : 차라리 ~하겠다

두 개의 선택지가 있고, 둘 다 완벽히 마음에 들지는 않지만 하나를 고르라고 하면 '차라리 ~하겠다' 또는 '…하기 보다는 차라리 ~하겠다'라는 의미를 나타낸다. would도 'd로 줄여 쓸 수 있다.

I **would['d] rather stay** home than go out. 밖에 나가느니 차라리 집에 있겠다.

I**'d rather** take risks than do nothing. 아무것도 하지 않는 것보다 위험을 감수할래.

596 We used to think that the brain never changed.

brain 뇌

597 I would rather clean the house than wash the dishes.

wash the dishes 설거지하다

598 You'd better plan your trip to Africa in advance.

in advance 미리

599 Letters used to be the usual way for people to send messages.

letter 편지
usual 보통의
message 메시지

600 Rejection is so painful that many people would rather not ask for something at all than ask and risk it.

rejection 거절
painful 고통스러운
ask for ~을 요청하다
at all 전혀, 아예
risk ~을 각오하다, ~할 위험을 감수하다

2019년 9월 고1

601 As a result, people used to eat more when food was available since the availability of the next meal was questionable.

as a result 그 결과
available 이용 가능한
since ~ 때문에, ~ 이래로
availability 이용 가능성
questionable 의심스러운

2014년 6월 고1

602 When Susan was a young girl, her teacher Ms. Ashley used to encourage her students to drink glass after glass of milk.

encourage A to-V A가 ~하도록
권장[장려]하다
drink glass after glass of ~을
(반복해서) 여러 잔 마시다

2011년 11월 고1

603 Most children are used to reading the classics published as the popular versions, which often bear little likeness to the original.

classic 고전, 명작
publish 출판하다
version (이전 것 또는 다른 것과
약간 다른) -판
bear 지니다, 관련짓다
likeness 유사성
original 원본

2014년 3월 고1

604 The kinds of things each tribe used to make tools, clothing, toys, shelter, and food depended upon what they found around them.

kind 종류
tribe 부족
tool 도구
clothing 옷
shelter 주거지, 대피처
depend upon ~에 달려 있다,
~에 의존하다

2014년 11월 고1

605 Mobile phones are now used to connect patients to doctors, to monitor drug distribution, and to share basic health information that isn't available locally.

connect 연결하다
patient 환자
monitor 감시하다, 추적 관찰하다
drug distribution 약품 유통
share 공유하다
basic 기본적인
locally 지역적으로

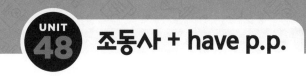

UNIT 48 조동사 + have p.p.

<조동사 + have p.p.>는 과거에 대한 추측, 후회, 아쉬움 등을 표현한다.

should have p.p.	~했어야 했는데	과거에 하지 않은 일에 대한 후회나 아쉬움
	당연히 ~ 했을 것이다	과거 사실에 대한 당연한 추측
shouldn't have p.p.	~하지 말았어야 했는데	과거 사실에 대한 후회나 아쉬움
must have p.p.	~했음에 틀림없다	과거 사실에 대한 강한 긍정적 추측
can't have p.p.	~했을 리가 없다	과거 사실에 대한 강한 부정적 추측
could have p.p.	~할 수 있었을 텐데	과거 사실에 대한 후회나 아쉬움
	~했을 수도 있다	과거 사실에 대한 추측
may/might have p.p.	~했을지도 모른다, 아마 ~ 했을 것이다	과거 사실에 대한 약한 추측

My legs **should have been** tired, but I felt no pain. 2014년 중3

내 다리가 (당연히) 피곤했어야 했지만, 나는 고통을 못 느꼈다.

You **should have come** to the BTS concert. It was great.

너는 BTS 콘서트에 왔어야 했는데. 굉장했거든. (하지만 오지 않아서 아쉬워함)

I **shouldn't have done** it.

그것을 하지 말았어야 했다. (하지만 해서 후회함)

She **must have forgotten** to give it back to me.

그녀는 나에게 그것을 돌려줘야 하는 것을 잊어버린 것이 틀림없다.

You **could have helped** the boy.

너는 그 소년을 도와줄 수도 있었을 텐데. (하지만 도와주지 않아서 아쉬워함)

It **could have rained** in the morning.

아침에 비가 왔을 수도 있다.

He **can't have said** so.

그가 그렇게 말했을 리가 없어.

You **might have done** the same thing.

너도 아마 똑같이 했었을 것이다.

2017년 11월 고1

606 You could have done that better.

better 더 잘 (well의 비교급)

2016년 6월 고1

607 At least you should have said sorry.

at least 최소한

2018년 9월 고1

608 He must have forgotten to inform you.

inform 알리다

2021년 9월 고1

609 You should have cancelled your reservation.

cancel 취소하다
reservation 예약

2019년 3월 고1

610 It must have discouraged him and negatively affected his performance.

discourage 의욕을 꺾다
negatively 부정적으로
affect 영향을 미치다
performance 수행

611 2015년 11월 고1

I must have taken her smile as permission to take the unwatched stroller.

take A as B A를 B라고 생각하다
permission 허락, 허가
unwatched 방치된
stroller 유모차

612 2019년 9월 고1

Everything that you've done until now should have prepared you for this moment.

until ~까지
prepare 준비시키다
moment 순간

613 2013년 6월 고1

Your wife doesn't seem satisfied, and you are left wondering what more you could have said.

satisfied 만족한
leave 남기다 (leave-left-left)
wonder 궁금해하다

614 2011년 6월 고1

Your recommendation must have persuaded the scholarship committee to take a chance on me.

recommendation 추천
persuade 설득하다
scholarship committee
장학금 위원회
take a chance on ~에게 기회를
줘보다

615 2020년 11월 고1

At the same time, these primitive hominins would not have simply made random sounds or gestures.

at the same time 동시에
primitive 원시의
hominin 호미닌 (인간의 조상으로
분류되는 종족)
random 무작위의
gesture 몸짓

2014년 9월 고1 응용

616 Your recent article on air pollution may have given the impression that Fresno is unlivable, which is far from the truth.

recent 최근의
article 기사
air pollution 대기 오염
impression 인상
unlivable 살 수 없는
far from ~와 거리가 먼, 전혀 ~이 아닌

2021년 3월 고1

617 But in the early 1800s, it would have cost you four hundred times what you are paying now for the same amount of light.

cost 비용이 들게 하다
amount 양

2021년 3월 고1

618 While we may have lost some of our ancient ancestors' survival skills, we have learned new skills as they have become necessary.

ancient 고대의
ancestor 조상
survival skill 생존 기술
necessary 필요한

2015년 9월 고1

619 Wow, he must have been a real genius to figure out the engine, the brakes, the spark plugs, the wheels, and how everything worked together!

genius 천재
figure out 알아내다
engine 엔진
brake 브레이크
spark plug 점화플러그
wheel 바퀴

2021년 3월 고1

620 You might have felt good about yourself because you didn't pick your cell phone up to check your messages, but your unchecked messages were still hurting your connection with the person sitting across from you.

pick up ~을 집어 들다
unchecked 확인되지 않은
hurt 다치게 하다, 손상시키다
connection 관계, 연결
across from ~의 맞은편에 있는

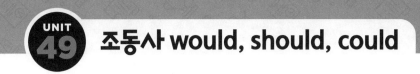

조동사 would, should, could

조동사 would, should, could는 단순히 will, shall, can의 과거형이 아니라, 주로 주절의 시제가 과거인 경우에 종속절에서 과거형으로 쓰인다. 더 중요한 것은 이들이 공통적으로 추측이나 가능성의 의미를 표현하며, 가정법의 주절에 사용된다는 것이다.

| 1 | 조동사 would

(1) **과거에서 본 미래** : ~일/할 것이다

I thought that he **would come** to the party. 나는 그가 파티에 올 것이라고 생각했다.

(2) **과거의 반복적인 행위** : 하곤 했다

I **would play** soccer after school. 나는 방과 후에 축구를 하곤 했다.

(3) **과거의 의지** (주로 부정문에서 거절/거부의 의미) : 하려고 했다

This door **wouldn't open** this morning. 이 문은 오늘 아침에 좀처럼 열리지 않았다.

(4) **가정법 과거/과거완료의 주절**

If I were you, I **wouldn't buy** it. 만약 내가 너라면 나는 그것을 사지 않을 것이다.

(5) **공손한 부탁** : ~해주시겠어요?

Would you **close** the window, please? 창문 좀 닫아주시겠어요?

(6) **추측이나 가능성** : ~일/할 것이다

I started to worry that the house **would collapse**. 나는 집이 무너질까봐 걱정하기 시작했다.

(7) **반어적인 느낌** : ~하겠어? (당연히 그렇지 않다)

She is my friend. Why **would** she **hate** me? 그녀는 나의 친구야. 그녀가 왜 나를 싫어하겠어?

| 2 | 조동사 should

(1) **조언, 충고, 제안** : ~하는 것이 좋겠다

I think you **should exercise** regularly. 나는 당신이 규칙적으로 운동하는 것이 좋겠다고 생각합니다.

(2) **약한 의무** : ~해야 한다

You **should wear** a uniform. 여러분은 교복을 입어야 합니다.

(3) **추측이나 가능성** : ~일 것이다

He **should be** there by now. 지금쯤이면 그곳에 도착했을 것이다.

(4) **'당연히 해야 함'을 나타내는 that절**

→ that절 앞에 주장, 제안, 명령, 요구, 조언 등의 동사, 형용사, 명사가 나오는 경우이고, should는 생략 가능하다.

Her doctor strongly **recommends** that she **(should) stop** playing tennis for a month. 2021년 6월 고1

그녀의 의사는 한 달 동안 테니스 치는 것을 멈춰야 한다고 강력하게 권고한다.

Amy wants to **suggest** that Terry **(should) increase** the size of the letters on the poster. 2021년 11월 고1

Amy는 Terry가 포스터에 있는 글씨들의 크기를 키워야 한다고 제안하고 싶어 한다.

| 3 | 조동사 could

(1) 과거시제를 기준으로 한 과거의 능력

He said that he **couldn't come** to the concert. 그는 콘서트에 올 수 없다고 말했다.

(2) 공손한 부탁

Could you **tell** me how to use this machine? 이 기계 사용하는 방법을 알려주실 수 있나요?

(3) 추측이나 가능성 : ~일 수도 있다

I **could do** it if you want. 당신이 원하면 저는 그것을 할 수도 있어요.

(4) 가정법 과거/과거완료의 주절

If you had studied harder, you **could have passed** the test.

당신이 더 열심히 공부했다면, 당신은 시험에 통과할 수 있었을 텐데.

참고 | 추측/가능성의 조동사 모아보기

be	100%	~이다	He **is** a genius.	그는 천재이다.
must		~임에 틀림없다	He **must be** a genius.	그는 천재임에 틀림없다.
will			He **will be** a genius.	
would		~일 것이다	He **would be** a genius.	그는 천재일 것이다.
should			He **should be** a genius.	
can		~일 수도 있다	He **can be** a genius.	그는 천재일 수도 있다.
could			He **could be** a genius.	
may		~일지도 모른다	He **may be** a genius.	그는 천재일지도 모른다.
might			He **might be** a genius.	
can't		~일리가 없다	He **can't be** a genius.	그가 천재일 리가 없다.
be not	0%	~가 아니다	He **is not** a genius.	그는 천재가 아니다.

2016년 3월 고1

621 I searched for a match in the dark and tried to strike it, but it wouldn't light.

search for ~을 찾다
match 성냥
strike 치다, 부딪치다

2020년 3월 고1

622 Practically anything of value requires that we take a risk of failure or being rejected.

practically 사실상
value 가치
require 요구하다
take a risk 위험을 감수하다
failure 실패
reject 거부하다, 거절하다

2021년 11월 고1

623 I was absolutely thrilled because I would soon communicate with a new cell phone!

absolutely 전적으로, 완전히
thrilled 황홀해 하는, 아주 기쁜
communicate 소통하다

2017년 11월 고1

624 For example, Swedish law requires that at least two newspapers be published in every town.

law 법
require 요구하다
at least 적어도
publish 출판하다, 발행하다

2015년 3월 고1

625 The good doctor would accept vegetables, eggs, or even a simple "thank you" in payment.

accept 받아들이다
vegetable 채소
payment 지불금, 납입

626 It might seem that praising your child's intelligence or talent would boost his self-esteem and motivate him.

praise 칭찬하다
intelligence 지능
talent 재능
boost 신장시키다, 북돋우다
self-esteem 자존감
motivate 동기를 부여하다

627 When we were young and didn't have the money to go anywhere else, we would walk there almost every day.

628 This could be one root of our tendency to categorize and label others based on their looks and their clothes.

root 뿌리, 근간
tendency 경향
categorize 분류하다
label 표를 붙이다, 분류하다
based on ~에 근거하여
looks 외모

629 If you say, "That's nice, dear," without looking at what your child is trying to show you, it could affect her self-esteem.

affect 영향을 미치다

630 A spacecraft would need to carry enough air, water, and other supplies needed for survival on the long journey.

spacecraft 우주선
supplies 보급품, 물자
survival 생존
journey 여행, 여정

631 Hippocrates would inquire about the family health history to see if any relatives had suffered from similar diseases.

2013년 11월 고1

inquire 묻다
see if ~인지 알아보다
relative 친척
suffer from ~로 고통 받다
similar 유사한, 비슷한
disease 질병

632 If this view is correct, we should have difficulty interpreting the emotions expressed in culturally unfamiliar music.

2020년 9월 고1

view 관점, 견해
have difficulty Ving ~하는 데 어려움을 겪다
interpret 이해하다, 통역하다
culturally 문화적으로
unfamiliar 친숙하지 않은

633 We would suggest that you don't burden your readers with messages that are too long or include unnecessary information.

2013년 3월 고1

suggest 제안하다
burden 부담을 주다
reader 읽는 사람, 독자
include 포함하다
unnecessary 불필요한

634 Who would have thought, 20 years ago, that a box made out of plastic and glass would ruin the manners of millions of people?

2013년 6월 고1

made out of ~로 만든
ruin 망치다
manners 예절, 예의
millions of 수백만의

635 Saying "It's been a tough time, these last few months, hasn't it?" or "It sounds like you're feeling lonely" would be more appropriate.

2013년 6월 고1

tough 힘든, 어려운
sound ~인 것 같다, ~처럼 들리다
lonely 외로운
appropriate 적절한

636 2015년 3월 고1

Suppose that your doctor said that you have six months to live and recommended that you do everything that you ever wanted to do.

suppose 가정하다
recommend 추천하다

637 2016년 3월 고1

When you're eager to get your slice of the pie, why would you be interested in giving a hand to other people so that they can get their piece?

be eager to-V ~하길 간절히 바라다
be interested in ~에 관심을 갖다
give a hand to ~에게 도움을 주다

638 2019년 9월 고1

Hearing the truth all the time ("You look much older now than you did a few years ago.") could damage a person's confidence and self-esteem.

truth 진실
all the time 항상
damage 피해를 입히다
confidence 자신감

639 2016년 6월 고1

For example, a person might buy a bottle of water, but after reading an article on possible risks of plastic bottles, that same person might avoid an identical bottle of water the next day.

bottle 병
article 기사
possible 가능한
risk 위험
avoid 피하다
identical 똑같은, 동일한

640 2020년 3월 고1

For example, a company selling beauty products could place its banner on a site that sells women's shoes, and in turn, the shoe company could put a banner on the beauty product site.

beauty product 미용 제품
place 놓다, 배치하다
banner 배너 광고
site (인터넷) 사이트
in turn 차례로

Chapter 6

부사

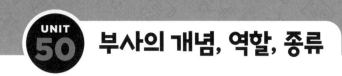

UNIT 50 부사의 개념, 역할, 종류

| 1 | 부사의 개념 및 역할

시간, 장소, 이유, 방법, 빈도 등을 나타내어 동사, 형용사, 부사, 문장 전체를 수식한다.

(1) **동사 수식**

He can jump **high**. 그는 높이 뛸 수 있다.

(2) **형용사 수식**

You look **really** beautiful today. 당신 오늘 정말 아름다워 보이네요.

(3) **부사 수식**

She speaks **too** slowly. 그녀는 너무 느리게 말한다.

(4) **문장 전체 수식**

Luckily, I found my phone. 다행히, 나는 내 전화기를 찾았다.

| 2 | 부사의 종류

①	부사	부사
②	부사구	전치사구, to부정사구, 분사구문 (현재분사구문, 과거분사구문)
③	부사절	부사절 접속사가 이끄는 절, 복합관계대명사절 (양보절), 복합관계부사절 (부사절, 양보절)

| 3 | 형용사와 형태가 같은 부사

	형용사	부사		형용사	부사
close	가까운	가까이	early	이른	일찍
hard	어려운, 단단한	열심히	high	높은	높이
fast	빠른	빨리	long	긴, 오래된	길게, 오래
last	마지막인	마지막으로	late	늦은	늦게

| 4 | 형용사에 '-ly'가 붙으면 전혀 다른 뜻이 되는 부사

closely	주의 깊게, 면밀히	hardly	전혀 ~하지 않는	highly	매우
lately	최근에	nearly	거의	readily	손쉽게, 기꺼이

UNIT 51 to부정사의 부사적 용법

to부정사는 동사원형 앞에 to를 붙여 명사, 형용사, 부사로 만든 것이다. 명사와 형용사적으로 사용되는 부분은 이미 살펴보았다. 이번에는 마지막으로 to부정사가 부사적으로 쓰이는 경우를 살펴본다. 부사적 용법으로 사용되는 경우 목적, 원인, 근거, 결과, 형용사 수식의 다양한 의미가 있다.

| 1 | 목적 : ~하기 위해서, ~하러

가장 많이 사용되며, 주로 문장의 맨 앞이나 끝에 위치하여 어떤 행위의 목적을 설명해줄 수 있다. <목적>의 의미를 분명히 하기 위해 to부정사 앞에 <in order>나 <so as>를 붙여주기도 한다.

(1) | To-V ~ | 🔍 | S | V ~ |

* to부정사로 시작했는데 주로 콤마(,)가 나온 후 <주어 + 동사>가 나오면 대부분 <목적>이다.

(2) | S | V ~ | to-V ~ |

I went to bed early **to get up early.** 일찍 일어나기 위해서 일찍 잠자리에 들었다.

= **To get up early**, I went to bed early.

| 2 | 감정의 원인 : ~해서

감정을 나타내는 형용사 다음에 to부정사가 연결되어 그런 감정이 왜 들었는지를 설명해줄 수 있다.

| 감정의 형용사 | to-V ~ |

* 감정 형용사 : happy, glad, sad, surprised, excited, disappointed 등
I was **disappointed to lose the game.** 나는 경기에 져서 실망했다.

| 3 | 판단의 근거 : ~하다니, ~하는 것을 보니

칭찬이나 비판의 내용 다음에 위치하여 왜 그런 판단을 하게 되었는지 근거를 설명해줄 수 있다.

| 사람의 행위에 대한 칭찬/비판의 내용 | to-V ~ |

* 칭찬/비판의 내용은 <must be>와 함께 나오는 경우가 종종 있다.
You must be wise **to accept my advice.** 나의 충고를 받아들이다니 너는 현명한 것이 분명해.

| 4 | 결과 : (결과적으로) ~하다/되다

to부정사 앞에 묘사된 상황이나 행동의 결과가 to부정사로 표현되는 경우이다. 주로 동사 바로 뒤에 연결되어 '결과적으로 ~하다'는 의미를 나타내며, 앞에서부터 순차적으로 해석하면 된다. 다만, 판단하기 쉽지 않으므로 자주 쓰이는 표현을 암기해주는 것이 좋다.

(1) **live to-V** : (살아서 ~가 되다) ~까지 살다

My grandmother lived **to be** eighty. 할머니는 80세까지 사셨다.

(2) **grow up to-V** : 자라서 ~가 되다

She grew up **to be** a famous singer. 그녀는 자라서 유명한 가수가 되었다.

(3) **wake up to-V** : 깨어나서 ~하게 되다

He woke up **to find** himself in a strange place. 깨어나 보니 그가 이상한 곳에 있다는 것을 알았다.

(4) **only to-V** : …했지만 결국 ~했다 (의외의 결과나 실망을 표현)

I studied hard(,) **only to fail** the exam. 나는 열심히 공부했지만 결국 시험에서 떨어졌다.

I went to the mall to buy a present for my mom(,) **only to find** that it was closed.
나는 엄마에게 드릴 선물을 사러 쇼핑몰에 갔지만, 문을 닫았다는 것을 알게 되었다.

| 5 | 형용사 수식 : ~하기에

형용사	to-V ~

* 형용사 자리에 쉽고 어려운 정도를 나타내는 easy, hard, difficult 등이 자주 온다.

This book is **easy to understand.** 이 책은 이해하기 쉽다.

This mountain is **difficult** for beginners **to climb.** 이 산은 초보자가 오르기에 어렵다.

641 2015년 3월 고1

To think more clearly and faster, eat a good breakfast.

clearly 명료하게

642 2012년 9월 고1

In order to function more efficiently, the brain needs to be cool.

function 기능하다
efficiently 효율적으로

643 2012년 9월 고1

You would be foolish to buy a cow if you lived in an apartment.

foolish 어리석은
cow 소

644 2021년 11월 고1

However, some old newspapers are not easy to access online.

access 접근하다
online 온라인으로

645 2021년 3월 고1

But for this kind of "breathing" to work properly, the frog's skin must stay moist.

breathe 숨 쉬다
properly 적절하게
frog 개구리
skin 피부
moist 촉촉한

646 The first floor hallway and the central stairway are especially dangerous to walk on.

hallway 복도
central stairway 중앙 계단
especially 특히
dangerous 위험한

647 Students work to get good grades even when they have no interest in their studies.

grade 성적
interest 관심

648 On my first visit to heaven, I was surprised to see so many angels with only one wing.

heaven 천국
angel 천사
wing 날개

649 Plants need carbon dioxide to make food during the day and oxygen to use food at night.

plant 식물
carbon dioxide 이산화탄소
oxygen 산소

650 Skate parks provide the safe environment without cars to keep your board skills improved.

provide 제공하다
safe 안전한
environment 환경
improve 향상하다

2018년 6월 고1

651 To be safe, a person must be able to identify edible mushrooms before eating any wild one.

identify 구별하다, 식별하다
edible 먹을 수 있는
mushroom 버섯
wile 야생의

2020년 9월 고1

652 So as to follow the rider's movements, the person on the backseat needs to hold on tightly.

movement 움직임
backseat 뒷좌석
hold on tightly 꽉 잡다

2014년 3월 고1

653 Suppose you come home from school to find a cushion torn apart on the living room floor.

suppose 가정하다
tear apart ~을 찢어버리다

2021년 9월 고1

654 Problems that need solutions force us to use our brains in order to develop creative answers.

solution 해답, 해결책
force A to-V A에게 ~하게 하다
develop 개발하다
creative 창의적인

2019년 6월 고1

655 To make it as easy as possible for you to act now, we've sent a reply card for you to complete.

possible 가능한
act 행동하다
reply card 회신용 카드
complete 완료하다, (서식 등을) 작성하다

656 I was so delighted to receive your letter and to learn that you have been accepted to Royal Holloway.

delighted 기쁜
receive (편지 따위를) 받다
accept 받아들이다

657 When you take a bite and begin to chew your food, it becomes smaller, softer, and easier to swallow.

take a bite 한 입 베어 물다
chew 씹다
swallow 삼키다

658 Leaving a store, I returned to my car only to find that I'd locked my car key and cell phone inside the vehicle.

leave ~을 떠나다
lock 잠그다
vehicle 자동차, 탈 것

659 One day, Cindy happened to sit next to a famous artist in a café, and she was thrilled to see him in person.

happen to-V 우연히 ~하다
thrilled 황홀해 하는, 아주 기쁜
in person 직접, 몸소

660 However, using caffeine to improve alertness and mental performance doesn't replace getting a good night's sleep.

improve 향상시키다
alertness 각성, 기민함
mental 정신적인
performance 수행능력
replace 대체하다

661 2014년 3월 고1
When people asked, "Why are you depressed most of the time?" he answered, "I was a fool to make such a mistake."

depressed 우울한
fool 바보
make a mistake 실수를 하다
such 그런

662 2021년 11월 고1
Smiling at students — to let them know that you are glad to see them — does not require a great deal of time or effort.

require 요구하다
a great deal of 많은
effort 노력

663 2021년 6월 고1
Change is always uncomfortable, but it is key to doing things differently in order to find that magical formula for success.

uncomfortable 불편한
key 핵심
differently 색다르게
magical 마법의
formula 공식
success 성공

664 2011년 11월 고1
Remember, if an activity is easy to perform, easy to fit into your schedule, and easy to love, you're more likely to stick with it.

activity 활동
perform (활동 등을) 하다
fit into ~에 꼭 들어맞다
be more likely to-V 더 ~할 것 같다
stick with ~와 함께하다, ~을 계속하다

665 2021년 11월 고1
I often check in at a hotel I've visited frequently, only for the people at the front desk to give no indication that they recognize me as a customer.

check in 체크인하다
frequently 자주, 종종
indication 암시, 표시
recognize 알아보다, 인정하다
customer 고객

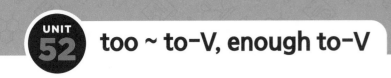

UNIT 52 too ~ to-V, enough to-V

to부정사가 부사적으로 사용된 필수구문이다. to부정사 앞에 <for + 목적격>으로 의미상 주어가 표시될 수 있으며, <so ~ that> 구문으로 전환 가능하다.

| 1 | too ~ to-V

too	형용사/부사	(for 목적격)	to-V ~
= so	형용사/부사	(that) S can't V ~	

(1) …하기에 너무 ~한/하게

(2) 너무 ~해서 …할 수 없다

This coffee is **too hot for me to drink**. 이 커피는 내가 마시기에 너무 뜨겁다.

= This coffee is **so hot that I can't drink it**. 이 커피는 너무 뜨거워서 나는 마실 수 없다. (= 이 커피는 마시기에 너무 뜨겁다.)

| 2 | enough to-V

형용사/부사	enough	(for 목적격)	to-V ~
= so	형용사/부사	(that) S can V ~	

(1) …할 만큼 충분히 ~한/하게

(2) 매우/충분히 ~해서 …할 수 있다

The sky was **clear enough to see the stars**. 하늘은 별을 볼 수 있을 정도로 충분히 청명했다.

= The sky was **so clear that we could see the stars**. 하늘은 매우 청명해서 우리는 별을 볼 수 있었다.

2019년 3월 고1
666 It's not too difficult for me to read.

2018년 6월 고1
667 Amy was too surprised to do anything but nod.

nod 끄덕이다

2016년 6월 고1
668 How soon is too soon to start kids on a computer?

start A on B A에게 B를 시작하게 하다

2013년 6월 고1
669 If you're too busy to do laundry, don't worry about it.

do laundry 세탁하다

2016년 11월 고1
670 She also wanted to see Victoria believe in herself enough

to show off her talents.

believe in 믿다
show off 보여주다, 자랑하다
talent 재능

671 Because the suburbs are spread out, it's too far to walk to the office or run to the store.

suburb 교외
spread out 널리 퍼지다

672 He was eager to go see her, but he was too poor to buy a ticket for a long-distance bus to his hometown.

be eager to-V 간절히 ~하길 원하다
long-distance 장거리의
hometown 고향

673 Thanks to the Friends of Literature group, we've successfully raised enough money to remodel the library building.

thanks to ~덕분에
successfully 성공적으로
raise (돈 등을) 모으다
remodel 개조하다, 리모델링하다

674 If the price is still too expensive to be paid all at once, you can choose to pay monthly over up to six months.

at once 한 번에, 즉시
pay monthly 매달 지불하다, 할부로 지불하다
up to ~까지

675 When their babies were old enough to start eating cereal, it was time to look for a difference between the groups.

cereal 시리얼
look for ~을 찾다
difference 차이

676 2016년 6월 고1 응용

Because strong negative feelings are part of being human, problems occur when we try too hard to control or avoid these feelings.

negative 부정적인
occur 발생하다
control 통제하다
avoid 피하다

677 2019년 6월 고1

If they are not sure they can do well enough to earn merit badges, or if gifts are not guaranteed, they may avoid certain activities.

earn 얻다, 벌다
merit badge 칭찬 배지
guarantee 보장하다
certain 어떤, 확실한

678 2019년 6월 고1

He came and sat on the bench in front of the bus stop but he didn't look like he could have enough money to even ride the bus.

bus stop 버스 정류장

679 2018년 6월 고1

These microplastics are very difficult to measure once they are small enough to pass through the nets typically used to collect them.

microplastic 미세 플라스틱
measure 측정하다
once 일단 ~하면
pass through ~을 통과하다
net 그물망
typically 전형적으로

680 2018년 11월 고1

The historical tendency, framed in the outdated dualism of us versus them, is strong enough to make a lot of people cling to the status quo.

frame 틀에 넣다
outdated dualism 구시대적 이원론
versus ~ 대
cling to ~을 고수하다
status quo 현재 상태

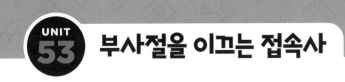

UNIT 53 부사절을 이끄는 접속사

부사절은 주로 주절의 앞이나 뒤에서 주절을 수식한다. 부사절을 이끄는 접속사에 따라 시간, 이유, 조건, 양보, 결과 등의 다양한 의미를 나타낼 수 있다.

접속사 + 주어 + 동사 ~	(,)	주어 + 동사 ~
종속절(부사절)		주절

주어 + 동사 ~	접속사 + 주어 + 동사 ~
주절	종속절(부사절)

|1| 시간의 접속사

when	~할 때	before/after	~ 전에 / ~ 후에
since	~ 이후로, ~ 때문에	while	~ 하는 동안, 반면에
until	~까지	as soon as	~ 하자마자
the next time	다음에 ~할 때	by the time	~ 할 때 즈음이면
every[each] time	~ 할 때마다	the moment	~ 하는 순간에

|2| 이유의 접속사

as/since/because	~ 때문에	be동사 + 형용사 + that	~ 해서

|3| 조건의 접속사

if	~하면	once	일단 ~하면
unless	~하지 않으면	in case (that)	만약 ~할 경우에 (대비해서)

|4| 양보의 접속사

(al)though	비록 ~이지만	even though	비록 ~이지만
even if	설령 ~할지라도	whether ~ (or not)	~이든 아니든

2016년 6월 고1

681 So, the next time you buy shoes, remember that your foot

size can change.

remember 기억하다

2012년 9월 고1

682 Because all weather is interconnected, a change in one

area affects other areas.

weather 날씨
interconnect 서로 연결하다
area 지역
affect 영향을 미치다

2020년 11월 고1

683 While pressing snooze feels so good at the moment, it

ultimately demands a price.

press 누르다
snooze 스누즈 (버튼)
at the moment 그 순간에
ultimately 결국, 궁극적으로
demand a price 대가를
요구하다

2018년 9월 고1

684 While some people are natural humorists, being funny is a

set of skills that can be learned.

natural 타고난, 자연적인
humorist 익살꾼
a set of 일련의

2014년 9월 고1

685 A friend of mine used to pay his young children $1 each

time they wrote a thank-you note.

thank-you note 감사 편지

686 When you hit puberty, however, sometimes these forever-friendships go through growing pains.

hit puberty 사춘기가 되다
go through ~을 겪다
growing pain 성장통

687 If the person is truly important to you, it is worthwhile to give him or her the time and space needed to heal.

truly 진정으로
be worthwhile to-V ~할 가치가
있다
heal 치유하다

688 As soon as the desk arrives, we will telephone you immediately and arrange a convenient delivery time.

as soon as ~하자마자
immediately 즉시
arrange (일을) 처리하다,
정리하다
convenient 편리한
delivery time 배달 시간

689 If you're like me, you have too many pairs of jeans, too many pairs of shoes, and too many shirts.

pair 한 쌍
jean(s) 청바지, 데님 바지

690 Whether or not he is aware of it, a candlelit dinner is a fantastic way to influence a person's mood.

be aware of ~을 알다
candlelit 촛불을 밝힌
fantastic 엄청난, 환상적인
influence 영향을 주다
mood 기분, 분위기

691 2018년 9월 고1

If you want to protect yourself from colds and flu, regular exercise may be the ultimate immunity-booster.

cold 감기
flu 독감
regular 규칙적인
ultimate 최고의, 궁극적인
immunity-booster 면역력 촉진제

692 2021년 6월 고1

And with appropriate support, they believe students will continue to work until their performance is satisfactory.

appropriate 적절한
support 지지, 도움
performance 수행
satisfactory 만족스러운

693 2019년 9월 고1

Once somebody makes a discovery, others review it carefully before using the information in their own research.

make a discovery 발견하다
review 검토하다
research 연구, 조사

694 2016년 3월 고1

Although very young children will help each other in difficult situations, they are unwilling to share their possessions.

be unwilling to-V ~하는 것을 꺼리다
possession 소유, 소유물

695 2014년 중3

They don't drop everything they hold, they don't fall over every time they try to walk, and they don't lose their wallet every time they go outdoors.

hold 들고 있다
fall over 넘어지다
wallet 지갑
outdoors 실외에서, 실외로

696 Unless you are unusually gifted, your drawing will look completely different from what you are seeing with your mind's eye.

unusually 대단히, 특별하게
gifted 재능 있는
drawing 그림
completely 완전히

697 You should always wear and use safety gear in the laboratory — whether you are conducting an experiment or just observing.

safety gear 보호 장비
laboratory 실험실
conduct an experiment
실험을 하다
observe 보다, 관찰하다

698 When you talk to successful, happy people, you find that they think and talk most of the time about the things that they want to be, do, and have.

successful 성공적인

699 Since you can't use gestures, make faces, or present an object to readers in writing, you must rely on words to do both the telling and the showing.

gesture 몸짓
make faces 표정을 짓다
present 제시하다
object 물건
rely on ~에 의존하다
both A and B A와 B 둘 다

700 Even though all of the sounds and cries may sound the same at first, your baby is communicating with you in different ways, using sound and movement.

communicate 의사소통하다
movement 움직임

2019년 11월 고1

701 Every time we eat, we bombard our brains with a feast of chemicals, triggering an explosive hormonal chain reaction that directly influences the way we think.

bombard 퍼붓다
a feast of chemicals 화학 물질의 향연
trigger 유발하다, 촉발하다
explosive 폭발적인
hormonal chain reaction 호르몬의 연쇄 반응

2016년 9월 고1

702 If you eat a poor diet yourself, neglect your health, or smoke and drink in front of them, you shouldn't be surprised when your children go down the same road.

poor diet 건강하지 못한 식단
neglect 무시하다
go down the same road 똑같은 길을 가다

2017년 9월 고1

703 Even if you end up spending money making things yourself, you're at least building a skill rather than a collection of stuff that's quickly decreasing in value.

end up Ving 결국 ~하게 되다
spend 시간/돈 Ving 시간/돈을 ~하는 데 쓰다
rather than ~보다는
stuff 물건
decrease 감소하다
value 가치

2021년 3월 고1

704 Whether it is losing weight, winning a championship, or achieving any other goal, we put pressure on ourselves to make some earthshaking improvement that everyone will talk about.

lose weight 살을 빼다
put pressure on ~에게 압력을 가하다
earthshaking 세계를 떠들썩하게 하는
improvement 발전

2019년 3월 고1

705 A saint meets a frog in a marsh and tells it to be quiet in case it disturbs his prayers, but he regrets this, in case God was enjoying listening to the sound of the frog.

saint 성직자
marsh 늪, 습지
disturb 방해하다
prayer 기도
regret 후회하다

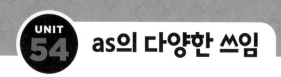

UNIT 54 as의 다양한 쓰임

|1| 전치사로 사용되는 as

(1) ~로서

She spent her whole life **as** a teacher. 그녀는 그녀의 인생 전체를 교사로서 보냈다.

(2) ~처럼

We were dressed **as** ghosts on Halloween. 핼러윈에 우리는 유령처럼 옷을 입었다.

|2| 접속사로 사용되는 as

(1) (비교급에서) ~만큼

Today is as cold **as** yesterday. 오늘은 어제만큼 춥다.

→ 첫 번째 as는 뒤에 나오는 형용사 또는 부사를 수식하는 부사

(2) **이유** : ~ 때문에

As he met a good English teacher, he became interested in English.

그는 좋은 영어 선생님을 만났기 때문에, 영어에 관심을 갖게 되었다.

(3) **변화** : ~하면서, 함에 따라 (증가 또는 감소를 의미하는 경우가 많음)

As we grow older, we become wiser. 우리는 나이가 들어감에 따라 더 현명해진다.

(4) **시간** : ~할 때, ~하는 동안에

As I was waiting for the bus, I witnessed the accident. 내가 버스를 기다리는 동안 그 사고를 목격했다.

(5) **같음** : ~대로

Take this medicine three times a day **as** the doctor advised. 의사선생님이 조언한 대로 이 약을 하루에 세 번 드세요.

(6) **추측** : ~시피

As we all know, we must reduce carbon dioxide emissions.

우리 모두가 알다시피, 우리는 이산화탄소 배출을 줄여야 합니다.

(7) **양보** : ~이긴 하지만 (형용사/명사/부사/동사 + as S V)

Happy **as** she was, she felt something was missing. 그녀가 행복하긴 했지만, 그녀는 뭔가 부족하다고 느꼈다.

706 As I am honest with them, our trust builds.

honest 정직한
trust 신뢰
build 커지다, 형성하다

2014년 3월 고1

2018년 6월 고1

707 People have higher expectations as their lives get better.

expectation 기대
get better 나아지다

2015년 9월 고1

708 As my turn came closer, my heart beat faster with anticipation.

turn 차례
beat (심장이) 고동치다
anticipation 기대

2016년 3월 고1

709 All of a sudden, as Louis was playing, a fly landed on his nose.

all of a sudden 갑자기
fly 파리
land 착륙하다, 내려앉다
nose 코

2012년 11월 고1

710 As smart and dedicated as you may be, you just can't predict the future.

dedicate 헌신하다, 전념하다
predict 예측하다
future 미래

711 As humans, we instinctively look for balance and harmony in our lives.

human 인간
instinctively 본능적으로
look for ~을 찾다
balance 균형
harmony 조화

712 Avoid buying shoes in the morning, as the feet expand during the day.

avoid 피하다
expand 팽창하다, 확대되다
during the day 낮 동안

713 In reality, however, river boundaries can change as rivers change course.

in reality 실제로
boundary 경계
course 경로

714 As you can see, the most popular day of the week for volunteering was Sunday.

popular 인기 있는
volunteer 자원 봉사하다

715 As music becomes more accessible, it is increasingly easy for music to be copied.

accessible 접근 가능한
increasingly 점점 더
copy 복제하다, 베끼다

2013년 9월 고1

716 As parents of multiple children know, there is no one simple formula for meeting a baby's needs.

| multiple 다수의 |
| formula 공식 |
| need(s) 요구, 욕구 |

2021년 3월 고1

717 As the author Clive Hamilton observes, 'The difference between the stuff we buy and what we use is waste'.

| author 작가 |
| observe 말하다, 관찰하다 |
| difference 차이 |
| stuff 물건 |
| waste 낭비 |

2011년 6월 고1

718 Before we go, I always look online to see if there are any coupons, as the entrance fee is quite expensive.

| see if ~인지 알아보다 |
| entrance fee 입장료 |
| quite 꽤, 매우 |

2015년 9월 고1

719 As students read a science fiction text, they must connect the text with the scientific principles they have learned.

| science fiction 공상 과학 소설 |
| text 글 |
| connect A with B A와 B를 연결하다 |
| principle 원리 |

2015년 9월 고1

720 At the age of seventeen, Barton began to work as a schoolteacher in a summer school and later decided to get a degree in education.

| get a degree 학위를 받다 |
| education 교육 |

UNIT 55 so that vs. so ~ that

| 1 | <목적>을 나타내는 so that

<so that S V>의 경우 <that> 다음은 <목적>을 나타낸다. <that>절의 동사에 조동사 can, will이 자주 함께 나타난다.

so that 주어 can/will 동사원형 : ~하기 위해서, ~할 수 있도록

= in order that 주어 can/will 동사원형

= in order to 동사원형 / so as to 동사원형 / to 동사원형

> I want to visit many countries **so that I can experience** different cultures.
> 나는 다양한 문화를 경험하기 위해서(경험할 수 있도록) 많은 나라를 방문하고 싶다.
> = I want to visit many countries **in order that I can experience** different cultures.
> = I want to visit many countries **in order to experience** different cultures.

| 2 | <결과>를 나타내는 so ~ that

<so 형/부 that S V>의 구조로 사용되며, that을 기준으로 that 전까지가 <이유>를 나타내고, that 다음부터 <결과>를 나타낸다.

so 형용사/부사 that 주어 동사	너무 ~해서 …하다
so 형용사/부사 that 주어 can 동사원형	너무 ~해서 …할 수 있다
so 형용사/부사 that 주어 can't 동사원형	너무 ~해서 …할 수 없다
such (a/an) (형용사) 명사 that 주어 동사 * 형용사/부사 대신 명사가 온 경우 so가 아니라 such가 사용된다.	너무 ~해서 …하다

> The weather was **so great that we went** hiking. 날씨가 너무 좋아서 우리는 하이킹하러 갔다.
> The question is **so easy that you can solve** it. 그 문제는 너무 쉬워서 당신이 풀 수 있다.
> He walked **so fast that I couldn't follow** him. 그는 너무 빨리 걸어서 나는 그를 따라갈 수 없었다.
> The children made **such a noise that I couldn't watch** the news.
> = The children were **so noisy that I couldn't watch** the news.
> 아이들이 너무 떠들어서[시끄러워서] 나는 뉴스를 볼 수 없었다.

721 2021년 6월 고1

Some athletes may want to win so much that they lie, cheat, and break team rules.

athlete 선수
lie 거짓말하다
cheat 속이다, 사기 치다

722 2012년 6월 고1

This tree is poisonous and grows so full and thick that it kills all plants growing beneath it.

poisonous 독성이 있는
thick 두꺼운, 빽빽한
beneath ~ 아래에

723 2015년 3월 고1

Gandhi was so troubled by his guilt that one day he decided to tell his father what he had done.

troubled 걱정하는, 힘든
guilt 죄책감

724 2011년 11월 고1

The rock is so close to the top of the water that all the vessels that try to sail over it hit it.

rock 암초, 암석
vessel 배
sail 항해하다

725 2017년 9월 고1

However, he was very selfish, and his temper was so difficult that nobody wanted to be his friend.

selfish 이기적인
temper 성질

726 Some bacteria live in the environment and produce oxygen so that we can breathe and live on Earth.

bacteria 박테리아 (bacterium의 복수형)
environment 환경
produce 생산하다
oxygen 산소
breathe 숨 쉬다

727 She was sorry that she read for such a long time, but the book was so absorbing she could not put it down.

absorbing 몰입하게 만드는
put down 내려놓다

728 Yet the news ecosystem has become so overcrowded and complicated that I can understand why navigating it is challenging.

ecosystem 생태계
overcrowded 너무 붐비는
complicated 복잡한
navigate 길을 찾다, 항해하다
challenging 힘든, 도전적인

729 Today, scientists collect information worldwide so that they can understand and predict changes in the weather more accurately.

worldwide 전 세계적인, 온 세계에
predict 예측하다
weather 날씨
accurately 정확하게

730 The belief that humans have morality and animals don't is such a longstanding assumption that it could well be called a habit of mind.

belief 믿음, 신념
morality 도덕, 도덕성
longstanding 오래된
assumption 가정
a habit of mind 습관적 사고

2019년 3월 고1

731 The Internet has made so much free information available on any issue that we think we have to consider all of it in order to make a decision.

available 이용 가능한
issue 이슈, 문제
consider 고려하다
make a decision 결정을 하다

2016년 3월 고1

732 Each of us needs people in our lives who encourage us so that we can feel confident in our capabilities and move forward toward our goals.

confident 자신감 있는
capability 능력
forward 앞쪽으로
toward ~을 향해

2017년 6월 고1

733 Moreover, he had so little confidence in his ability to write that he mailed his writings secretly at night to editors so that nobody would laugh at him.

confidence 자신감
ability 능력
secretly 몰래
editor 편집자
laugh at ~을 비웃다

2020년 3월 고1

734 Many of the manufactured products made today contain so many chemicals and artificial ingredients that it is sometimes difficult to know exactly what is inside them.

manufacture 제조하다
product 제품
contain 포함하다
chemical 화학물질
artificial 인공의, 인공적인
ingredient 재료
exactly 정확히, 정확하게

2021년 9월 고1 응용

735 One big difference between science and stage magic is that while magicians hide their mistakes from the audience, in science you make your mistakes in public so that everybody can learn from them.

stage magic 무대 마술
while ~ 동안, 반면
hide 숨다
mistake 실수
audience 관중, 청중
in public 공중 앞에서

UNIT 56 분사구문 1

현재분사구문은 생략된 접속사에 따라 시간, 이유, 결과, 동시동작, 연속동작 등의 의미를 나타낼 수 있다. 분사구문은 주절을 수식하므로 주절과의 관계에 따라 의미를 파악한다.

1. `Ving ~` , `S` `V`

   *동명사 주어인 경우 : `Ving ~` `V`

2. `S` `V` , `Ving ~`

| 1 | 동시동작 : ~하면서

가장 많이 쓰이며, 주절의 앞이나 뒤에 위치한다.

Listening to music, my son is washing the dishes.

음악을 들으면서, 나의 아들은 설거지를 하고 있다.

Mom is watching her favorite TV show, **drinking** coffee.

엄마는 커피를 마시면서 가장 좋아하시는 TV쇼를 보고 계신다.

| 2 | 결과 : ~하면서, ~해서 (결과적으로) ~하다

주절 뒤에 즉, 콤마 다음에 위치하며, '주절로 인해 결과적으로 ~하다'라는 의미를 나타낸다. <결과>적 의미의 경우에도 <동시동작>처럼 '(결과적으로) ~하면서'로 해석하면 자연스러운 경우가 많다.

It rained heavily for three days, **ruining** our trip.

비가 3일 동안 심하게 내려서 (결과적으로) 우리의 여행을 망쳐놨다.

| 3 | 연속동작 : ~하고 나서 …하다

주로 주절 뒤에 즉, 콤마 다음에 위치하며, 주절의 동작 다음에 이어서 일어나는 일을 표현한다.

The train left Busan at 9 a.m., **arriving** in Seoul at 1p.m.

기차가 아침 9시에 부산을 출발해서 오후 1시에 서울에 도착했다.

736 Watching the boy carried away in an ambulance, he took a deep breath.

carry away ~을 운반해 가다
ambulance 구급차
take a deep breath 깊은 숨을 쉬다

737 Silence causes division and separation, creating serious problems in relationships.

2016년 11월 고1

silence 침묵
cause 야기하다
division 분열
separation 분리
serious 심각한
relationship 관계

738 In six hours the sun will kill viruses and bacteria in the water, making it safe to drink.

2012년 3월 고1

virus 바이러스
bacteria 박테리아

739 Lying on the floor in the corner of the crowded shelter, surrounded by bad smells, I could not fall asleep.

2017년 6월 고1

lie 누워 있다, 눕다, 있다
crowded 붐비는
shelter 대피소
surround 둘러싸다
fall asleep 잠들다

740 I am tired, physically and emotionally, and I sit down to enjoy a cold drink, trying to make myself comfortable.

2014년 6월 고1

physically 신체적으로
emotionally 감정적으로
comfortable 편안한

741 However, some wild mushrooms are dangerous, leading people to lose their lives due to mushroom poisoning.

mushroom 버섯
lead A to-V A가 ~하게 하다

742 Simply watch your puppy's activities, waiting for a particular behavior to occur; when one happens, reward him.

particular 특정한
behavior 행동
occur 일어나다, 발생하다
happen 일어나다, 발생하다
reward 보상하다

743 Feeling shameful, Mary handed the doll back to the white child and rejoined her mother.

shameful 창피한
hand 건네주다
rejoin 다시 합류하다

744 We frequently overestimate agreement with others, believing that everyone else thinks and feels exactly like we do.

frequently 종종, 자주
overestimate 과대평가하다
agreement 동의
exactly 정확히, 정확하게

745 One day, he sat on a park bench, head in hands, wondering if anything could save his company from bankruptcy.

head in hands 머리를 감싸고
wonder 궁금해하다
save A from B A를 B로부터 구하다
bankruptcy 파산

2016년 3월 고1

746 Instead, Hamwi rolled up a waffle and put a scoop of ice cream on top, creating one of the world's first ice-cream cones.

roll up 말아 올리다
a scoop of 한 숟가락의
create 창조하다, 만들다

2020년 11월 고1

747 This is because pupils dilate when it is dark, allowing more light to get inside the eye and producing a larger red-eye effect.

pupil 동공, 학생
dilate 확장하다
allow A to-V A가 ~하도록 허락하다
red-eye effect 적목 현상

2016년 9월 고1

748 The security guard was left standing, not knowing that by this time tomorrow, he was going to be promoted to head of security.

security guard 경비원
promote 승진하다
head of security 경비실장

2018년 3월 고1

749 An open ending is a powerful tool, providing food for thought that forces the audience to think about what might happen next.

open ending 열린 결말
powerful 강력한
tool 도구
provide 제공하다
thought 생각
audience 청중
happen 일어나다, 발생하다

2014년 11월 고1

750 Having a dog in the office had a positive effect on the general atmosphere, relieving stress and making everyone around happier.

positive effect 긍정적인 영향
general atmosphere 전체적인 분위기
relieve stress 스트레스를 해소하다

751 2019년 3월 고1

Feeling a tap on his shoulder while giving away food and supplies to people, eighteen-year-old Toby Long turned around to find an Ethiopian boy standing behind him.

tap 가볍게 톡톡 치다
give away 나누어 주다
supply 보급품, 물자
Ethiopian 에티오피아의,
에티오피아인(의)

752 2015년 6월 고1

Women may worry about many things at a time, while many men can classify their worries, dealing with only one problem or stressor before moving on to the next one.

classify 분류하다
worry 걱정
stressor 스트레스 요인
move on to ~로 넘어가다

753 2012년 11월 고1

This means cooking was crucial to human evolution because it made digestion much more efficient, increasing the amount of energy our bodies derived from what we ate.

crucial 중요한
evolution 진화
digestion 소화
efficient 효율적인
amount 양
derive from ~에서 얻다

754 2021년 6월 고1

The natural river has a very irregular form: it curves a lot, spills across floodplains, and leaks into wetlands, giving it an ever-changing and incredibly complex shoreline.

irregular 불규칙적인
curve 곡선을 이루다
spill 쏟아져 나오다
floodplain 범람원
leak into ~로 새어 들어가다
ever-changing 늘 변하는
shoreline 강가, 물가

755 2019년 3월 고1

Teachers take an active role in developing and deepening students' comprehension by asking questions that cause them to read the text again, resulting in multiple readings of the same text.

active 적극적인
develop 성장시키다
deepen 깊게 하다
comprehension 이해
cause A to-V A가 ~하게 하다
result in 그 결과 ~가 되다

분사구문 2

| 4 | 이유 : ~ 때문에

주로 주절 앞에 즉, 콤마 앞에 위치한다.

Not having enough money, he couldn't buy a car. 충분한 돈이 없었기 때문에 그는 차를 살 수 없었다.

＊분사구문 바로 앞에 not을 붙여 부정형으로 만들 수 있다.

| 5 | 시간 : ~할 때, ~하자마자, ~하기 전에, ~한 후에

시간의 접속사가 다양한 만큼 생략된 시간의 접속사에 따라 해석이 다양하다.

Going abroad, you have to bring your passport. 해외에 갈 때, 여권을 가져가야 한다.

Seeing me, they ran away. 나를 봤을 때[나를 보자마자/나를 본 후에] 그들은 도망갔다.

As soon as seeing me, they ran away. 나를 보자마자, 그들은 도망갔다.

＊의미를 분명히 하기 위해 접속사를 남겨두는 경우가 있다.

| 6 | 과거분사구문

과거분사구문은 대체로 주절의 앞에 위치하며, 현재분사구문과 마찬가지로 생략된 접속사에 따라 시간, 이유, 결과, 동시동작, 연속동작 등의 의미를 나타낼 수 있으나, 마치 과거분사가 명사를 수식하는 것처럼, 주절의 주어 자리에 쓰인 명사와 연결하여 '~된, ~되는'으로 해석하면 의미를 파악하는 데 도움이 된다.

~된, ~되는

Written in easy English, this book is easy to understand. 쉬운 영어로 쓰여 있기 때문에, 이 책은 이해하기 쉽다. (참고: 쉬운 영어로 쓰여 있는 이 책은 이해하기 쉽다.)

2016년 3월 고1

756 If blocked by a dam, the salmon life cycle cannot be completed.

block 막다, 차단하다
dam 댐
salmon 연어
life cycle 생애 주기
complete 완료하다

2018년 11월 고1

757 Established in 1993, the Dinosaur Museum has developed into the largest display of dinosaur and prehistoric life in Canada.

establish 설립하다
develop 발전하다
display 전시
prehistoric 선사시대의

2020년 11월 고1

758 Born in 1867, Sarah Breedlove was an American businesswoman and social activist.

businesswoman 여성 사업가
social activist 사회 운동가

2014년 9월 고1

759 Published in 1967, this ultimately made Conroy a noted figure in the literary world.

publish 출판하다
ultimately 궁극적으로
noted figure 유명한 인물
literary world 문학계

2021년 9월 고1

760 Seeing many people run towards him, the thief had to give up on all of the stolen goods.

thief 도둑
give up on ~을 포기하다
stolen 훔친
goods 상품, 제품

2018년 9월 고1

761 Consider the mind of a child: having experienced so little, the world is a mysterious and fascinating place.

mysterious 신비한
fascinating 흥미로운

2016년 3월 고1

762 Amazed at all the attention being paid to her, I asked if she worked with the airline.

attention 관심, 주의, 주목
airline 항공사

2019년 11월 고1

763 Disappointed in herself, Linda asks Ted for some help on how she can overcome her habit of forgetting.

disappointed 실망한
ask A for B A에게 B를 요청하다
overcome 극복하다
forget 잊다

2016년 6월 고1

764 Not knowing that the product exists, customers would probably not buy it even if the product may have worked for them.

product 제품, 상품
exist 존재하다
customer 손님, 고객

2015년 11월 고1

765 Built out of misfortune, Venice eventually turned into one of the richest and most beautiful cities in the world.

misfortune 불행
eventually 결국
turn into ~로 바뀌다

766 Knowing that he was the only person living in the house, he was always prepared in case thieves came to his house.

prepare 준비하다
in case ~일 경우를 대비해서

767 Having watched the older children opening their gifts, I already knew that the big gifts were not necessarily the nicest ones.

gift 선물
necessarily 반드시, 필연적으로

768 Educated by private tutors at home, she enjoyed reading and writing early on.

educate 교육하다
private tutor 개인 교사
early on 초기에, 일찍부터

769 When done well, when done by an expert, both reading and skiing are graceful, harmonious activities.

expert 전문가
graceful 우아한
harmonious 조화로운
activity 활동

770 Faced with the choice of walking down an empty or a lively street, most people would choose the street with life and activity.

face 직면하다
lively 활기찬

771 2019년 11월 고1

Seen from your perspective, one hill appears to be three hundred feet high, and the other appears to be nine hundred feet.

perspective 관점
hill 언덕
appear to ~인 것처럼 보이다

772 2019년 9월 고1

Armed with scientific knowledge, people build tools and machines that transform the way we live, making our lives much easier and better.

arm 무장하다
scientific 과학적인
knowledge 지식
machine 기계
transform 변형시키다

773 2017년 3월 고1

Wanting to make the best possible impression, the American company sent its most promising young executive, Fred Wagner, who spoke fluent German.

impression 인상
promising 유망한
executive 임원
fluent 유창한

774 2017년 11월 고1

Terrified by the poor medical treatment for female patients, she founded a hospital for women in Edinburgh in which the staff consisted only of women.

terrify 겁먹게 하다
medical treatment 의학적 치료
female 여성, 여성의
patient 환자
found 설립하다
staff 직원
consist of ~로 구성되다

775 2021년 9월 고1

When faced with the statistics that show the majority of animals raised as food live in confinement, many teens give up meat to protest those conditions.

statistics 통계, 통계 자료
the majority of 대다수의 ~
raise 기르다
confinement 갇힘
protest 저항하다

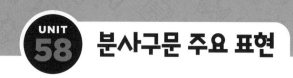

| 1 | with + 명사 + 분사

<with + 명사 + 분사>가 덩어리를 이루는 구문으로, 동시동작을 표현한다. 명사 다음의 현재분사는 명사와 능동 관계, 과거분사
는 명사와 수동 관계를 나타내며 형용사나 부사도 올 수 있다.

(1) 명사가 ~한 채로, ~한 상태에서

| with | 명사 | 현재분사 |

I cleaned the living room **with** my mom **preparing** dinner.

엄마가 저녁을 준비하고 계신 상태에서 나는 거실을 청소했다. (= 나는 거실을 청소하고 엄마는 저녁을 준비하고 계셨다.)

(2) 명사를 ~한 채로, ~한 상태에서

| with | 명사 | 과거분사 |

Dad was waiting for me in front of the door **with** his arms **folded**.

아빠는 팔짱을 낀 채 문 앞에서 나를 기다리고 계셨다.

(3) 명사를 ~한 상태에서

| with | 명사 | 형용사/부사 |

I read a book **with** the window **open**. 나는 창문을 열어 놓은 채 책을 읽었다.

I fell asleep **with** the TV **on**. 나는 TV를 켜놓은 채 잠이 들었다.

| 2 | 자주 쓰이는 분사 관련 표현

including	~을 포함해서	starting from/with	~부터 시작해서
depending on	~에 따라(서)	judging from/by	~로 판단하건대
regarding/involving	~에 관한 (=about)	following	~ 후에 (= after)
considering/given	~을 고려하면	followed by A	다음에 A가 이어진다
assuming	~을 가정하면	based on	~에 근거해서
using	~을 사용해서	compared to	~와 비교해서

2020년 3월 고1

776 These teenagers argue that they can study *better* with the

TV or radio playing.

teenager 십 대
argue 주장하다, 논쟁하다

2011년 3월 고1

777 The idea that customers can enjoy various foods with their

size reduced became a hit.

customer 고객
various 다양한
reduce 줄이다
hit 인기 작품

2018년 11월 고1

778 Place bright-colored products higher and dark-colored

products lower, given that they are of similar size.

place 두다, 배치하다
bright-colored 밝은 색의
product 제품
dark-colored 어두운 색의
similar 유사한, 비슷한

2019년 6월 고1

779 They danced in circles making joyful sounds and shaking

their hands with arms raised over their heads.

joyful 아주 기뻐하는, 흥겨운
raise 올리다

2018년 3월 고1

780 Crows are capable of solving many more complex

problems compared to other birds, such as chickens.

crow 까마귀
be capable of ~할 수 있다
such as ~와 같은

2019년 6월 고1

781 Words like 'near' and 'far' can mean different things depending on where you are and what you are doing.

word 단어
mean 의미하다

2013년 9월 고1

782 They migrate from August to December, with males moving south before the females and their babies.

migrate 이동하다, 이주하다
from A to B A부터 B까지
male 수컷
female 암컷

2020년 3월 고1

783 In terms of the number of native speakers, however, Chinese is the most spoken language worldwide, followed by Hindi.

in terms of ~면에서는
native speaker 원어민
spoken language 구어

2019년 6월 고1

784 From 2013, China and India took opposite paths, with China's smartphone average price going up and India's going down.

take opposite paths 정반대의
길을 택하다
average 평균의

2016년 11월 고1

785 With her mother sitting proudly in the audience, Victoria felt proud of herself and delighted to see her mom so happy.

proudly 자랑스럽게
feel proud of
~을 자랑스러워하다
delighted 아주 기뻐하는

786 2015년 3월 고1
Following flooding, a river's course may shift, altering the boundary between states or countries.

flood 홍수
course 경로, 흐름, 방향
shift 변화하다, 바뀌다
alter 바꾸다
boundary 경계
state 주

787 2012년 6월 고1
The decision-maker predicts what will happen if something is done now, based on what happened when something was done in the past.

decision-maker 의사 결정자
predict 예측하다
in the past 과거에

788 2019년 6월 고1
In one study, researchers looked at how people respond to life challenges including getting a job, taking an exam, or undergoing surgery.

life challenge 인생의 과제
undergo surgery 수술받다

789 2016년 11월 고1 응용
With technology progressing faster than ever before, there are plenty of devices that consumers can install in their homes to save water more.

technology 기술
progress 진보하다
plenty of 많은
device 장치
install 설치하다

790 2018년 6월 고1
Considering this need for library surroundings, it is important to design spaces where unwanted noise can be eliminated or at least kept to a minimum.

surroundings 주변 환경
unwanted 원하지 않는
eliminate 제거하다
to a minimum 최소한도로

2018년 9월 고1

791 When asked by psychologists, most people rate themselves above average on all manner of measures including intelligence, looks, health, and so on.

psychologist 심리학자
rate 평가하다
all manner of 온갖 종류의
measure 척도

2021년 6월 고1 응용

792 Take the opportunity to look in the mirror and manufacture a smile using the lower half your face only and judge how happy your face really looks – is it genuine?

opportunity 기회
manufacture 만들다
judge 판단하다
genuine 진짜의, 진실한

2020년 6월 고1

793 Given the widespread use of emoticons in electronic communication, an important question is whether they help Internet users to understand emotions in online communication.

widespread 널리 퍼진
emoticon 이모티콘
electronic communication
전자 통신
emotion 감정

2014년 11월 고1

794 Roughly 100,000 scientists, doctors, and engineers were leaving countries in the Middle East and North Africa every year, with most of the scientists and doctors never returning.

roughly 대략
engineer 기술자

2015년 9월 고1

795 If you hear "I like you" in an angry tone of voice while your friend exhibits no facial expression, avoids eye contact, and sits slightly turned away from you, with arms folded tightly, you would question his or her motive.

tone of voice 목소리 톤
exhibit 보이다, 전시하다
facial expression 얼굴 표정
eye contact 눈 맞춤
slightly 약간
question 의심을 갖다
motive 동기

UNIT 59 복합관계대명사, 복합관계부사

|1| 복합관계대명사

복합관계대명사는 <명사절>로서 문장에서 주어, 보어, 목적어 자리에 들어갈 뿐만 아니라 <양보의 부사절>로서 주절 전체를 수식한다.

whoever (S) V	no matter who	(~가) ~하더라도
whomever S V	no matter whom	누구를 ~하더라도
whatever (S) V	no matter what	무엇이/을 ~하더라도
whichever (S) V	no matter which	어느 것이/을 ~하더라도

Whoever you are, you are not allowed to enter the building.

당신이 누구라 하더라도(당신이 누구든), 건물에 들어갈 수 없습니다.

I won't be surprised **whatever** will happen. 무슨 일이 일어난다 하더라도 나는 놀라지 않을 것이다.

Whichever you eat, you will be satisfied. 어느 것을 먹더라도 당신은 만족할 것이다.

|2| 복합관계부사

복합관계부사는 <관계부사 + ever>의 형태로 <시간, 장소의 부사절>과 <양보의 부사절>을 이끌어 주절 전체를 수식한다.

(1) 시간, 장소의 부사절 및 양보의 부사절

	at any time when	(시간의 부사절) ~할 때는 언제든지
whenever S V	no matter when	(양보의 부사절) 언제 ~하더라도
	at any place where	(장소의 부사절) ~하는 어디든지
wherever S V	no matter where	(양보의 부사절) 어디서 ~하더라도

We can contact people instantly through the Internet **wherever** they are. 2015년 6월 고1 응용

우리는 사람들이 어디에 있든지 인터넷을 통해서 즉각 연락할 수 있다.

(2) 양보의 부사절

however + 형/부 + S V	no matter how	아무리 ~하더라도

No matter how hard we try, we are unable to make ourselves laugh. 2012년 9월 고1

= **However hard we try**, we are unable to make ourselves laugh.

우리가 아무리 노력해도 우리는 우리 자신을 웃게 할 수 없다.

2019년 6월 고1

796 Whenever you say what you can't do, say what you can do.

2015년 6월 고1

797 Wherever you go on this globe, you can get along with English.

globe 지구
get along 살아가다

2018년 3월 고1

798 Don't be afraid to be honest with your friends, no matter how painful the truth is.

be afraid to-V ~하는 것을 두려워하다
honest 정직한
painful 고통스러운
truth 진실

2015년 11월 고1

799 Give your whole focus to what you're doing at the moment no matter what it is.

whole 전체의, 모든
at the moment 그 순간에

2011년 11월 고1

800 Whatever your decision, make clear why your children get pocket money and what it means.

make clear ~을 분명히 하다
pocket money 용돈

801 No matter how much you have, no matter how much you have accomplished, you need help too.

accomplish 이루다, 해내다

802 Whenever she felt down, her mom encouraged her by saying that working hard and never giving up is more important.

feel down 우울하다
encourage 격려하다

803 No matter what anyone asks of you, no matter how much of an inconvenience it poses for you, you do what they request.

inconvenience 불편함
pose 주다, 제기하다
request 요구하다

804 As we go through life, whenever we feel annoyed, anxious or even just bored, we turn to food to make ourselves feel better.

go through life 삶을 살아가다
annoyed 짜증이 난
anxious 불안해하는
bored 지루해 하는
turn to ~에 의지하다

805 Whatever the truth may be, there are many people who would agree with the Groucho brothers' claim that "A clown is like an aspirin."

agree with ~ ~에 동의하다
claim 주장하다
clown 광대
aspirin 아스피린 (진통제)

2009년 9월 고1

806 Remember, money can't buy a good date — the best ones are those spent with someone you love, no matter where you are.

2021년 11월 고1

807 As long as my mind and memories remain intact, I will continue to be the same person, no matter which part of my body (other than the brain) is replaced.

as long as ~하는 한
remain 여전히 있다
intact 손상되지 않은
replace 대체하다

2021년 9월 고1

808 The waiters would remember an order, however complicated, until the order was complete, but they would later find it difficult to remember the order.

order 주문
complicated 복잡한
complete 완료된

2014년 9월 고1

809 Whatever the answer is, this area of research demonstrates one thing clearly: We have a tremendous ability to control our own health destinies simply by changing our internal dialogue.

demonstrate 증명하다
clearly 분명하게
tremendous 엄청난
destiny 운명
internal dialogue 내적 대화

2012년 3월 고1

810 No matter where you work or what you do, becoming an expert in recognizing patterns of behavior can help you reduce the stress in your life by removing unnecessary problems with others.

expert 전문가
recognize 인지하다
behavior 행동
reduce 줄이다
remove 제거하다
unnecessary 불필요한

Chapter 7

가정법, 비교

UNIT 60 가정법

가정법은 <사실과 반대되거나 실현될 가능성이 거의 또는 아예 없는 상황을 가정>할 때 사용한다. 동사의 형태와 실제 의미가 다르므로 의미 파악에 매우 주의해야 한다. 그리고 주절에 사용되는 조동사 would, could 등은 가정법임을 나타내는 결정적인 힌트가 된다. <짐작/추측>을 나타내기 위해 might를 쓸 수 있으며 '~할지도 모르는데', '~했을지도 모르는데'라고 해석한다.

| 1 | 가정법 과거 : 현재 또는 미래를 의미

If	주어	were / 동사의 과거형	,	주어	would/could + V

만약 주어가 동사하면   주어는 동사할 텐데 / 동사할 수 있을 텐데

If I **were** you, I **wouldn't buy** it. 내가 너라면, 나는 그것을 사지 않을 텐데.
 └→ 실현될 가능성이 아예 없는 상황 ('나'란 사람이 '당신'이 될 수는 없는 상황)

If I **had** enough money, I **would/could buy** it. 내가 충분한 돈이 있으면, 나는 그것을 살 텐데/살 수 있을 텐데.
 └→ 현재 사실과 반대 상황 (지금 당장 돈이 없는데 돈이 있다고 가정하는 상황)

참고 | 조건문 vs. 가정법 과거

1. 조건문 : 실현될 가능성이 충분히 있는 상황

If it **is** fine tomorrow, I **will go** camping. 내일 날씨가 맑으면, 나는 캠핑 갈 것이다.
 └→ 실현될 가능성이 충분히 있는 상황 (내일 날씨가 맑을 수도 있고 아닐 수도 있음)

2. 가정법 과거 : 현재 사실과 반대 또는 실현될 가능성이 거의 없거나 아예 없는 상황

If it **were** fine, I **would/could go** camping. (지금) 날씨가 좋으면, 나는 캠핑하러 갈 텐데 / 갈 수 있을 텐데.
 └→ 현재 사실과 반대 또는 실현될 가능성이 거의 없는 상황 (지금 날씨가 좋지 않은 상황에서 '좋으면'이라고 가정)

| 2 | 가정법 과거완료 : 과거를 의미

If	주어	had p.p.	,	주어	would/could have p.p.

만약 주어가 동사했다면   주어는 동사했을 텐데 / 동사할 수 있었을 텐데

If you **had asked** me, I **would have let** you know. 나에게 물어봤더라면 너에게 알려주었을 텐데.
 └→ 과거 사실과 반대 상황

If I **had been** a bird, I **could have flown** in the sky. 내가 새였다면, 나는 하늘을 날 수 있었을 텐데.
 └→ 실현될 가능성이 아예 없던 상황

| 3 | 가정법 미래

미래의 일에 대해 가능성이 거의 없거나 아예 없는 상황을 표현한다.

| If | 주어 | should + V | , | 주어 | will/can/would/could + V |

| If | 주어 | were to + V | , | 주어 | would/could + V |

혹시라도 주어가 ~하면   주어는 동사할 텐데 / 동사할 수 있을 텐데

If the Sun **were to rise** in the west, I **would give** you everything that I have.

혹시라도 해가 서쪽에서 뜨면, 내가 너에게 내가 가진 모든 것을 줄게.

| 4 | 혼합가정법

| If | 주어 | had p.p. | , | 주어 | would/could + V |

가정법 과거완료   가정법 과거
(주로 과거 부사와 함께 사용)   (주로 현재 부사와 함께 사용)
만약 (과거에) 주어가 동사했다면   주어는 (지금) 동사할 텐데 / 동사할 수 있을 텐데

If you **hadn't helped** me then, I **would be** in big trouble now.

만약에 그때 당신이 절 도와주지 않았다면, 저는 지금 큰 어려움에 처해 있을 겁니다.

| 5 | 다양한 가정법 표현

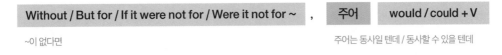

| Without / But for / If it were not for / Were it not for ~ | , | 주어 | would / could + V |

~이 없다면   주어는 동사일 텐데 / 동사할 수 있을 텐데

Without your help, I **couldn't finish** the work. 당신의 도움이 없다면, 저는 그 일을 끝낼 수 없습니다.

= **But for** your help, I **couldn't finish** the work.

= **If it were not for** your help, I **couldn't finish** the work.

= **Were it not for** your help, I **couldn't finish** the work.

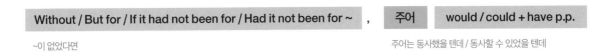

| Without / But for / If it had not been for / Had it not been for ~ | , | 주어 | would / could + have p.p. |

~이 없었다면   주어는 동사했을 텐데 / 동사할 수 있었을 텐데

Without you help, I **couldn't have finished** the work. 당신의 도움이 없었다면, 저는 그 일을 끝낼 수 없었을 겁니다.

= **But for** your help, I **couldn't have finished** the work.

= **If it had not been for** your help, I **couldn't have finished** the work.

= **Had it not been for** your help, I **couldn't have finished** the work.

2018년 3월 고1

811 Without such passion, they would have achieved nothing.

passion 열정
achieve 성취하다

2015년 6월 고1

812 Without friends, the world would be a pretty lonely place.

pretty 꽤, 매우
lonely 외로운

2015년 3월 고1

813 What difference would it make if you now attempted it?

difference 차이점
attempt 시도하다

2017년 6월 고1

814 If we lived on a planet where nothing ever changed, there would be little to do.

planet 행성

2018년 3월 고1

815 Moreover, the experience would be ruined if people were to behave in such a way.

experience 경험
ruin 망치다
behave 행동하다

2011년 11월 고1

816 He would never have succeeded unless he had put tremendous effort into achieving his goals.

succeed 성공하다
unless ~하지 않으면
tremendous 엄청난
effort 노력
achieve 성취하다

2011년 3월 고1

817 How would you feel if your children wanted to imitate a celebrity who has a troubled private life?

imitate 모방하다
celebrity 유명인사
troubled 문제가 많은
private 개인적인

2015년 11월 고1

818 Researchers measured how fast and how many times dogs would give their paw if they were not rewarded.

measure 측정하다
paw (동물의 발톱이 달린) 발
reward 보상하다

2021년 11월 고1

819 If I lost an arm in an accident and had it replaced with an artificial arm, I would still be essentially *me*.

replace 교체하다, 대체하다
artificial 인공의
essentially 본질적으로

2018년 6월 고1 응용

820 Written language is a language different from the one they would use if they were talking to a friend.

written language 문어, 문자 언어

2019년 3월 고1

821 Our children would be horrified if they were told they had to go back to the culture of their grandparents.

horrified 겁에 질린
grandparent 조부모

2021년 3월 고1

822 Nearly nothing we have today would be possible if the cost of artificial light had not dropped to almost nothing.

nearly 거의
possible 가능한
cost 비용
artificial light 인공조명
drop 떨어지다

2021년 11월 고1

823 If the prince had offered the grapes to them, they might have made funny faces and shown their distaste for the grapes.

offer 제안하다
distaste 불쾌감, 혐오감

2018년 11월 고1

824 If you were at a social gathering in a large building and you overheard someone say that "the roof is on fire," what would be your reaction?

social gathering 사교 모임
overhear 우연히 듣다
reaction 반응

2018년 6월 고1

825 Without the formation and maintenance of social bonds, early human beings probably would not have been able to cope with or adapt to their physical environments.

formation 형성
maintenance 유지
social bond 사회적 유대
cope with ~에 대처하다
adapt to ~에 적응하다
physical environment 물리적 환경

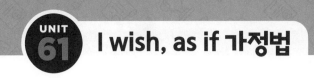

UNIT 61 | I wish, as if 가정법

I wish 또는 as if 다음에 가정법 과거와 가정법 과거완료가 연결되는 경우이다. 해석에 매우 유의하자.

| 1 | I wish + 가정법

(1) **I wish + 가정법 과거** : (실제로 그렇지 않은데) ~이면/하면 좋을 텐데

I wish	주어	were / 동사의 과거형

I wish I **were** taller and slimmer. 내가 키가 더 크고 더 날씬하면 좋을 텐데.

(2) **I wish + 가정법 과거완료** : (실제로 그렇지 않았는데) ~이었다면/했다면 좋았을 텐데

I wish	주어	had p.p.

I wish I **had called** my parents more often. 부모님에게 좀 더 자주 전화했더라면 좋았을 텐데.

| 2 | as if/though + 가정법

(1) **as if/though + 가정법 과거** : (실제로 그렇지 않은데) 마치 ~인 것처럼

as if	주어	were / 동사의 과거형

He talks as if he **knew** everything. 그는 마치 모든 것을 아는 것처럼 말한다.

(2) **as if/though + 가정법 과거완료** : (실제로 그렇지 않았는데) 마치 ~이었던 것처럼

as if	주어	had p.p.

He talks as if he **had seen** me. 그는 마치 나를 봤던 것처럼 말한다.

참고 | as if/though + 직설법

<as if + 직설법>은 말하는 사람이 생각하기에 '실제로 그럴 가능성이 높을 때' 사용한다.

He looks as if he **is** sick. 그는 아픈 것처럼 보인다.

→ 실제로 지금 아프다고 생각하며, 아픈 것처럼 보인다는 의미

He looks as if he **were** sick. 그는 마치 아픈 것처럼 보인다.

→ 지금 아프지 않은 것이 분명한데, 아픈 것처럼 보인다는 의미

2018년 9월 고1

826 She felt as though the thunderstorm was a present.

thunderstorm 뇌우
present 선물

2016년 3월 고1 응용

827 The reason it looks as though the sun is on fire is that it *is*

on fire.

reason 이유
on fire 불타고 있는

2011년 11월 고1

828 I wish I had received wise advice from those with more life

experience than I had.

receive 받다
wise 현명한
advice 조언
life experience 삶의 경험

2018년 6월 고1

829 Too many companies advertise their new products as if

their competitors did not exist.

advertise 광고하다
product 제품
competitor 경쟁자
exist 존재하다

2021년 3월 고1

830 The only value of 'I wish I hadn't done that!' is that you'll

know better what to do next time.

value 가치

831 As soon as he puts skis on his feet, it is as though he had to learn to walk all over again.

as soon as ~하자마자
all over again 처음부터 다시

2017년 9월 고1

832 If we want to use a hammer, then the world around us may begin to look as though it is full of nails!

hammer 망치
full of ~로 가득 찬
nail 못, 손톱, 발톱

2021년 6월 고1

833 People can actually end up appearing more foolish when they act as if they had knowledge that they do not know.

end up Ving 결국 ~하게 되다
appear ~인 것 같다, 나타나다
foolish 어리석은
knowledge 지식

2011년 6월 고1

834 She lay there, sweating, listening to the empty thunder that brought no rain, and whispered, "I wish the drought would end."

lie 누워 있다, 눕다 (lie-lay-lain)
sweat 땀을 흘리다
empty 공허한, 빈
thunder 천둥
whisper 속삭이다
drought 가뭄

2018년 9월 고1

835 Just spending a few moments behaving as if they intended to recycle had a dramatic impact on their following motivation to go green.

intend to-V ~하려고 하다
have an impact on ~에 영향을 끼치다
dramatic 극적인, 큰
following 이후의, 그 다음의
motivation 동기
go green 친환경적이 되다

2014년 6월 고1

UNIT 62 원급 비교

| 1 | 원급 비교

(1) as + 형용사/부사의 원급 as : ~만큼 …한/하게

I am **as diligent as** my mom (is). 나는 엄마만큼 부지런하다.

They all looked **as pale and uneasy as** Zoe. 2022년 3월 고1 응용

그들은 모두 Zoe만큼 창백하고 불안해 보였다.

You can jump **as high as** a kangaroo. 너는 캥거루만큼 높이 뛸 수 있다.

(2) not as[so] 형용사/부사의 원급 as : ~만큼 …하지 않은/않게

I was **not as[so] sleepy as** you. 나는 너만큼 졸리지는 않았다.

| 2 | 배수사 + 원급 비교

as 앞에 배수사(twice, 기수 + times)나 분수(half, a third 등)이 와서 어느 정도 차이가 나는지 표현할 수 있다.

I am **half as heavy as** my dad. 나는 아빠의 절반만큼 무겁다.

I have **a third as many books as** she has. 나는 그녀가 가진 것의 1/3만큼의 책을 가지고 있다.

| 3 | as ~ as possible

'가능한 한 ~한/하게'로 해석하며, <possible> 대신에 <주어 + can/could>를 쓸 수도 있다.

Send me the book **as soon as possible.**

= Send me the book **as soon as you can.** 가능한 한 빨리 그 책을 나에게 보내줘.

He tried to jump **as high as possible.**

= He tried to jump **as high as he could.** 그는 가능한 한 높이 점프하려고 했다.

2019년 3월 고1

836 It was as difficult as the first challenge, too.

challenge 도전 과제

2019년 9월 고1 응용

837 Attaining the life we want is not so simple as we think.

attain 얻다, 획득하다

2020년 6월 고1

838 Charity is the bone shared with the dog, when you are just

as hungry as the dog.

charity 자선
bone 뼈
share 공유하다
hungry 배고픈

2014년 11월 고1

839 I have been feeling more anxious lately, and maybe I'm not

as focused as I thought.

anxious 불안해하는
lately 최근에
focused 집중한

2017년 9월 고1

840 In 2012, the percentage of the 6-8 age group was twice as

large as that of the 15-17 age group.

percentage 비율
twice 두 번, 두 배로

841 However, we live in a society where gender roles and boundaries are not as strict as in prior generations.

society 사회
gender role 성 역할
boundary 경계
strict 엄격한
prior generation 이전 세대

842 He said physicians should pay as much attention to the comfort and welfare of the patient as to the disease itself.

physician (내과) 의사
pay attention to ~에 집중하다
comfort 안락, 편안
welfare 행복
disease 질병

843 Similarly, when purchasing my home, I discovered that the seller was very interested in closing the deal as soon as possible.

similarly 마찬가지로
purchase 구매하다
discover 발견하다
seller 판매자
close a deal 거래를 매듭짓다

844 Fast fashion refers to trendy clothes designed, created, and sold to consumers as quickly as possible at extremely low prices.

fast fashion 패스트패션
refer to ~을 언급하다, 나타내다
trendy 최신 유행의
extremely 극도로, 매우

845 She had the good fortune to have enlightened parents who considered the education of a daughter as important as that of a son.

fortune 행운
enlightened 깨어 있는
consider 고려하다, 여기다
education 교육

2013년 6월 고1

846 Generalized praise like "great picture" isn't as meaningful to children as finding something specific about their performance or behavior.

generalized 일반화된
praise 칭찬
meaningful 의미 있는
specific 구체적인
performance 성과
behavior 행동

2016년 3월 고1

847 The United States of America (USA), the world's second largest spender, spent more than twice as much as Russia on international tourism.

spender 소비자
international tourism 국제 관광

2018년 3월 고1

848 Though an online comment — positive or negative — is not as powerful as a direct interpersonal exchange, it can be very important for a business.

online comment 온라인 평가
interpersonal 사람 간의
exchange 교환

2021년 9월 고1

849 As a result, they will feel more involved, finding themselves just as committed to the arguments you've made and the insights you've exposed as you are.

involved 열중하는, 관련된
committed 헌신적인, 몰입되는
argument 주장
insight 통찰력
expose 드러내다, 폭로하다

2015년 9월 고1

850 As part of a research project, a group of undergraduate students watched a film, after which they were asked to describe it as fully as possible to other students.

undergraduate 학부생, 대학생
describe 묘사하다, 설명하다

UNIT 63 비교급 비교

| 1 | 비교급 비교

(1) **형용사/부사의 비교급 than** : ~보다 더 …한/하게

Today is **colder than** yesterday. 오늘은 어제보다 더 춥다.

(2) **less 형용사/부사의 원급 than** : ~보다 덜 …한/하게

Today is **less cold than** yesterday. 오늘은 어제보다 덜 춥다.

| 2 | 비교급 강조어

비교급 앞에 있는 <much, even, still, (by) far, a lot>은 비교급을 강조하며 '훨씬'으로 해석한다.

Today is **much colder than** yesterday. 오늘은 어제보다 훨씬 더 춥다.

| 3 | 배수사 + 비교급

비교급 앞에 배수사(twice, 기수 + times)나 분수(half, a third 등)이 와서 어느 정도 차이가 나는지 표현할 수 있다.

My sister's room is **twice bigger than** mine. 언니의 방은 내 방보다 두 배 더 크다.

| 4 | 비교급 and 비교급

'점점 더 ~한/하게'를 의미한다.

It was getting **darker and darker**. 점점 더 어두워지고 있었다.

They are becoming **more and more popular** these days. 그들은 요즘 점점 더 인기가 많아지고 있다.

| 5 | the 비교급, the 비교급

'더 ~할수록, 더 …하다'를 의미한다.

The higher you go up, **the farther** you can see. 네가 더 높이 올라갈수록, 너는 더 멀리 볼 수 있다.

The more books you read, **the wiser** you will be. 네가 더 많은 책을 읽을수록, 너는 더 현명해 질 것이다.

2020년 6월 고1
851 The brain uses by far more energy than our other organs.

brain 뇌
organ 기관

2020년 6월 고1
852 The influence of peers is much stronger than that of

parents.

influence 영향
peer 또래, 동료

2021년 9월 고1
853 If there are less than 5 people for the event, it will be

cancelled.

cancel 취소하다

2018년 6월 고1
854 However, the higher the expectations, the more difficult it

is to be satisfied.

expectation 기대
satisfied 만족한

2017년 11월 고1
855 Typically, the Swedish prefer watching television to reading

newspapers.

typically 전형적으로
prefer A to B B보다 A를
선호하다

2011년 6월 고1

856 Doing science in the school laboratory can be much more interesting than reading about it.

laboratory 실험실

2020년 3월 고1

857 The more people you know of different backgrounds, the more colorful your life becomes.

background 배경
colorful 다채로운

2015년 3월 고1

858 He wrote, "I want to be thoroughly used up when I die, for the harder I work, the more I live."

thoroughly 완전히, 철저히
use up 다 써버리다

2016년 3월 고1

859 Children are much more resistant to giving something to someone else than to helping them.

resistant 저항하는

2019년 11월 고1

860 Both the total number of trips and the total expenditures were higher in 2017 compared to those in 2015.

expenditure 지출

2012년 6월 고1 응용

861 The more knowledge and experience you have, the greater the chance for a good decision is.

knowledge 지식
experience 경험
decision 결정

2014년 6월 고1

862 The more rejected people feel, the more likely they are to see money as a way to solve their problems.

reject 거절하다
be likely to ~할 것 같다
solve 해결하다

2017년 3월 고1

863 The nerves from the eye to the brain are twenty-five times larger than the nerves from the ear to the brain.

nerve 신경 (조직)

2021년 9월 고1

864 Vegetarian eating is moving into the mainstream as more and more young adults say no to meat, poultry, and fish.

vegetarian 채식주의자
mainstream 주류
poultry 가금류

2021년 3월 고1

865 If you can get 1 percent better each day for one year, you'll end up thirty-seven times better by the time you're done.

866 They believe the earlier kids start to use computers, the more familiarity they will have when using other digital devices.

familiarity 친숙함
digital device 디지털 기기

867 The percentage of homeschooled students visiting museums or galleries was more than twice that of public school students.

homeschooled 집에서 교육받은, 홈스쿨링을 받은
museum 박물관
gallery 미술관
public school 공립학교

868 When you see situations and your strengths more objectively, you are less likely to have doubt as the source of your distress.

strength 강점, 힘
objectively 객관적으로
doubt 의심
source 원천
distress 괴로움

869 You are far more likely to purchase items placed at eye level in the grocery store, for example, than items on the bottom shelf.

purchase 구매하다
place 두다
grocery store 식료품점
item 상품
bottom 맨 아래
shelf 선반

870 Some students say that getting a few extra minutes of sleep is more important than eating a bowl of oatmeal, but they're wrong.

a bowl of 한 그릇의
oatmeal 오트밀

2020년 6월 고1

871 More than a third of UK Internet users considered smartphones to be their most important device for accessing the Internet in 2016.

UK 영국 (= United Kingdom)
device 장치, 기기
access 접근하다

2018년 11월 고1

872 Imagine that your body is a battery and the more energy this battery can store, the more energy you will be able to have within a day.

imagine 상상하다
store 저장하다

2021년 9월 고1

873 Students who easily reached an agreement were less interested in the topic, studied less, and were less likely to visit the library to get additional information.

reach an agreement 합의에 도달하다
visit 방문하다
additional 부가적인, 추가적인

2014년 9월 고1

874 The more frequently you assess your situation, looking for ways to fix problems, the more likely you are to find yourself in a position where things are going well.

frequently 종종, 자주
assess 평가하다
fix 해결하다, 고치다
position 위치

2014년 6월 고1

875 Indeed, 19th century astronomers working with the first astronomical cameras were astonished to discover that outer space was much more crowded than they had thought.

indeed 사실
astronomer 천문학자
astronomical 천문학의
astonished 깜짝 놀란
crowded 붐비는

64 최상급 비교

| 1 | 최상급 비교

(1) **the 최상급 + in 장소명사** : ~에서 가장 …한/하게

She is **the wisest girl in town.** 그녀는 마을에서 가장 현명한 소녀이다.

(2) **the 최상급 + of 복수명사** : ~ 중에 가장 …한/하게

She is **the wisest girl of the three.** 그녀는 셋 중에서 가장 현명한 소녀이다.

(3) **the 최상급 + (that) S have (ever) p.p.** : 지금까지 ~해본 것 중 가장 …한/하게

She is **the wisest girl (that) I've ever met.** 그녀는 지금까지 내가 만나본 가장 현명한 소녀이다.

| 2 | 원급, 비교급을 활용한 최상급 표현

(1) 원급과 비교급을 사용하여 다양한 최상급 의미를 나타낼 수 있다.

부정주어 + 원급	~만큼 …한 것은 없다
부정주어 + 비교급	~보다 더 …한 것은 없다
비교급 than any other 단수명사	다른 어떤 ~보다 더 …하다
비교급 than all the other 복수명사	다른 모든 ~보다 더 하다

Paris is the most beautiful city in the world. 파리는 세상에서 가장 아름다운 도시이다.

= **No (other) city is as beautiful as** Paris in the world. 세상에서 파리만큼 아름다운 도시는 없다.

= **No (other) city is more beautiful than** Paris in the world. 세상에서 파리보다 더 아름다운 도시는 없다.

= **Paris is more beautiful than any other city** in the world. 파리는 세상에서 다른 어떤 도시보다 더 아름답다.

= **Paris is more beautiful than all the other cities** in the world.

파리는 세상에서 다른 모든 도시들보다 더 아름답다.

(2) **There is nothing ~ 비교급 than**

There is nothing more exciting than going camping. 캠핑하러 가는 것보다 더 흥미진진한 것은 없다.

There is nothing I like more than cooking. 요리하는 것보다 내가 더 좋아하는 것은 없다.

2015년 3월 고1

876 It was the best meal I'd had in a long time.

meal 식사

2015년 9월 고1

877 She is the most beautiful young woman I've ever seen.

2015년 3월 고1

878 No other country exported more rice than India in 2012.

export 수출하다
rice 쌀
India 인도

2014년 6월 고1

879 For her, there was nothing more precious than intelligence.

precious 소중한, 귀중한
intelligence 지능

2020년 3월 고1

880 Nothing is more important to us than the satisfaction of our

customers.

satisfaction 만족
customer 고객

881 Remember, nothing is more important than practice, but you also need a break.

practice 연습
break 휴식

882 There is nothing more fundamental to the human spirit than the need to be mobile.

fundamental 근본적인
spirit 정신
need 욕구
mobile 이동하는, 움직임이
자유로운

883 In both 2013 and 2015, the rates for "Storyline" were the highest of the four key factors.

rate 비율, 속도, 평가하다
key factor 중요 요인

884 Laptops were the most used device for students to access digital content in both years.

laptop 노트북
device 장치, 기기
access 접근하다
digital content 디지털 콘텐츠

885 The old saying "Use it or lose it" is never more appropriate than when referring to flexibility.

saying 격언
appropriate 적절한
refer to ~을 언급하다
flexibility 유연성

2011년 6월 고1

886 The toothfish may not be the most beautiful creature you've ever seen, but it is a truly remarkable fish.

toothfish 메로
creature 생물체
truly 진정으로, 정말로
remarkable 놀랄만한, 주목할
만한

2016년 3월 고1

887 There was no word I heard more frequently than "Mine!" from my daughters when they were still in diapers.

frequently 종종, 자주
diaper 기저귀

2016년 6월 고1

888 Over the given period, the most popular purpose of visiting New Zealand was visiting friends and relatives.

period 기간
purpose 목적
relative 친척

2016년 9월 고1

889 Having a comfortable work chair and desk is the least popular choice on the list of the top four amenities for business stays.

comfortable 편안한
amenity 생활 편의 시설
business stay 출장 체류

2019년 6월 고1

890 Birds can make their nests, ants can make their hills, but no other species on Earth comes close to the level of creativity we humans display.

nest 둥지
hill 언덕
species 종
creativity 창의력
display 보여주다

Chapter 8
주요 구문

UNIT 65 병렬

대등한 단어와 단어, 구와 구, 절과 절을 연결한 것을 병렬이라고 한다.

| 1 | 등위접속사 : and, but, or

(1) **A and B** : A와 B는 문법적으로 대등해야 한다.

He usually **takes a shower and go to bed.** (×)

→ He usually **takes a shower and (he) goes to bed.** (○) 그는 보통 샤워를 하고 잠자리에 든다.

(2) **A, B, and C** : 세 개 이상 나열 될 때는 마지막 어구 앞에 등위접속사를 붙인다.

I have been to **China, Italy, Spain, and Canada.** 나는 중국, 이탈리아, 스페인, 그리고 캐나다에 가봤다.

(3) **명령문, and** : ~해라, 그러면 / **명령문, or** : ~해라, 그렇지 않으면

Repeat, and you will succeed. 반복해라, 그러면 성공할 것이다.

Repeat, or you won't succeed. 반복해라, 그렇지 않으면 성공하지 못할 것이다.

| 2 | 상관접속사

상관접속사는 등위접속사 and, but, or가 포함된 일종의 표현이다.

both A and B	A와 B 둘 다	between A and B	A와 B사이에
either A or B	A 또는 B 둘 중에 하나	neither A nor B	A도 B도 아닌
not A but B	A가 아니라 B인	not only A but (also) B (= B as well as A)	A뿐만 아니라 B도

The past can hurt, but you can **either** run from it **or** learn from it. 영화 <Lion King>

과거는 아플 수 있어, 하지만 과거로부터 도망칠 수도 있고 배울 수도 있지.

We have **neither** food to eat **nor** money to buy it. 우리는 먹을 음식도 없고 음식을 살 돈도 없다.

Wisdom is **not** in never making a mistake, **but** in never making the same one again.

지혜는 실수를 절대 하지 않는 것에 있는 것이 아니라, 같은 실수를 다시 하지 않는 것에 있다.

This book is **not only** interesting **but also** informative.

= This book is informative **as well as** interesting. 이 책은 재미있을 뿐만 아니라 유용하기도 하다.

2016년 3월 고1

891 Try hard, and you'll achieve your dream.

achieve 성취하다

2016년 9월 고1

892 He felt sorry because he neither recognized him nor remembered his name.

recognize 알아보다, 인지하다

2021년 6월 고1

893 Many cities have experienced epidemics in the past and have not only survived, but advanced.

epidemic 유행병
survive 살아남다
advance 발전하다

2016년 11월 고1

894 Silence is viewed as a time to learn, to think about, and to review what the speaker has said.

silence 침묵
view A as B A를 B라고 생각하다
review 검토하다
speaker 화자

2019년 9월 고1 응용

895 Antibiotics, which means "against the life of bacteria," either kill bacteria or stop them from growing.

antibiotic 항생제
against ~에 대항하여
stop A from Ving A가 ~하지 못하게 하다

896 Natural boundaries between states or countries are found along rivers, lakes, deserts, and mountain ranges.

natural boundary 자연적 경계
state 주
country 국가
mountain range 산맥

897 Put your focus not on what should or should not have been done, but rather on the best of what can be done now.

put focus on ~에 집중하다
rather 오히려, 차라리

898 Let me get out of here before he comes, because he's either going to say something I don't like or try to make me feel inferior.

inferior 못한, 하위의, 열등한

899 Great artists spend countless hours in their studios or with their instruments not just doing, but exploring their ideas and experiences.

countless 셀 수 없이 많은
studio 스튜디오, 작업실
instrument 도구
explore 탐구하다

900 Comic books are worthwhile to read not just because they will make you laugh but because they contain wisdom about the nature of life.

comic book 만화책
be worthwhile to-V ~할 가치가
있다
contain 포함하다
wisdom 지혜
nature 본질, 본성

2015년 11월 고1

901 The latest science is uncovering fascinating connections between what moms eat while pregnant and what foods their babies enjoy after birth.

latest 최근의
uncover 밝혀내다
fascinating 흥미로운
connection 관련성
pregnant 임신한
after birth 출생 후

2016년 11월 고1

902 It turns out that our brains are literally programmed to perform at their best not when they are negative or even neutral, but when they are positive.

it turns out that ~으로 드러나다
literally 말 그대로
program 프로그램화하다
perform 수행하다
negative 부정적인
neutral 중립적인
positive 긍정적인

2019년 6월 고1

903 Aristotle's suggestion is that virtue is the midpoint, where someone is neither too generous nor too stingy, neither too afraid nor recklessly brave.

suggestion 제안
virtue 미덕
midpoint 중간 지점
generous 관대한
stingy 인색한
recklessly 무모하게

2017년 6월 고1

904 Many factors determine what we should do either because we are members of the human race, or because we belong to a certain culture and society.

factor 요인
determine 결정하다
belong to ~에 속하다
certain 어떤, 확실한
culture 문화
society 사회

2016년 11월 고1

905 Your personality and sense of responsibility affect not only your relationships with others, your job, and your hobbies, but also your learning abilities and style.

personality 성향, 성격
sense of responsibility 책임감
affect 영향을 미치다
relationship 관계
hobby 취미
ability 능력

2019년 9월 고1

906 Consequently, if people want to live the life of their dreams, they need to realize that how they start their day not only impacts that day, but every aspect of their lives.

consequently 결론적으로
realize 깨닫다
impact 영향을 미치다
aspect 측면

2017년 9월 고1

907 Study the lives of the great people who have made an impact on the world, and you will find that in virtually every case, they spent a considerable amount of time alone thinking.

make an impact on ~에 영향을 끼치다
virtually 사실상
considerable 상당한, 많은

2015년 6월 고1

908 In her letter, Linda thanked Rebecca from deep within for, in essence, taking off her warped glasses, shattering them against the floor, and insisting she try on a new pair of glasses.

from deep within 속 깊은 데서
in essence 본질적으로
take off ~을 벗다
warped 뒤틀린
shatter 산산이 부수다
insist 주장하다
try on ~을 입어보다

2015년 6월 고1 응용

909 Doctors Without Borders, also known as Médecins Sans Frontières or MSF, is at the forefront of emergency health care as well as care for populations suffering from endemic diseases.

Doctors Without Borders 국경 없는 의사회
forefront 최전선, 선두
emergency health care 응급 의료 서비스
care for ~을 돌보다
endemic disease 풍토병

2019년 11월 고1

910 This is why executives regularly combine business meetings with meals, why lobbyists invite politicians to attend receptions, lunches, and dinners, and why major state occasions almost always involve an impressive banquet.

executive 경영진
combine 결합하다
lobbyist 로비스트
politician 정치인
reception 리셉션, 축하 연회
state occasion 국가 행사
banquet 연회

66 동격

| 1 | 동격의 세 가지 종류

동격은 명사에 대한 부연 설명이며, 다음의 세 가지 종류가 가장 많이 쓰인다.

(1) | 명사 | , | 명사(구) |

Let me introduce **my friend, Tom**. 제 친구 Tom을 소개시켜 드릴게요.

(2) | 명사 | of | 동명사 | ~하는 명사

Exercise is the best **way of staying** healthy. 운동은 건강을 유지하는 최선의 방법이다.

(3) | 명사 | that | S V ~ | ~하는 명사
└→ 동격의 that 앞에는 주로 the fact, the idea, the news, the belief 등의 명사가 온다.

We often forget **the fact that health is the most important thing**.

우리는 건강이 가장 중요한 것이라는 사실을 종종 잊는다.

* 간혹 접속사 or가 동격의 역할을 하기도 한다.

 | 명사 | or | 명사(구) |

She used to suffer from **insomnia or the condition of not being able to sleep**.

그녀는 불면증, 즉 잠을 잘 수 없는 상태로 고통받았었다.

> 🕯️ **참고 | 관계대명사 that vs. 동격의 that**
>
> that 다음에 완전한 절이 연결되면 동격의 that이고, 불완전한 절이 연결되면 관계대명사 that이다.
>
> (1) 동격의 that | 명사 | that | 완전한 절 |
>
> (2) 관계대명사 that | 명사 | that | 불완전한 절 |

| 2 | 동격 주요 표현 : Chances are ~

(The) **Chances are**(,) (that) **S V** : ~일 가능성이 있다, ~일 것 같다

* **Chances are good/bad that S V** : ~일 가능성이 높다/낮다

Be nice to nerds! **Chances are** you'll end up working for one. Bill Gates

공붓벌레들에게 잘 해주십시오. 나중에 그 사람 밑에서 일하게 될 수도 있습니다.

Chances are you are reading this sentence under some kind of artificial light. 2021년 3월 고1

아마 여러분은 어떤 유형의 인공조명 아래에서 이 문장을 읽고 있을 것 같다.

911 2021년 3월 고1

Consider the idea that your brain has a network of neurons.

neuron 뉴런(신경세포)

912 2011년 11월 고1

If you do not like someone, chances are that they do not like you either.

either (부정문 끝에서) 또한

913 2016년 11월 고1

The fact that your cell phone is ringing doesn't mean you have to answer it.

ring 울리다

914 2015년 6월 고1

Health care, a primary concern of many people, is limited to developed countries.

health care 의료 서비스
primary 주된, 주요한
concern 관심사
be limited to ~에 제한되다
developed country 선진국

915 2014년 11월 고1

Artists and scientists alike were amazed by this discovery that light is the source of all color.

amazed 놀란
discovery 발견
source 원천

2019년 3월 고1

916 Speakers monitor audience feedback, the verbal and nonverbal signals an audience gives a speaker.

monitor 주시하다
audience 청중
verbal 언어적인
nonverbal 비언어적인
signal 신호

2018년 11월 고1

917 The basis of cultural relativism is the notion that no true standards of good and evil actually exist.

basis 기본, 기초
cultural relativism 문화적 상대주의
notion 개념
standard 기준
good and evil 선과 악

2012년 3월 고1

918 She learned the lesson that when she supported others, she was also, in fact, supporting herself.

lesson 교훈
support 지지하다, 도와주다
in fact 사실

2018년 9월 고1

919 Late in the night, Garnet had a feeling that something she had been waiting for was about to happen.

be about to-V 막 ~하려고 하다

2011년 6월 고1

920 One important reason for the financial success of fast-food chains has been the fact that their labor costs are low.

financial 경제적인, 금융의
fast-food chain 패스트푸드 체인점
labor cost 노동 비용

2016년 11월 고1

921 Roger Federer, the great tennis player who some call the greatest of all time, has won a record seventeen Grand Slam titles.

of all time 역사상

2014년 3월 고1

922 I had the habit of telling my sons what they wanted to hear in the moment and making a promise in order to avoid a fight.

have the habit of Ving
~하는 습관이 있다
avoid 피하다
fight 싸움

2015년 3월 고1

923 George Bernard Shaw, one of the most successful writers of all time, said something similar about a hundred years earlier.

successful 성공적인
similar 유사한, 비슷한

2016년 9월 고1

924 Frank Barrett, an organizational behavior expert, explains that disrupting routines and looking at a situation from another's perspective can lead to new solutions.

expert 전문가
explain 설명하다
disrupt 방해하다
routine 일상
perspective 관심, 시각
lead to ~로 이어지다
solution 해결책

2017년 3월 고1

925 For example, someone might buy the most expensive offering or choose a heavily advertised brand in the belief that this brand has higher quality than other brands.

offering 제공된 것[물품]
heavily 심하게, 세게
in the belief that ~라고 믿고/
생각하고
quality 품질

| 1 | 강조의 do : 정말

동사를 강조하고자 할 때 동사원형 앞에 do/does/did를 놓아 '정말로'라는 강조의 의미를 나타낸다.

do/does/did	+	V

I **do love** you. 나는 정말 당신을 사랑해.

She **does like** ice cream. 그녀는 정말로 아이스크림을 좋아한다.

I **did wash** my hands. 나는 정말로 손을 씻었다.

| 2 | it ~ that 강조 구문

It is/was	강조어구	that ~

~하는 것은 바로 <강조어구>이다

동사를 제외하고 주어, 보어, 목적어, 시간/장소 부사(구/절)를 강조할 수 있으며, 강조어구가 사람이라면 who(m), 사람이 아니라면 which, 장소라면 where, 시간이라면 when을 <that> 대신 사용할 수 있다.

I met him in the park yesterday.
① ② ③ ④

① It was **I** that[who] met him in the park yesterday. 어제 공원에서 그를 만난 것은 바로 나였다.

② It was **him** that[who/whom] I met in the park yesterday. 내가 어제 공원에서 만난 것은 바로 그였다.

③ It was **in the park** that[where] I met him yesterday. 내가 어제 그를 만난 곳은 바로 공원에서였다.

④ It was **yesterday** that[when] I met him in the park. 내가 공원에서 그를 만난 것은 바로 어제였다.

It's only after we've lost everything **that** we're free to do anything. 영화 <Fight Club>
모든 것을 잃은 후에야 어떤 일이든 자유롭게 할 수 있다.

참고 | It ~ that 강조 구문 vs. 가주어-진주어

(1) It be _____ that
└→ 이 자리에 장소/시간 부사(구/절)가 있으면 강조 구문

(2) It be _____ that
└→ 이 자리에 형용사가 있으면 가주어-진주어

(3) It be _____ that
└→ 이 자리에 명사가 있는 경우는 that 이하가 불완전한 절이면 강조 구문이고, that이하가 완전한 절이면 문맥에 맞게 판단해야 한다.

926 Arts education, on the other hand, does solve problems.

2012년 9월 고1

on the other hand 반면
solve 해결하다

927 It wasn't too long ago that the majority of people believed the world was flat.

2020년 9월 고1

the majority of 대다수의
flat 편평한, 평평한

928 It is tolerance that protects the diversity which makes the world so exciting.

2015년 9월 고1

tolerance 관용
diversity 다양성

929 It is not in spite of our culture that we are who we are, but precisely because of it.

2019년 9월 고1

in spite of ~에도 불구하고
precisely 정확하게, 정확히

930 It was proof that a random act of kindness does in fact encourage others to do the same!

2011년 6월 고1

proof 증거
random 임의적인, 무작위의
act of kindness 친절한 행위
encourage A to-V A가 ~하도록 장려[격려]하다

2018년 11월 고1

931 It is the uncertainty of the result and the quality of the contest that consumers find attractive.

uncertainty 불확실성
quality 수준, 품질
consumer 소비자
attractive 매력적인

2020년 9월 고1

932 It is through selective inclusion *and exclusion* that they produce loyalty and lasting social bonds.

selective 선택적인
inclusion 포함
exclusion 배제
loyalty 충성, 충성심
lasting 지속적인
social bond 사회적 유대

2021년 3월 고1

933 It's not the pressure to perform that creates your stress. Rather, it's the self-doubt that bothers you.

pressure 압력
rather 오히려, 차라리
self-doubt 자기 의심
bother 괴롭히다

2013년 6월 고1

934 It wasn't until after 9 a.m. that an airplane started to run down the runway toward the ocean for takeoff.

runway 활주로
ocean 바다
takeoff 이륙

2020년 3월 고1

935 They do, however, show great care for each other, since they view harmony as essential to relationship improvement.

care 돌봄, 조심, 배려
since ~ 때문에, ~ 이래로
view A as B A를 B라고 간주하다
essential 필수적인
improvement 발전

2018년 6월 고1 응용

936 Suddenly, he realized that it wasn't the money but his newfound self-confidence that had enabled him to achieve what he went after.

suddenly 갑자기
realize 깨닫다
newfound 새로 발견한
self-confidence 자신감
enable A to-V A가 ~하게 해주다
go after ~을 추구하다

2012년 11월 고1

937 It was the people in the intuitive group whose ratings predicted whether they were still dating their partner several months later.

intuitive 직관적인
rating 평가
predict 예측하다

2013년 9월 고1

938 It is rather what kind of food people eat for each meal than just increasing the volume of breakfast that plays a more significant role in improving one's health.

rather A than B B라기 보다는 A
volume 양, 용량
play a role in ~하는 데 역할을 하다
significant 중요한
improve 향상시키다

2016년 11월 고1

939 What is it that actually creates those particular fruits? It's the seeds and the roots that create those fruits. It's what's *under the ground* that creates what's above the ground. It's what's *invisible* that creates what's *visible*.

particular 특정한
seed 씨앗
root 뿌리
invisible 보이지 않는
visible 보이는

2015년 6월 고1

940 Thus, if the Germans really do use the proverb, "Morgenstunde hat Gold im Munde" (The morning hour has gold in its mouth) with high frequency, then it does mirror at least to some degree the German attitude towards getting up early.

thus 그러므로
proverb 속담
with high frequency 빈번하게
mirror 반영하다
to some degree 어느 정도까지는
attitude 태도

부정

| 1 | 전체부정

<no, none, nothing, 부정어구 ~ any- 등> 이 포함되어 전체를 부정한다.

None of the students were sleeping. 학생들 중 누구도 자고 있지 않았다.

I have**n't** eaten **anything** for two days. 이틀 동안 아무것도 먹지 않았다.

| 2 | 부분부정

<부정어> 다음에 <전체>를 나타내는 말(all, always, necessarily 등)이 포함되어 있는 경우로,
'모두, 항상, 반드시 ~한 것은 아니다' 등으로 해석한다.

Not all men like soccer. 모든 남자들이 축구를 좋아하는 것은 아니다.

The rich are **not always** happy. 부자들이 항상 행복한 것은 아니다.

Expensive presents are **not necessarily** better. 비싼 선물이 반드시 더 좋은 것은 아니다.

| 3 | 다양한 부정 표현

(1) **few/little** : 거의 없는

There is **little** water in the bottle. 병에 물이 거의 없다.

(2) **hardly, rarely** : 거의 ~할 수 없다

I could **hardly** keep my eyes open because I was so sleepy. 나는 너무 졸려서 눈을 제대로 뜨고 있을 수 없었다.

(3) **not/never A without Ving** : A하면 항상/반드시 ~하다, ~하지 않고는 결코 …하지 않는다

She **never** visits me **without bringing** something to eat. 그녀는 나를 방문할 때면 항상 먹을 것을 가져온다.

(4) **not/never A until B** : B하고 나서야 비로소 A하다

You will **never** be who you want to be, **until** you are happy with who you are. Thomas F. Shubnell

현재의 당신의 모습에 만족하고 나서야 비로소 당신이 되고 싶은 사람이 될 것이다.

(5) **the last + 명사** : 결코 ~하지 않을 명사

He is **the last person** to tell a lie. 그는 결코 거짓말을 할 사람이 아니다.

(6) **no wonder S V** : 주어가 동사하는 것은 당연하다 / 주어가 동사할 만 하구나

No wonder you are angry with him. 당신이 그에게 화가 나는 것은 당연하다. (네가 그에게 화날 만하구나.)

(7) **have nothing to do with** : ~와 관련이 없다

Money **has nothing to do with** happiness. 돈은 행복과 관련이 없다.

2016년 3월 고1

941 Not everything is taught at school!

teach 가르치다 (teach-taught-taught)

2015년 3월 고1

942 I never wake up without being full of ideas.

wake up (잠에서) 깨다

2011년 6월 고1

943 None of your questions are silly or worthless.

silly 어리석은
worthless 가치 없는

2013년 9월 고1

944 The last thing I wanted to do was spend hours in traffic.

traffic 교통(량)

2019년 9월 고1

945 Money and power do not necessarily lead you to success.

power 권력
necessarily 반드시
lead A to B A를 B로 이끌다

946 2014년 3월 고1

My legs were trembling so badly that I could hardly stand still.

trembling 떨리는
stand still 가만히 서 있다

947 2020년 9월 고1

No wonder cell phones take the lead when it comes to "e-waste."

take the lead 선두에 있다
when it comes to ~에 관해서는
e-waste 전자 쓰레기

948 2015년 3월 고1

It is not always easy to eat well when you have a newborn baby.

newborn 갓 태어난, 신생아

949 2021년 9월 고1

Rewarding business success doesn't always have to be done in a material way.

reward 보상하다
material 물질적인

950 2020년 6월 고1

In fact, there have been few studies on the relationships between verbal and nonverbal communication.

in fact 사실
verbal 언어적인
nonverbal 비언어적인
communication 의사소통

2020년 3월 고1

951 You never know what great things will happen to you until you step outside the zone where you feel comfortable.

step outside 밖으로 나가다
zone 구역
comfortable 편안한

2020년 9월 고1

952 It wasn't until that minor detail was revealed — the world is round — that behaviors changed on a massive scale.

minor detail 사소한 사항
reveal 드러나다
round 둥근
on a massive scale
광범위하게, 대대적으로

2011년 9월 고1

953 Many qualified individuals are hesitant to come to Korea, and in many cases it has nothing to do with money or treatment.

qualified 자격이 있는, 능력 있는
be hesitant to-V ~하기를
주저하다
treatment 대우

2020년 3월 고1

954 They also argue that insisting students turn off the TV or radio when doing homework will not necessarily improve their academic performance.

argue 주장하다
insist 주장하다
improve 향상시키다
academic performance 학업
성적

2018년 3월 고1

955 Few people would choose to walk or bike on roadways that lack safe sidewalks or marked bicycle lanes, where vehicles speed by, or where the air is polluted.

lack ~이 부족하다
sidewalk 인도
marked bicycle lane 표시된
자전거 차선
vehicle 탈 것, 자동차
speed by 빨리 지나가다
pollute 오염시키다

강조하고 싶은 말을 문장의 앞으로 보내면 주어와 동사의 순서가 바뀔 때가 있는데, 이렇게 주어와 동사의 순서가 바뀌는 것을 <도치>라고 한다. 또한 관용적으로 도치가 일어나기도 한다.

| 1 | 부정어구에 의한 도치

| 부정어구 | 의문문 어순 (조동사 + S + V) |

└ no, not, never, little, hardly, not only, not until, no sooner 등

Not a single mistake did I find in your report. 나는 너의 보고서에서 단 하나의 실수도 찾지 못했다.

Little does he realize how important this project is. 그는 이 프로젝트가 얼마나 중요한지 거의 인식하지 못한다.

Not until she read the newspaper did she believe what I said.

그녀는 신문을 읽고 나서야 비로소 내가 한 말을 믿었다.

| 2 | only에 의해 수식받는 부사(구/절)에 의한 도치

| Only 부사(구/절) | 의문문 어순 (조동사 + S + V) |

Only after you finish your homework can you play computer games.

너는 숙제를 끝낸 후에야 컴퓨터 게임을 할 수 있다.

| 3 | 장소/시간/방향의 부사(구)나 보어(형용사/분사)에 의한 도치

| 부사(구)/형용사/분사 | V + S |

* 주어는 대명사가 아니어야 한다.

In the backyard is a big apple tree. 뒷마당에 큰 사과나무 한 그루가 있다.

Great was our surprise when we saw the Milky Way. 은하수를 봤을 때 우리의 놀라움은 대단했다.

| 4 | so, neither, nor에 의한 관용적 도치

| so/neither/nor | V + S |

My father is a firefighter and **so am I.** 아빠는 소방관이신데 나도 소방관이다.

I don't like winter and **neither does my sister.** 나는 겨울을 싫어하는데, 언니도 싫어한다.

956 2015년 6월 고1

Beyond the learning zone lies the courage zone.

beyond ~ 너머에
lie 놓여 있다 (lie-lay-lain)
courage 용기
zone 영역, 구역

957 2016년 11월 고1 응용

If no message is left, rarely are phone calls urgent.

urgent 긴급한

958 2017년 11월 고1

Never before had these subjects been considered appropriate for artists.

subject (그림 등의) 대상, 소재
appropriate 적절한

959 2014년 6월 고1

Here lies the reason why natural control is chosen more than pesticide use.

natural control 자연 통제
pesticide 살충제

960 2018년 11월 고1

From plants come chemical compounds that nourish and heal and delight the senses.

chemical compound 화합물
nourish 영양분을 공급하다
heal 치료하다
delight 즐겁게 하다
sense 감각

2014년 11월 고1

961 Deep within the jungle of the southeast Indonesian province of Papua lives the Korowai tribe.

jungle 정글
southeast 남동쪽의
province (행정단위인) 주, 도
tribe 부족

2013년 6월 고1

962 Only after much trial and error do they realize that the eagle call must be used only for eagles.

trial and error 시행착오
eagle 독수리

2013년 11월 고1

963 Only by conceiving what we ourselves would feel in the situation can we understand how they feel.

conceive 상상하다, 마음속에 그려보다

2017년 3월 고1

964 Only recently have humans created various languages and alphabets to symbolize these "picture" messages.

recently 최근에
various 다양한
language 언어
symbolize 기호로 나타내다, 상징하다

2020년 11월 고1

965 Not only did she sell, she also recruited and trained lots of women as sales agents for a share of the profits.

recruit 모집하다
sales agent 판매 대리인
a share of the profits 이익 배당

966 Keep working on one habit long enough, and not only does it become easier, but so do other things as well.

habit 습관

967 Not until I got home and reached for the house key did I realize that I had left my purse on the bench at the bus stop.

reach for 잡으려고 손을 내밀다
purse 지갑

968 And with competence and confidence comes the strength needed to cope with situations that cause frustration and anger.

competence 능력, 유능함
confidence 자신감
strength 힘
cope with ~을 대처하다
frustration 좌절

969 Not only did light turn night into day, but it allowed us to live and work in big buildings that natural light could not enter.

turn A into B A를 B로 바꾸다
natural light 자연광

970 Not only does science fiction help students see scientific principles in action, but it also builds their critical thinking and creative skills.

science fiction 공상 과학 소설
principle 원리
in action 실제로 쓰이는
critical thinking 비판적 사고

971 2017년 11월 고1 As the human capacity to speak developed, so did our ability not only to trick prey and deceive predators but to lie to other humans.

capacity 능력
develop 발달하다
trick 속이다
prey 먹잇감
deceive 속이다
predator 포식자

972 2014년 6월 고1 응용 Gone are the days when the theme-park line was the great equalizer. Those days everybody waited their turns in democratic fashion.

theme-park 테마파크
equalizer 평등 장치
turn 차례
in democratic fashion
민주적인 방식으로

973 2021년 11월 고1 Not only does memory underlie our ability to think at all, it defines the content of our experiences and how we preserve them for years to come.

underlie 기저를 이루다
define 규정하다, 정의하다
content 내용
preserve 보존하다

974 2016년 9월 고1 응용 Those people providing you goods and services are not acting out of generosity and nor is some government agency directing them to satisfy your desires.

generosity 관대함
government agency 정부 기관
satisfy one's desire ~의 욕구를 충족시키다

975 2018년 11월 고1 Some people maintain that not only does social science have no exact laws, but it also has failed to eliminate great social evils such as racial discrimination, crime, poverty, and war.

maintain 주장하다, 유지하다
social science 사회 과학
eliminate 제거하다
social evil 사회악
racial discrimination 인종 차별
poverty 빈곤

UNIT 70 관계대명사의 특별 용법

| 1 | 관계대명사의 이중 수식

(1) 하나의 명사를 두 개의 관계대명사가 수식하는 구조이며, 다음과 같은 구조가 가장 많이 쓰인다.

① 첫 번째 관계대명사는 목적격, 두 번째 관계대명사는 주격

② 목적격인 첫 번째 관계대명사는 주로 생략하며, 주격인 두 번째 관계대명사는 생략할 수 없다.

He gave me **the book he bought** that is really valuable to him.

그는 그가 구입한 (그런데) 그에게는 정말 소중한 책을 나에게 주었다.

(2) **기타 다른 구조**

첫 번째 관계대명사절과 구분을 명확하게 하기 위해 두 번째 관계대명사 앞에 접속사나 콤마(,)를 써주기도 한다.

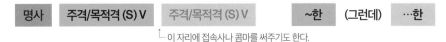

He gave me **the book that was really valuable to him**, which I couldn't buy.

그는 그에게 정말 소중한 (그런데) 내가 살 수 없었던 책을 나에게 주었다.

| 2 | 관계대명사절 내의 <주어 + 동사> 삽입

(1) 주로 <S + think/believe/know/feel/suppose/imagine 등>의 인식 관련 동사가 삽입된다.

(2) 관계대명사 다음에 <주어>가 나오고 <동사> 두 개가 연속해서 나오면 삽입으로 생각하자.

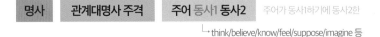

He fears **those who he imagines are** above him. 2011년 6월 고1

그는 그가 생각하기에 자신보다 위에 있는 사람들을 두려워한다.(그는 자신보다 위에 있다고 생각하는 사람들을 두려워한다.)

* We make decisions based on **what we think we know**. 2020년 9월 고1

우리는 우리가 안다고 '생각하는' 것에 기초하여 결정을 한다.

2022년 3월 고1

976 We usually get along best with people who we think are

like us.

get along best with ~와 가장
잘 지내다

2021년 3월 고1

977 Think, for a moment, about something you bought that you

never ended up using.

end up Ving 결국 ~하게 되다

2016년 11월 고1

978 Thus, things you typically encounter that might not usually

trigger fear now do so.

typically 전형적으로
encounter 마주치다
trigger 유발하다
fear 공포, 두려움

2020년 11월 고1

979 Instead, they would have used means to communicate that

they believed others would understand.

instead 대신
means 수단
communicate 의사소통하다

2020년 11월 고1

980 There are some things that we cannot smell but which

some other animals can, and vice versa.

vice versa 반대로도 또한 같음

981 He saw you were interested in boats, and he talked about the things he knew would interest and please you.

interest ~의 관심을 끌다
please 즐겁게 하다

982 As the earth's surface is curved, there is a path that looks curved and hence longer on a flat map, but which is actually shorter.

surface 표면
curved 구부러진
hence 그러므로
flat 편평한, 평평한

983 When the thief had finished collecting as many valuables as he could, he hurriedly tied a knot in the white sheet which he thought was his.

valuables 귀중품
hurriedly 서둘러
tie a knot 매듭을 맺다
sheet 시트, 보자기

984 You will resent the person who you feel you cannot say no to because you no longer have control of your life and of what makes you happy.

resent 분개하다

985 If you continue doing what you think is best when all the evidence and trustworthy people are against you, you're being dangerously confident.

evidence 증거
trustworthy 신뢰할 수 있는
dangerously 위험하게
confident 자신감 있는

2018년 3월 고1

986 There is something else they all had in common that set them apart from the other smart people of their time — their ability to ask questions.

have ~ in common
~을 공통으로 가지고 있다
set apart from ~에서 구별하다

2021년 3월 고1

987 All the things we buy that then just sit there gathering dust are waste — a waste of money, a waste of time, and waste in the sense of pure rubbish.

gather 모으다
dust 먼지
in the sense of ~라는 의미에서
pure 순수한, 순전한
rubbish 쓰레기

2015년 9월 고1

988 They had the players look at a poster with a variety of circles on it and asked them to indicate the circle they felt best represented the size of a softball.

a variety of 다양한
indicate 가리키다
represent 표현하다
softball 소프트볼 공

2019년 3월 고1

989 Most of us have hired many people based on human resources criteria along with some technical and personal information that the boss thought was important.

hire 고용하다
based on ~에 근거하여
human resource criteria 인적 자원 기준
technical 기술적인
personal 개인적인

2019년 9월 고1

990 In an experiment, researchers presented participants with two photos of faces and asked participants to choose the photo that they thought was more attractive, and then handed participants that photo.

experiment 실험
researcher 연구자
present 제시하다
participant 참가자
attractive 매력적인

종합 구문 해석

2020년 11월 고1

991 Animals who were fed and protected by humans did not need many of the skills required by their wild ancestors and lost the parts of the brain related to those capacities.

feed 먹이를 주다
protect 보호하다
require 필요로 하다
ancestor 조상
related to ~와 관련된
capacity 능력

2016년 3월 고1

992 Give children options and allow them to make their own decisions — on how much they would like to eat, whether they want to eat or not, and what they would like to have.

option 선택
allow A to-V A가 ~하도록
허락하다
decision 결정

2018년 3월 고1

993 Near the surface, where the water is clear and there is enough light, it is quite possible for an amateur photographer to take great shots with an inexpensive underwater camera.

surface 표면
quite 꽤, 매우
amateur 아마추어
take a shot 사진을 찍다
inexpensive 저렴한
underwater 수중의

2019년 3월 고1

994 It is often believed that Shakespeare, like most playwrights of his period, did not always write alone, and many of his plays are considered collaborative or were rewritten after their original composition.

playwright 극작가
collaborative 공동의
rewrite 개작하다
original composition 창작

2018년 9월 고1

995 Chances are, if you are including a smiley face in an email for work, the last thing you want is for your co-workers to think that you are so inadequate that they chose not to share information with you.

include 포함시키다
smiley 스마일상
co-worker 동료
inadequate 적합하지 않은
information 정보

2015년 9월 고1

996 Cultures have rarely been completely isolated from outside influence, because throughout human history people have been moving from one place to another, spreading goods and ideas.

completely 완전히
be isolated from ~로부터 고립되다
influence 영향
spread 퍼뜨리다, 전파하다
goods 상품, 제품

2021년 3월 고1

997 But in the real world most people will never have the opportunity either to become all that they are allowed to become, or to need to be restrained from doing everything that is possible for them to do.

opportunity 기회
be restrained from Ving ~하지 못하게 하다

2020년 3월 고1

998 When considering products with material properties, such as clothing or carpeting, consumers like goods they can touch in stores more than products they only see and read about online or in catalogs.

product 제품
material property 물질적 속성
consumer 소비자
catalog 카탈로그

315

2021년 9월 고1

999 It's important that you think independently and fight for what you believe in, but there comes a time when it's wiser to stop fighting for your view and move on to accepting what a trustworthy group of people think is best.

independently 독립적으로
believe in ~을 믿다, 신뢰하다
wise 현명한
accept 받아들이다
trustworthy 신뢰할 수 있는

2021년 11월 고1

1000 Internet activist Eli Pariser noticed how online search algorithms encourage our human tendency to grab hold of everything that confirms the beliefs we already hold, while quietly ignoring information that doesn't match those beliefs.

notice 주목하다, 의식하다
algorithm 알고리즘
tendency 경향
grab hold of ~을 움켜쥐다
confirm 확인해주다
ignore 무시하다
match ~와 일치하다

MEMO

MEMO

MEMO

이것이 THIS IS 시리즈다!

THIS IS GRAMMAR 시리즈

▷ 중·고등 내신에 꼭 등장하는 어법 포인트 분석 및 총정리

강남인강 강의교재

THIS IS READING 시리즈

▷ 다양한 소재의 지문으로 내신 및 수능 완벽 대비

강남인강 강의교재

THIS IS VOCABULARY 시리즈

▷ 주제별로 분류한 교육부 권장 어휘

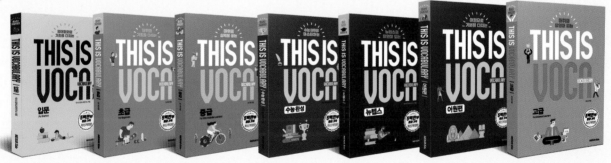

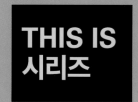

THIS IS 시리즈

무료 MP3 및 부가자료 다운로드
www.nexusbook.com
www.nexusEDU.kr

THIS IS GRAMMAR 시리즈
Starter 1~3　　　영어교육연구소 지음 | 205×265 | 144쪽 | 각 권 12,000원
초·중·고급 1·2　　넥서스영어교육연구소 지음 | 205×265 | 250쪽 내외 | 각 권 12,000원

THIS IS READING 시리즈
Starter 1~3　　　김태연 지음 | 205×265 | 156쪽 | 각 권 12,000원
1·2·3·4　　　　넥서스영어교육연구소 지음 | 205×265 | 192쪽 내외 | 각 권 10,000원~13,000원

THIS IS VOCABULARY 시리즈
입문　　　　　　넥서스영어교육연구소 지음 | 152×225 | 224쪽 | 10,000원
초·중·고급·어원편　권기하 지음 | 152×225 | 180×257 | 344쪽~444쪽 | 10,000원~12,000원
수능 완성　　　　넥서스영어교육연구소 지음 | 152×225 | 280쪽 | 12,000원
뉴텝스　　　　　넥서스 TEPS연구소 지음 | 152×225 | 452쪽 | 13,800원

LEVEL CHART

	초1	초2	초3	초4	초5	초6	중1	중2	중3	고1	고2	고3
VOCA	초등필수 영단어 1·2·3·4·5·6학년용											
					The VOCA + (플러스) 1~7							
			THIS IS VOCABULARY 입문·초급·중급						고급·어원·수능 완성·뉴텝스			
						WORD FOCUS 중등 종합 5000·고등 필수 5000·고등 종합 9500						
Grammar			초등필수 영문법 + 쓰기 1~2									
			OK Grammar 1~4									
			This Is Grammar Starter 1~3									
					This Is Grammar 초급~고급 (각 2권: 총 6권)						
						Grammar 공감 1~3						
						Grammar 101 1~3						
						Grammar Bridge 1~3 (NEW EDITION)						
						The Grammar Starter, 1~3						
						한 권으로 끝내는 필수 구문 1000제						
							구사일생 (구문독해 Basic) 1~2					
							구문독해 204 1~2 (개정판)					
									고난도 구문독해 500			
							그래머 캡처 1~2					
									[특급 단기 특강] 어법어휘 모의고사			

EBS
대표 영어 강사
이정우의
만능 해석 비법

▶ YouTube
무료 동영상 강의

한 권으로 끝내는
필수 구문
1000제

이정우 지음

해석

NEXUS Edu

한 권으로 끝내는
필수 구문
1000제

이정우 지음

해석

001 인생은 출생과 죽음 사이의 선택이다. (태어날 때부터 죽을 때까지 선택의 연속이다.)	**023** 그들의 말이 경청되는 경우에 대부분의 사람들 내면에서 놀라운 뭔가가 일어난다.
002 무한한 기회들이 여러분의 코앞에 있다.	**024** 보통은 공연에 대한 온갖 좋은 것들에 관한 의견이 있을 것이다.
003 우리가 실제로 두 가지 일을 동시에 하고 있을 때 우리의 뇌에서는 무슨 일이 일어나고 있을까?	**025** 공룡 장난감 만들기와 3D 공룡 영화를 보는 것과 같은 아이들을 위한 재미있는 프로그램이 있다.
004 운동과 식이요법은 중요하지만 그것만이 장수의 유일한 비결은 아니다.	**026** 다행히 나는 사고에서 다치지 않았다.
005 수천 명의 사람들이 집을 잃었으며 먹을 것과 옷과 같은 기본적인 생필품이 없다.	**027** 사람들은 미소 짓고 있었고 우호적으로 보였다.
006 그러나 공룡은 한때 실제로 살았다.	**028** 모든 사람은 개가 훌륭한 반려동물이 된다고 알고 있다.
007 여러분 주변에 있는 공기로부터 무엇을 얻는가?	**029** 그녀는 긍정적이었고 최선을 다하려고 노력했다.
008 그는 그 가난한 남자의 감정을 상하게 하고 싶지 않았다.	**030** 사람들은 특별해지고 싶어 하고, 그것은 인간의 일반적인 욕구이다.
009 당신은 쉽게 그것을 할 수 있으며 체육관에 갈 필요가 없다.	**031** 완전히 충전되면, 배터리 표시등이 파란색으로 변합니다.
010 몇 단어로 충분할 때 너무 많은 단어를 사용하지 말고, 간결한 단어로 충분할 때 지나치게 복잡한 단어를 사용하지 말라.	**032** 우리가 혼자일 때, 문제가 해결될 수 없는 것처럼 보일 수 있다.
011 배움의 많은 부분이 시행착오를 거쳐서 일어난다.	**033** 그것이 스펀지와 유사한 것 같기도 한 반면, 그것은 물을 흡수하지는 않는다.
012 이 정책은 장기적으로 효과가 있을 수도 있지만 없을 수도 있다.	**034** 사람들은 자기 동료의 좋은 본보기에 영향을 받게 된다(분발하게 된다).
013 학습은 모든 사람들에게 똑같은 방식으로 일어나지는 않는다.	**035** 상사와의 스트레스가 많은 회의는 배울 수 있는 기회가 된다.
014 당신은 일생동안 지속되는 긍정적인 인격 특성을 계발할 수 있다.	**036** 도둑이 집에 들어왔을 때, 그는 차분하고 침착했다.
015 그러니 결코 포기하지 마라! 당신은 훌륭하고 바로 그것이 중요한 전부이다.	**037** 우리가 더 행복하고 긍정적일 때 우리는 더 성공적이게 된다.
016 스크린(화면)이 여전히 잘 작동하지 않는다.	**038** 동물은 무엇을 기대할지 알고 있을 때, 자신감과 차분함을 더 많이 느낄 수 있다.
017 전송 버튼을 눌러 버리기 전까지는(눌러 버리지 않으면) 어떤 나쁜 일도 일어날 수 없다.	**039** 보상이 꽤 긍정적으로 들리기는 하지만, 그것은 종종 부정적인 결과로 이끌어준다.
018 멋진 앵무새를 가진 한 남자가 Puerto Rico에 살고 있었다.	**040** 그 때, 그는 모든 얼굴이 그가 해야 할 말에 관심이 있어 보임을 알아차렸다.
019 남자와 여자 사이에 근본적인 차이점들이 존재할지도 모른다.	**041** 좋은 시작은 좋은 끝을 만든다. (시작이 좋으면 끝도 좋다.)
020 3시간 이상 진행될(지속될) 프로그램을 위해 옷을 따뜻하게 입으세요.	**042** 우리는 학교 주차장에 자전거를 놓을 수 있다.
021 에스컬레이터를 타는 것 대신에 계단을 오르는 것이 중요하다.	**043** 그 상점은 고객에게 문화 행사를 제공한다.
022 당신이 아이와 음악을 즐길 때 그것들은 문제되지 않는다.	**044** 저는 당신에게 새끼 양들을 안전하게 지켜주는 해결책을 제안하겠습니다.

045 여러분은 종종 어떤 사람의 얼굴을 기억하지만, 그 사람의 이름을 기억하지 못합니다.

046 베개를 바꾸는 것은 당신의 수면 문제를 해결하는 데 도움이 될 수 있다.

047 어느 날 한 가난한 남자가 한 송이의 포도를 왕자에게 선물로 가져왔다.

048 작고 부드러운 공으로 노는 것은 당신과 당신의 개에게 즐거운 경험을 제공해줄 것이다.

049 그는 여러분이 바쁘다는 것을 알고 있으며, 샌드위치를 사 주는 것으로 돕고 싶다고 말한다.

050 책임의 개념을 논할 때, 우리는 책임과 도덕적 책임을 구별할 필요가 있다.

051 그는 항상 화장실을 깨끗하게 유지한다.

052 쿠션은 소파를 더 편안하게 만들어 준다.

053 미국인은 자유를 필수적인 권리로 여긴다.

054 더 적은 양의 물건은 우리의 캠핑을 더 즐겁게 해준다. (물건을 더 적게 가져가면 캠핑이 더 즐겁다)

055 점점 더 많은 사람들이 그것이 꽤 성취감을 주는 일이고 매우 유익한 것으로 생각한다.

056 깜박거림은 눈을 적셔주고 좋은 시력을 위해 앞부분을 깨끗하게 해준다.

057 사람들은 무언가를 소유할 수 없을 때, 그것이 더 매력적이라고 생각하게 된다.

058 동물원의 모든 동물들은 건강을 유지하기 위하여 특별 식단이 필요하고 잘못된 음식물은 동물들을 아프게 할 수 있습니다.

059 할아버지는 우리가 원하는 대로 이름을 불러도 된다고 말씀하셔서, 우리는 그 강아지를 Blaze라고 이름을 부르기로 정했다.

060 요즘에는 많은 스마트폰 소유자들이 대화 중에 Twitter를 확인하면서도 그것이 예의 없다고 여기지 않는다.

061 내 딸은 나에게 이야기를 읽어달라고 계속해서 부탁했다.

062 그녀는 그가 피아노 연주하는 방법을 배우길 원했다.

063 나는 그들이 우리가 체육관에서 연습하는 것을 허락해줄 것이라고 생각하지 않는다.

064 제가 긍정적이 되도록 격려해주신 것에 대해서 감사드립니다.

065 선생님은 학생들에게 이제 깜짝 시험을 준비하라고 말했다.

066 그의 마지막 선수권 대회에서 그의 실수는 그의 팀이 시합에 지게했다.

067 우리가 큰 소리를 내면 그 소리는 물고기를 놀라게 해서 그것들이 헤엄쳐 달아나게 만들 것이다.

068 인공조명은 바다거북이들을 혼란스럽게 하여 그들이 바다에 도착하지 못하고 죽게 만든다.

069 한 연구에서, 연구자들은 학생들에게 10개의 포스터를 아름다운 순서대로 배열하라고 요청했다.

070 전문가들은 사람들에게 "승강기 대신 계단을 이용하거나 직장까지 걷거나 자전거를 타라"라고 조언한다.

071 책을 여러 번 읽는 습관은 사람들로 하여금 그 책과 감정적으로 연결되게 한다.

072 그래서 우리는 여러분께 통조림 제품, 따뜻한 옷, 담요, 그리고 돈을 기부하도록 부탁드립니다.

073 몇 년 전에 나는 두 그룹의 사람들에게 어느 오후 시간을 공원에서 쓰레기를 주우며 보내 달라고 부탁했었다.

074 어른으로서 우리는 아이들이 동물을 존중하고 긍정적인 방식으로 동물과 상호 작용을 할 수 있도록 가르칠 책임이 있다.

075 올해 우리 생일을 위해 선물을 사는 대신 자선단체에 돈을 기부하라고 친구와 가족에게 말하자.

076 저에게 알려주셔서 감사합니다.

077 나는 내가 피아노를 연주하는 것을 엄마가 듣길 원했다.

078 지도자는 어떻게 사람들이 (스스로를) 중요하다고 느끼게 하는가?

079 당신의 아내는 자신의 감정이 먼저 인정되기를 바란다.

080 나는 무엇인가 벽을 따라 천천히 움직이는 소리를 들었다.

081 특수효과는 영화가 보다 사실적으로 보이도록 만든다.

082 TV 설치를 원한다면, 50달러 추가 비용이 있습니다.

083 배가 부르면 사람들은 만족스럽고 더 행복해진다.

084 다양성, 도전, 그리고 갈등은 우리의 상상력을 유지하게 도와준다.

085 집중을 방해하는 것들이 화자의 말을 여러분이 주의 깊게 듣는 것을 방해하게 두지 마라.

086 그녀는 창밖을 내다보고 빗줄기가 서서히 가늘어지기 시작하는 것을 보았다.

087 100명의 대단한 예술가들을 한 방에 불러 똑같은 의자를 그리도록 시켜보아라.

088 여러분이 그들의 생각을 존중한다는 것을 알게 하고, 그들이 자신의 의견을 말하게 하라.

089 14세쯤이 되었을 때 Dunbar는 Dayton Herald에 시를 발표했다.

090 이런 준비가 바로 일이 수행될 수 있게 만드는 그들 자신의 능력에 대한 자신감을 높여 준다.

091 우리는 돈을 벌기 위해 열심히 일하고, 그 돈이 불어나서 우리에게 수익을 가져다주기를 원한다.

092 그가 평소처럼 버스 정류장에 앉아 있었을 때, 자신이 노부인의 옆에 앉아 있는 것을 발견했다.

093 집에 오는 길에, Shirley는 트럭 한 대가 길 건너편 집 앞에 주차된 것을 알아차렸다.

094 Amy가 자신의 이름이 불리는 것을 들었을 때, 그녀는 자리에서 일어나 무대로 나아갔다.

095 오늘날 대부분의 사람들은 사랑니가 다른 치아들을 밀어내거나 염증이 생기기 전에 뽑아버린다.

096 올림픽은 문화 공유의 좋은 기회를 제공한다.

097 여러분은 또한 그 모든 것을 기억하는 부담을 갖지 않을 것이다.

098 그는 과업을 완성하지 못한 채로 남겨두는 것의 효과에 대해 쓰고 있었다.

099 여러분은 속담을 통해 가치를 가르치는 것의 이점을 아시나요?

100 그 편지들은 학부모 상담주간과 같은 학교 행사에 관한 많은 정보를 포함합니다.

101 위 글은 뇌에 있는 뉴런(신경세포)들이 어떻게 작동하는지를 발견하는 어려움에 관한 것이다.

102 미국 문화에서 주된 긴장 중의 하나는 자유와 금지 사이에 있는 긴장이다.

103 인류 역사의 시작부터, 사람들은 세상과 그 세상 속에 있는 그들의 장소에 관하여 질문해 왔다.

104 성공이라는 주제에 관한 가장 광범위한 연구 중의 일부가 George and Alec Gallup에 의해 이루어졌다.

105 우리의 식품 속 미네랄의 감소는 토양에 있는 이로운 박테리아, 지렁이, 그리고 벌레를 죽이는 살충제와 비료를 사용하는 것의 결과이다.

106 우리는 사건을 선택적으로 해석하는 경향이 있다.

107 어떤 행성들은 착륙할 표면조차 가지고 있지 않다.

108 1947년 8월 15일, 인도는 영국의 지배로부터 독립한 나라가 되었다.

109 주제는 당신이 생각하는 것을 사람들에게 전하는 설득력 있는 방법이다.

110 쇼핑객들은 보통 지출할 수 있는 돈의 양이 한정되어 있고, 쇼핑할 수 있는 시간도 한정되어 있다.

111 선사 시대에는 인간들이 오늘날에 직면하는 것과는 다른 어려운 일들을 직면했다.

112 그녀는 숙녀의 교육에 필요한 모든 지식 분야에 능통했다

113 오늘날 세계 인구 대부분은 생존과 번영을 위해 이용 가능한 많은 음식을 가지고 있다.

114 정확한 노출을 만들어 내기 위해 사용할 수 있는 빛이 충분하지 않기 때문에 카메라는 자동으로 플래시를 켠다.

115 각양각색의 외모에서부터 다른 성격, 다른 신념에 이르기까지 이 큰 세상은 흥미롭고 다양한 사람들로 가득 차 있다!

116 당근 주스와 관련된 흥미로운 연구를 생각해 보라.

117 그는 아버지께 자신을 벌해 달라고 요청하는 편지를 썼다.

118 노력과 관련된 다른 어떤 것과 마찬가지로, 연민은 연습이 필요하다.

119 이미지는 간단히 말해 생각과 경험을 보여주는 심상이다.

120 멸종에 이르고 있는 종에게 동물원은 생존을 위한 마지막 기회로 작용할 수 있다.

121 이것은 '적목(赤目) 현상'이라고 불리는 흔한 문제이다.

122 어떤 사람들은 발전소에서 연료를 태움으로써 생산된 전기를 낭비한다.

123 추론은 근거, 사실, 증거를 바탕으로 한 결론이다.

124 많은 논쟁에서 첫 번째로 저지르는 것 중에 하나가 화내는 것이라는 점을 우리 모두 안다.

125　자연계는 예술과 문학에서 사용되는 상징의 풍부한 원천을 제공한다.

126　Elizabeth Catlett은 평생 사회적 부당함으로 고통받는 사람들의 목소리를 대변하는 예술 작품을 창작했다.

127　만약 여러분이 별을 보기에 좋은 장소를 골랐다면, 수천 개의 광채가 나는 보석처럼 빛나고 반짝거리는 별로 가득한 하늘을 보게 될 것이다.

128　날짜와 함께 적혀진 꿈은 목표가 된다. 잘게 나눠진 목표는 계획이 된다. 행동에 의해 뒷받침되는 계획은 꿈을 현실로 만들어준다.

129　한 예가 주머니고양이라고 불리는 작은 호주 동물의 행동을 연구하는 행동 생태학자들에 의해 발견되었다.

130　교통 체증과 주차장 부족에 고심하는 도심 지역을 가진 시 정부는 차량 공유의 늘어나는 인기를 추동하고 있다.

131　여러분은 조지아에서 재배된 목화로 만들어지고 태국의 공장에서 바느질된 옷을 입는다.

132　위 도표는 2016년과 2017년에 5개 지역에서 관광업에 의해 직접적으로 만들어진 일자리의 수를 보여 준다.

133　깃털은 피부 표면 가까이에 있는 신체에 의해 생긴 열을 가두어 새를 따뜻하게 하는 데 도움이 된다.

134　일반적으로 운동 에너지는 운동과 관련 있는 에너지이며 반면에 위치 에너지는 물리계에 '저장되는' 에너지를 나타낸다.

135　한 연구에서 Sarah Pressman과 Sheldon Cohen은 심리학자, 시인, 소설가를 포함한 실험 참가자들의 자서전을 연구했다.

136　결코 위험을 무릅쓰지 못하는 사람은 아무것도 배울 수 없다.

137　여러분의 뇌는 여러분이 반복하는 생각에 의해 형성된다.

138　창의력은 우리가 일반적으로 인간만이 유일하게 가지고 있다고 간주하는 능력이다.

139　우리는 문제를 다른 사람들과 의논할 필요가 있는 사회적 동물이다.

140　나는 최신 휴대전화를 '반드시' 가져야 하는 그런 사람들 중 한 명은 아니다.

141　옛날 옛적에 사냥에 대해 엄청난 열정을 가진 젊은 왕이 살았다.

142　도서관에 갈 시간이 없는 분들에게 문 앞까지 배달해 주는 서비스(택배 서비스)는 매우 편리합니다.

143　우리는 얼굴에 우리의 얼굴을 많은 다른 위치로 움직일 수 있게 해주는 많은 근육을 가지고 있다.

144　비극이 발생할 때 또는 우리가 모든 것을 잃어버릴 때, 우리가 보통 묻는 질문은 "왜?", "왜 나지?", "왜 지금이지?"이다.

145　여러분의 집에서 사용되는 물과 에너지의 양을 줄이는 것은 환경을 위해 여러분이 취할 수 있는 첫 번째 단계이다.

146　사회가 걸인이라고 여길 만한 한 노인이 주차장 건너편에서 다가오고 있었다.

147　아프리카 사람들은 발과 신발에 관하여 다른 문화권에서 발견되는 것과 동일한 믿음과 관습들 가운데 일부를 가지고 있다.

148　소비자들은 온라인이나 카탈로그에서 보고 읽기만 하는 제품보다 상점에서 만져볼 수 있는 제품을 더 좋아한다.

149　우리가 아마도 주의를 기울이거나 관계를 발전시킬 수 있는 사람의 수에 한계가 있다.

150　인간관계에서 발전시킬 수 있는 가장 중요한 기술 중 하나는 다른 사람의 관점에서 사물을 보는 능력이다.

151　머지않은 미래에 신발, 카펫, 칫솔과 같은 일상용품들이 정보를 수집하는 기술을 포함하게 될 것이다.

152　비판이 일으키는 분노는 종업원, 가족 구성원, 친구들을 화나게 만들 수 있고, 문제가 되는 그 상황을 여전히 바로잡지 못할 수도 있다.

153　모순적이게도, 공부할 때 집중할 필요가 가장 큰 학생들이 흔히 주의를 산만하게 하는 가장 많은 것들로 자신을 에워싸는 학생들이다.

154　스포츠 역사상 그리고 우리의 '이기는 것이 전부'인 문화에서, 경쟁한 모든 게임이나 모든 경기 혹은 모든 선수권 대회에서 이긴 사람을 나는 알지 못한다.

155　만일 여러분이 느끼는 실망이 시험공부를 하지 않았기 때문에 통과하지 못한 시험, 면접에서 바보 같은 말을 해서 얻지 못한 일자리, 또는 완전히 잘못된 접근 방법을 택하는 바람에 좋은 인상을 주지 못한 사람과 연관되어 있다면, 이제는 그 일이 '일어나 버렸다'는 것을 받아들여라.

156　그래서 심장이 멎은 환자는 더 이상 사망한 것으로 간주될 수 없다.

157　언어를 배우기 위해서, 유아는 언어가 일어나는 맥락을 파악해야 한다.

158　그녀는 목표가 전 세계 기아를 끝내는 것이었던 "The Hunger Project"를 위해 일하는 중이었다.

5

159 그 결과는 자신들의 직업을 싫어하는 일하는 엄마들의 아이들에게서 스트레스 호르몬의 수치가 훨씬 더 높음을 보여줬다.

160 여러분의 수업 참여를 좌우하는 모든 사람들을 잠시만 생각해 보라.

161 Timothy Wilson은 한 실험을 했고, 그 실험에서 그는 학생들에게 다섯 개의 다른 미술 포스터의 선택권을 주었다.

162 제안된 Pine Hill 산책로가 지나가게 될 그 땅은 다양한 종들의 서식지입니다.

163 이것은 방문하기에 저녁시간이 유일하게 편리한 사람들에게 도서관 서비스가 가능하도록 하기 위한 것이었습니다.

164 연구자들은 해결에는 두 그룹 사이의 협력이 필요한 몇 가지 명백한 비상 상황을 만들었다.

165 두 해 사이에 사용이 증가한 세 가지의 플랫폼 중, 휴대전화가 가장 작은 증가를 보였다.

166 새 토스터를 받으시려면, 귀하의 영수증과 고장 난 토스터를 구매했던 판매인에게 가져가시기만 하면 됩니다.

167 대부분의 경우 소리는 공기를 통해 귀에 도달하지만 공기는 소리가 전달되는 유일한 매개체가 아니다.

168 그는 경영(경제) 사학자였으며 그의 연구는 경영사 그리고 특히 경영관리 연구에 집중되어 왔다.

169 기온과 운동하고 있을 환경 조건에 적절한 의류를 선택하라.

170 비록 프로그램에 직접 참여하지 않았지만 체중을 감량한 배우자를 가진 환자들이 보다 더 큰 성공을 거두었다고 그들은 또한 언급했다.

171 '붉은 성'을 의미하는 알함브라 궁전은 세계에서 가장 아름다운 건물 중 하나이다.

172 식물들은 움직일 수 없고, 이것은 그것들이 그것들을 먹이로 하는 생물체로부터 도망갈 수 없다는 것을 의미한다.

173 우리는 스포츠 경기의 결과를 예측할 수 없고, 이것은 매주 달라진다.

174 그것은 나의 엄마를 생각나게 했는데 엄마는 내가 19살 때 그녀가 돌아가실 때까지 나에게 똑같이 그래주었다.

175 그녀는 Edgar Degas의 작품에 감탄했고 파리에서 그를 만날 수 있었는데, 그것은 큰 영감이 되었다.

176 그녀 옆에 앉아 있었던 Linda는 서명을 하지 않고 Talent Contest의 참가 신청서를 넘겼다.

177 유아용 비디오의 전형인 빠른 장면 변화와 밝은 색상은 아기의 주의력의 정상적인 발달에 부정적인 영향을 미칠 수 있다.

178 그녀는 여러 사람들과 함께 캠퍼스 근처에 살고 있었는데 그들 중 누구도 서로를 알지는 못했다

179 핀란드 영화 제작자 Timo Vuorensola는 원작이 Star Trek인 자신의 영화, Star Wreck에 대한 아이디어를 생각해 냈다.

180 소수 집단의 개인들은 다수 집단의 개인들과 많은 마주침을 가지며, 각각의 마주침은 이러한 반응을 유발할지도 모른다.

181 과학의 영역에는 종종 많은 불확실성이 존재하며 일반 대중은 그것을 불편하다고 느낀다.

182 플라스틱은 매우 느리게 분해되고 물에 떠다니는 경향이 있는데, 이는 플라스틱을 해류를 따라 수천 마일을 돌아다니게 한다.

183 세계화는 전 세계적인 두뇌 유출을 초래했는데, 그것은 국가가 최고로 잘 교육받은 일꾼들을 잃는 상황을 일컫는다.

184 매일 당신은 당신이 즐기는 제품과 서비스를 제공해 주는 많은 사람들에게 의존하는데 그들 중 대부분은 당신이 알지 못하는 사람들이다.

185 선수의 실수에 초점을 맞추는 유능하지 않은 코치와 달리, 유능한 코치는 선수들이 성공적인 경기를 상상하도록 격려함으로써 그들이 향상되도록 돕는다.

186 그러한 경제적, 정치적 변화가 그 나라에서는 일어나지 않았으며, 1990년대에는 1인당 국민소득이 한국의 약 15분의 1 정도였다.

187 사실, 우리가 오늘날 사용하고 있는 모든 석탄, 천연가스, 그리고 석유는 수백만 년 전에 온 태양에너지일 뿐이며, 그것의 극히 일부분만이 지하 깊은 곳에 보존되어 있었다.

188 그것은 동시에 새로운 사이버 부족들에게 목소리와 조직력을 부여해 왔고, 이들 중 일부는 자신의 시간을 월드 와이드 웹(World Wide Web)에서 비난과 분열을 퍼뜨리는 데 시간을 보낸다.

189 더 깊은 곳에서는 - 그곳은 어둡고 차갑다 - 사진술이 신비로운 심해의 세계를 탐험하는 주요한 방법이며, 그곳의 95%는 예전에는 전혀 볼 수 없었다.

190 연구에 따르면 만일 사람의 신체에 물이 부족하면 그의 뇌는 뇌의 수축효과를 가지고 있는 코티솔이라 불리는 호르몬을 배출하는데 그것이 기억력을 감퇴시킨다.

191 개가 인간의 가장 친한 친구인 이유가 있다.

192 우리 모두가 서로 협력하는 세상을 상상해봐라.

193 그것은 우리가 여섯 번째 감각(육감)을 무시할 수 없는 이유 중 하나이다.

194 그 사진은 부모님과 내가 할아버지의 아파트를 방문하곤 했던 때를 생각나게 한다.

195 당신이 실패한 이유를 아는 것은 다음번에 성공할 기회를 늘리는 데 도움이 될 것이다.

196 아기가 얼굴을 좋아하는 것 같은 하나의 이유는 진화라고 불리는 것 때문이다.

197 만약 당신이 외국에 있다면, 영어는 당신이 말하는 방식과 다소 다를 수 있다.

198 우리가 살고 있는 문화는 가장 널리 스며있는 방식으로 우리가 생각하고, 느끼고, 행동하는 방식을 형성한다.

199 우리가 의사소통하는 방식은 강하고 건강한 공동체를 만드는 우리의 능력에 영향을 미친다.

200 인생과 스포츠는 중요하고 어려운 결정이 내려져야 하는 많은 상황들을 제시한다.

201 개가 (직장에) 있는 날과 없는 날의 지각된 스트레스의 차이는 상당히 컸다.

202 사람과 동물은 기본적으로 같은 음식을 먹지만, 유일한 차이는 우리가 식사를 준비하는 방식이다.

203 여러분이 관대하다고 느낄 때도 있지만 그저 방해받고 싶지 않은 그런 때도 있다.

204 예를 들어 한 남자가 그의 결혼기념일을 잊어버린 난처한 상황에 놓여 있다고 상상해 보자.

205 야생 동물은 개발로부터의 압력에 직면해 있고, 이 동물들은 인간 활동으로부터 숨을 수 있는 공간이 필요합니다.

206 유아기의 가장 초기부터, 놀이는 아이들이 세상과 그 안에서의 그들의 위치에 대해 배우는 방식이다.

207 연구자들은 이것이 유럽에서의 치아부식이 미국에서보다 더 흔한 이유 중 하나라고 말한다.

208 우리의 경험과 다른 이들의 이야기로부터 우리는 사람들이 행동하고 상황이 작동하는 방식에 관해 일반화하는 경향이 있다.

209 집은 안식처와 모이는 장소를 제공하면서, 그것은 또한 우리가 우리의 감정을 표현하거나 우리의 삶에 있어서 가장 중요하고 의미 있는 일들 중 일부를 즐길 수 있는 안전한 장소이다.

210 뭔가 새로운 것을 배우고자 하는 대부분의 상황에서, 특히 어릴 때는, 그것을 여러 차례 들어야 그것이 지식의 일부가 된다는 것을 우리는 깨달아야 한다.

211 방안에 게시판이 비치되어 있다면 중요한 메모를 그곳에 핀으로 꽂아 놓을 수 있을 것이다.

212 23살 때 Coleman은 시카고로 이사했고 그곳에서 비행 수업을 위한 돈을 벌기 위해 식당에서 일했다.

213 그 후, 그녀는 Washington D.C.에 있는 관공서에서 근무했고, 단지 여자이기 때문에 해고당했다.

214 그는 자신의 고등학교 신문의 사진 기자가 되어, 십대 시절에 사진에 대한 열정을 키웠다.

215 전자상거래는 곧 오늘날의 거대 산업으로 눈덩이처럼 불어났고 그곳에서 여러분은 화장실 휴지부터 자동차까지 모든 것을 온라인으로 살 수 있다.

216 우리가 목표를 세울 때, 우리는 그것에 대해 매우 흥분한다.

217 그의 주위의 모든 사람들은 그의 사려 깊음에 감동 받았다.

218 그는 문을 열었을 때 자신이 본 것에 충격을 받았다.

219 주변에 있던 그 왕자의 가까운 친구들은 매우 놀랐다.

220 Boole은 기호 형태로 인간 사고방식의 작용을 표현하는 것에 매우 관심이 있었다.

221 Angela가 어렸을 때, 그녀는 그녀의 노력에도 불구하고 그녀의 성취에 항상 실망했었다.

222 Anna의 답안지를 읽은 후에, 선생님은 감동받았고 그녀의 모든 학생들도 매우 감동받았다.

223 이것은 매우 혼란스러울 수 있는데 그 이유는 언제 만지고 언제 만지지 말아야 하는지를 강조할 필요가 있을 수도 있기 때문이다.

224 여러분이 세우는 어떤 목표든 달성하기 어려울 것이고, 여러분은 분명히 도중에 어느 시점에서 실망하게 될 것이다.

225 실험에 따르면, 무엇을 선택할 지에 대해 더 신중하게 생각했던 사람들은 자신들의 선택에 대해 덜 만족스러워 했다.

226 그(노인)가 James에게 할 말이 있었기 때문에 노인은 James에게 더 가까이 와 줄 것을 청했다.

227 이 수업을 시작하기 위해, 저희는 지금 저희가 가지고 있는 것보다 더 많은 악기가 필요합니다.

228 그의 이야기는 항상 아이인 우리가 곤경에서 벗어나기 위해 우리의 머리를 쓰도록 돕는 데에 목표를 두었다.

229 그녀가 전화기를 되찾은 후 나는 그녀를 지나치던 어떤 사람이 "오늘 운이 좋은 날이군요!"라고 말하는 것을 들었다.

230 사람들은 구매를 계획할 때 온라인 고객 평점과 후기를 중요하게 고려했다.

231 용기 있는 것에 대해 여러분의 마음을 바꿀 만한 충고를 하나 하겠다.

232 저희 회사의 핵심 비전 '인류애를 고양하자'를 가장 잘 반영한 로고를 제작해주시기를 요청합니다.

233 의심은 긍정적인 경험, 중립적인 경험, 그리고 심지어 진짜로 부정적인 경험을 더 부정적으로 보게 한다.

234 개가 예민한 코로 곤충의 서식처를 찾아내면, 사람들은 그 곤충과 곤충의 서식처를 제거할 수 있다.

235 여러분을 미소 짓게 만드는 온갖 사건들은 여러분이 행복감을 느끼게 하고, 여러분의 뇌에서 기분을 좋게 만들어주는 화학물질을 생산해내도록 한다.

236 뛰지 않기로 선택하는 것은 지는 것이다.

237 내 꿈속에서 나는 뛰기 시작하고 싶었지만 그럴 수 없었다.

238 당신이 해야 하는 모든 것은 친절한 사람들을 당신 가까운 곳에 두는 것이다.

239 가난한 나라를 돕는 것은 매우 중요하지만 간단하지 않다.

240 적을 멸망시키는 최선의 방법은 그를 친구로 만드는 것이다.

241 여러분의 애완동물의 특별한 욕구를 인식하고 그것을 존중해 주는 것이 중요하다.

242 현대의 남자들은 외모에 많은 시간과 돈을 소비하는 경향이 있다.

243 따라서 건강한 삶을 위해 먹는 음식의 양을 조절하는 것은 필수적이다.

244 George Orwell이 "코앞에 있는 것을 보려면 끊임없는 노력이 필요하다."라고 썼다.

245 에너지 사용을 줄이는 또 다른 간단한 방법은 당신이 방을 나갈 때 불을 끄는 것이다.

246 그것을 하는 한 가지 쉬운 방법은 여러분의 화의 근원으로부터 여러분 자신을 '지리적으로' 떼어놓는 것이다.

247 아이가 화를 낼 때, 아이를 진정시키는 가장 쉽고 가장 빠른 방법은 음식을 주는 것이다.

248 철학에서 논증의 개념을 이해하는 가장 좋은 방법은 의견과 대조하는 것이다.

249 위험을 무릅쓴다는 것은 언젠가 성공할 것이라는 것을 의미하지만 위험을 전혀 무릅쓰지 않는 것은 결코 성공하지 못할 것임을 의미한다.

250 당신이 자신의 꿈에 대한 지지를 받기 위해서 할 수 있는 최선의 것들 중 하나는 다른 사람의 꿈을 먼저 지지해 주는 것이다.

251 나는 온라인으로 표를 사는 방법을 모른다.

252 오직 여러분만이 그 비용을 감수할지 말지를 결정할 수 있다.

253 학급 친구들과 좋은 관계를 유지하는 방법을 말해줘.

254 우리가 결정해야 하는 것은 우리에게 주어진 시간으로 무엇을 할 것인가 그 뿐이다.

255 태어났을 때 호흡하는 법을 아는 것은 내재적 기억이다.

256 편집자들은 누구를 포함시키고 누구를 제외할지에 대해서 어려운 결정을 해야 한다.

257 그들은 어디에 살고, 무엇을 먹고, 어떤 제품을 사서 사용할지는 결정할 수가 없었다.

258 상점과 식당의 직원들은 고객들이 누구에게 도움을 요청해야 하는지 알 수 있도록 종종 유니폼을 입는다.

259 예를 들어, 그들은 다른 사람들과 경쟁하고 협력하는 방식, 이끌고 따르는 방식, 결정하는 방식 등을 배운다.

260 오늘날 마케팅 산업의 한 가지 실질적 관심사는 리모컨과 이동 통신 수단의 시대에 방송 광고 노출 전쟁에서 어떻게 승리하는가이다.

261 다행히, 전화기를 고치는 것은 비싸지 않았다.

262 지지해 주는 것은 종종 지지를 받는 최선의 방법이다.

263 우리 모두는 환경을 돌볼 책임이 있다.

264 그 버스 정류장에 도착하자마자 나는 미친 듯이 내 지갑을 찾기 시작했다.

265 당신은 늘이고, 비틀고, 구부리고, 눌러서 재료의 모양을 바꿀 수 있다.

266	너무 빨리 너무 많은 것을 하려는 것은 아예 안하는 것보다 더 나쁘다.
267	사람들이 우울할 때, 그들의 문제를 회상하는 것은 상황을 악화시킨다.
268	사실 확인이라는 간단한 행위는 잘못된 정보가 우리의 생각을 형성하는 것을 막아준다.
269	따라서 처음에는 불편한 것을 피하고자 하는 당신의 본능을 극복하는 것이 필요하다.
270	목표에 지나치게 집중하는 것은 당신이 원하는 것을 성취하지 못하도록 방해할 수 있다.
271	여러분의 진짜 감정을 억누르고 화가 나지 않은 척하는 것은 나중에 상황을 더 악화시킬 뿐입니다.
272	내가 아주 어렸을 때, 공룡과 용의 차이를 구별하는 데 어려움이 있었다.
273	지적 겸손이란 여러분이 인간이고 여러분이 가진 지식에 한계가 있다는 것을 인정하는 것이다.
274	다른 사람의 언어로 의사소통하려고 노력하는 것은 그 사람에 대한 존중을 보여준다.
275	관심이 다른 친구들을 갖는 것은 삶을 흥미롭게 하는데, 그냥 서로에게서 배울 수 있는 것에 대해 생각해 보라.
276	한편, 1퍼센트 발전하는 것은 특별히 눈에 띄지는 않지만, 장기적으로는 훨씬 더 의미가 있을 수 있다.
277	아마도 대부분의 투자자들이 투자를 처음 시작할 때 저지르는 가장 큰 실수는 손실을 보고 공황상태에 빠지는 것이다.
278	여러분이 보내는 비언어적인 메시지에 주의를 기울이는 것은 학생들과 여러분의 관계에 중요한 차이를 만들 수 있다.
279	Anna의 소박한 옷차림을 보고, 그녀가 작은 마을 출신이라는 것을 알자마자, 교실의 어떤 학생들은 그녀를 놀리기 시작했다.
280	예를 들면, 만약 당신의 칫솔이 폐암의 조짐을 감지하면 당신의 호흡을 분석하고 의사와의 진료 약속을 예약할 수 있을 것이다.
281	당신을 위해 선물 포장하는 것을 끝냈다.
282	너는 인터넷 검색하는 것을 그만두는 것이 좋겠어.
283	그는 다른 접근법을 시도하기로 결심했다.
284	학교 행사에 자주 참여하도록 노력하세요.

285	나는 휴대폰 배터리를 충전해야 하는 것을 잊었다.
286	나는 계속해서 기침을 했는데 누구도 신경 쓰이게 하고 싶지는 않았다.
287	그래서 우리는 계속 인터넷에서 답을 검색한다.
288	편안함을 주는 곳을 벗어나서 새로운 일을 시도하라.
289	집 밖으로 나가지 않고 새로운 책 읽기를 즐길 수 있습니다.
290	아침 식사를 거를 때, 여러분은 연료 없이 운행하려는 자동차와 같다.
291	꿈을 글로 적을 때 여러분은 그것을 실행하기 시작하는 것이다.
292	나는 한 개인이 퍼뜨린 소문에 관해 읽은 기억이 난다.
293	왜 어떤 사람들은 그들의 건강에 대한 진실을 알 것을 선택하고 다른 사람들은 거부하는가?
294	그 날 저녁 Toby가 캠프로 돌아왔을 때 그는 커다란 슬픈 눈을 가진 그 어린 소년에 대한 생각을 멈출 수 없었다.
295	아마도 어릴 때 당신이 야구공으로 차고의 창문을 깼을 때 당신은 어머니에게 갔던 것을 기억할 것이다.
296	우리 모두는 어린이들이 어른들로부터 배운다는 것을 알고 있다.
297	누구도 자신이 평균이거나 평균 이하라고 생각하기를 좋아하지 않는다.
298	그들이 중요하다는 것을 보여줄 수 있는 가장 분명한 방법은 시간을 내는 것이다.
299	현실은 대부분의 사람은 평생 아무리 많은 교육을 받아도 지나치지 않을 거라는 것이다.
300	Arthur 삼촌의 한 가지 멋진 점은 그가 항상 야영하기에 가장 좋은 장소를 고를 수 있다는 것이었다.
301	대부분의 전문가들이 여덟 시간의 수면이 이상적이라고 말하는 반면에 사실 그것은 전적으로 당신이 어떻게 느끼느냐에 달려있다.
302	기억해야 할 점은 때로는 논쟁에서 상대방은 여러분을 화나게 하려고 한다는 것이다.
303	우리는 결정의 질은 결정을 내리는 데 들어간 시간과 노력과 직접적인 관계가 있다고 생각한다.
304	누군가를 직접 만났을 때, 신체 언어 전문가들은 미소 짓는 것은 자신감과 친밀감을 드러낼 수 있다고 말한다.

305 그들은 미국의 부자들을 조사해서 그들이 부자일 수 있는 비결은 검소한 소비라는 것을 알아냈다.

306 책을 읽지 않는 아이들의 가장 큰 불만은 그들에게 흥미를 일으키는 어떤 읽을거리도 그들이 찾을 수 없다는 것이다.

307 그들은 인종, 종교, 성별 그리고 정치적인 신념과 상관없이 모든 인간은 의학적 치료를 받을 권리가 있다고 믿었다.

308 나는 그들에게 사람들이 자신들의 지역 공원을 돌보게 하는 가장 좋은 방법을 조사하기 위한 실험에 참가하는 것이라고 말했다.

309 사람들은 일란성 쌍둥이는 똑같이 생겼고, 똑같은 옷을 입고, 좋아하고 싫어하는 것이 같은 모든 면에서 정확히 똑같다고 생각한다.

310 자료의 내용은 알지 못할 때조차도, 학생들이 알고 있다고 생각하는 주된 이유 중 하나는 친숙함을 이해하는 것으로 착각하기 때문이다.

311 개는 당신이 그들을 좋아하는지 아닌지를 알 수 있다.

312 저는 당신의 주문이 취소될 수 있는지 없는지 확인해 보겠습니다.

313 내가 그에게 오늘 오후에 그 방이 이용 가능한지 물어볼게.

314 그렇다면, 나는 그 동아리에 가입할 수 있는지 가서 확인하는 것이 낫겠다.

315 컵이 절반이나 비었는지 절반이나 차 있는지는 여러분의 관점에 달려있다.

316 한 문화가 다른 문화보다 나은지를 결정하는 방법을 알기는 어렵다.

317 내가 어질러진 방에서 지내는 것을 좋아하느냐 아니냐는 전적으로 다른 문제였다.

318 그러므로 무언가가 옳은지 또는 그른지를 판단하는 것은 개별 사회의 신념에 근거한다.

319 상황이 우리의 의심을 활성화하는지 여부에 따라 그것은 우리 각각에게 저마다 다른 방식으로 스트레스를 준다.

320 어떤 사람이 기업가가 되느냐 되지 않느냐 하는 것은 환경, 인생 경험, 그리고 개인적인 선택에 달려있다.

321 추측하는 대신에 과학자들은 그들의 생각이 사실인지 거짓인지 증명하도록 고안된 체계를 따른다.

322 청중의 피드백은 흔히 청중들이 연사의 생각을 이해하고, 관심을 갖고, 받아들일 준비가 되었는지를 보여 준다.

323 이러한 상황에서 우리가 성공할 것인가 실패할 것인가는 개개인이 이성적이고 지적인지 아닌지의 문제인 것으로 판명된다.

324 나는 글로벌 매니지먼트 컨설턴트인 Kenichi Ohmae에게 한 회사가 성공할지에 대해 그가 알아차릴 수 있는지를 물었다.

325 주저함을 버리고 당신이 음악적으로 재능이 있는지 혹은 노래를 할 수 있고 악기를 연주할 수 있는지에 대한 걱정들을 모두 잊어라.

326 이것이 우리에게 말해주는 것은 말이 중요하다는 것이다.

327 결말은 내가 예상했던 것과 다르다.

328 필요한 것은 자녀들과 함께하는 적극적인 참여이다.

329 그는 그림을 잘 그릴 수 없었기 때문에, 화가를 고용하여 자신이 설명하는 것을 그림으로 그리게 했다.

330 호기심은 우리가 바라보는 것에 가치를 더하는 한 방법이다.

331 선택적인 지각은 우리에게 두드러져 보이는 것에 기반을 둔다.

332 그것이 Newton과 여타 과학자들을 매우 유명하게 만든 것이다.

333 당신과 당신의 배우자가 필요로 하는 것은 대화를 나눌 수 있는 양질의 시간이다.

334 작은 승리나 사소한 패배로 시작한 것은 쌓여서 훨씬 더 큰 무언가가 된다.

335 정말로 독특한 것은 이 정기적인 회의들로부터 나오는 아이디어의 질이다.

336 하지만, 정말로 Erik의 등반을 믿을 수 없게 한 것은 그가 시각 장애인이라는 사실이다.

337 그는 그녀가 늦는 것이 만찬을 놓치게 되는 원인이 되었다는 것을 알려주었다.

338 그것은 내가 많은 시간과 노력을 쏟는 것이었고 일 외에 가장 많이 하는 것이었다.

339 그것은 사람들이 필요로 하는 것, 좋아하는 것 그리고 되고자 열망하는 것에 대한 접근성을 제공해 준다.

340 그들의 실질적 자유는 사실 그들이 선택하는 것을 할 수 있는 수단과 능력을 갖추고 있는가에 달려 있다.

341 많은 사람은 과거의 실패에 근거하여 미래에 일어날 수 있는 일들에 대해 생각하고 그것에 사로잡힌다.

342 당신이 어질러 놓는 룸메이트와 살아야 한다면, 당신이 할 수 있는 일은 룸메이트를 위해 절대로 청소를 하지 않는 것이다.

343 그들이 선택을 하는 데 있어 어려움을 겪는 이유는 그들이 원하는 것이 그들이 해야 할 일과 관련이 없다고 믿기 때문이다.

344 여러분이 쓴 글에는 잘못 쓴 철자, 사실의 오류, 무례한 말, 명백한 거짓말이 있을 수 있지만, 그것은 문제가 되지 않는다.

345 그것은 또한 우리가 하는 것이 옳다고 믿지만, 그것이 의도된 방식으로 해석되지 않는 답답한 상황을 낳을 수도 있다.

346 좋은 소식은, 결국 10년 후에 여러분이 있게 될 곳이 여러분에게 달려 있다는 것이다.

347 떠나기 전에, 토착 주민들이 어떻게 옷을 입고 일하고 먹는지를 조사하라.

348 당신이 뚱뚱하건 날씬하건, 당신이 어떻게 생각하는가가 당신의 삶을 행복하게 해줄 수 있다.

349 Einstein 박사는 "나는 내가 누구인지 안다네. 내가 모르는 것은 내가 어디로 가는가 하는 것이라네."라고 말했다.

350 "아니오"라고 말하고 왜 당신이 이번에는 도와줄 수 없는지를 설명하는 것이 "네"라고 말하고 후회하는 것보다 낫다.

351 그것은 자전거를 수년 동안 타지 않고서도 여전히 자전거 타는 법을 알고 있는 이유이다.

352 사람들은 달이 무엇으로 만들어졌는지, 얼마나 큰지 그리고 얼마나 멀리 떨어져 있는지 궁금해 했다.

353 이때가 우리가 감염을 통제할 수 있도록 약을 처방해 줄 수 있는 의사에게 진찰 받는 것이 필요한 때이다.

354 우리들 중 많은 사람들이 왜 우리가 습관적으로 하던 것을 하고 생각하던 것을 생각하는지에 대한 고찰 없이 삶을 살아간다.

355 이 나이테는 그 나무의 나이가 몇 살인지, 그 나무가 매해 살아오는 동안 날씨가 어떠했는지를 우리에게 말해줄 수 있다.

356 사람들은 당신이 말하고 행동했던 것을 기억할 수도 혹은 기억하지 않을 수도 있지만, 그들은 항상 당신이 그들을 어떻게 느끼도록 했는지는 기억할 것이다.

357 어느 누구든 내릴 수 있는 가장 필수적인 선택 중 하나는 시간을 어떻게 투자하느냐이지만 시간을 어떻게 투자하는지는 우리가 단독으로 내릴 결정이 아니다.

358 왜 소비자들이 리얼리티 TV를 계속 보는가는 소비자 행동 연구자들이 대답하는 데 관심이 있는 질문의 한 유형이다.

359 그러나 최근의 연구는 당신의 조상이 도시에 살았는지 아니면 시골에 살았는지가 전염병에 대한 저항력에 영향을 미칠 수도 있다는 것을 제시한다.

360 걸어서 농장으로 돌아가는 길에 그녀는 왜 백인들은 온갖 종류의 좋은 것들을 가지고 있으며, 무엇보다도, 왜 그들은 읽을 줄 아는데 흑인들은 읽을 줄 모르는지 의아해했다.

361 평소에 그 왕자는 자신이 가지고 있는 어떤 것이든 다른 사람들과 나눴다.

362 조화가 방해받자마자 우리는 그것을 복구하기 위해 할 수 있는 무엇이든지 한다.

363 그는 그들에게 자신이 받은 것은 무엇이든지 권하고 그들은 그것을 함께 먹곤 했다.

364 상담원은 (상담) 의뢰인에게 그들을 괴롭히고 있는 그 어떤 것과도 약간의 감정적 거리를 두라고 자주 충고한다.

365 그들은 바로 인접한 주변 환경에서 자연이 무엇을 제공하든 그것에 의존하여 살아간다.

366 신뢰할 수 있는 집단의 결론이 여러분이 생각하는 어떤 것보다 더 나을 수도 있다.

367 영화에서 (관객의) 집중을 얻기는 쉽다. 감독은 자신이 관객으로 하여금 바라보기를 원하는 어떤 것에든 단지 카메라를 향하게 하면 된다.

368 화나 있는 아이에게 음식을 주는 것은 손과 입으로 할 수 있는 무언가를 아이에게 제공하여, 화나게 하고 있는 것이 무엇이든 그것으로부터 아이의 주의를 옮겨 가게 한다.

369 할머니는 미소를 지으며, "이것을 기억하면, 네가 무엇을 하든 그 일에서 성공할 것이다. 평생 안전한 선택을 한다면 너는 결코 성장하지 못할 것이다." 라고 말씀하셨다.

370 소비자들은 한 회사와 그곳의 제품, 경쟁사, 유통 체계 그리고 무엇보다도 그 회사의 제품과 서비스에 관해 이야기할 때의 진정성에 대해 그들이 알고 싶어 하는 것은 무엇이든 인터넷을 통해 보통 알 수 있었다.

371 사람들이 이런 형태의 터무니없는 말에 얼마나 자주 의존하는지는 놀라운 일이다.

372 삶에서 나중보다 이른 시기에 실수를 저지르는 것이 더 낫다.

373 당신이 차, 커피, 청바지 혹은 전화기를 사고 싶어 하는가의 여부는 중요하지 않다.

374 하지만 건강을 유지하기 위해 가능한 한 많은 물을 마시는 것이 필요하다.

375 택시나 지하철을 기다리는 것보다 몇 블록을 걷는 것은 흔히 더 수월하고 비용이 덜 든다.

376 그것이 사실이든 아니든, 우리가 모든 사람과 진정한 친구가 될 수 있는 것은 아니라고 가정하는 것이 안전하다.

377 학생들이 사전 지식을 생산적으로 이용할 수 있게, 사전 지식을 활성화하도록 도와주는 것이 중요하다.

378 더 낮은 속도에서의 충돌이 사망 또는 중상을 덜 초래할 것 같다는 것은 분명하다.

379 사춘기가 되기 전, 아이들이 역기 운동을 통해 십대나 성인이 얻을 것과 같은 근육을 얻지 못하는 것이 사실이다.

380 남을 탓하거나 누구에게 잘못이 있는가를 결정하는 데 많은 노력을 기울이는 것은 시간과 에너지 낭비이다.

381 크리스마스에 자신의 가족과 떨어져서 아들의 결혼식 행사에 참석하지 못하는 자신을 발견하는 것은 그녀에게 편치 않은 일이었다.

382 사람들이 식품이 어떻게 생산되는지 의문을 가질 때, 라벨이 "정보를 얻을 수 있는" 곳이 되고 있다는 것은 놀랄 일이 아니다.

383 수세기 동안 사람들은 커피를 마셔왔지만, 단지 어디서 커피가 유래했는지 혹은 누가 그것을 처음 발견했는지는 분명하지 않다.

384 간단히 말하면, 우리 자신을 다른 사회의 영향을 받지 않는 단일 사회의 구성원이라고 간주하는 것은, 불가능하다고 할 수는 없지만, 점점 더 어려워지고 있는 중이다.

385 비록 음식에 대한 우리 평가의 일부가 음식의 시각적 외관인 것은 분명하지만, 어떻게 시각적인 입력 정보가 맛과 냄새에 우선할 수 있는가는 놀라울 것이다.

386 커피를 쏟다니 넌 참 부주의하다.

387 우리는 당신이 제작한 의상을 입고 있는 자신의 사진 한 장만을 받습니다.

388 당신이 머릿속에서 보게 되는 이미지는 당신이 공을 떨어뜨리는 이미지이다!

389 여러분이 직장에서 자신의 효율성을 평가하는 가장 빠른 방법은 무엇인가?

390 의료센터가 증가하고 있는 이러한 건강 안전 이슈를 해결하는 것이 매우 중요하다.

391 그저 학생에게 어려운 텍스트를 제공하는 것으로는 학습이 일어나기에 충분하지 않다.

392 인간이 AI와 경쟁하는 대신에, 그들은 AI를 정비하고 활용하는 것에 집중할 수 있다.

393 경영자로서 음식을 효과적으로 사용하는 비결은 그것이 계획된 행사가 되게 하지 않는 것이다.

394 최근까지, 자전거가 최고급이라고 여겨지기 위해서는 많은 기어를 가져야 했다.

395 무대 불안을 줄이기 위해 연사가 자신의 원고를 암기하는 것이 중요하다.

396 여러분은 가장 친한 친구를 아주 많이 믿어서 그 친구가 여러분을 너무 잘 알고 있다는 것에 대해 걱정하지 않을 것이다.

397 부모인 우리가 고통스럽거나 어려운 일로부터 우리의 아이들을 보호하고 싶어 하는 것은 당연하다.

398 만일 내가 잘 아는 누군가가 행복해지면 내가 행복해질 가능성이 15% 정도 증가할 것이다.

399 우리는 우리가 행복하기 위해서 그리고 우리의 삶이 좋아지기 위해서 우리 외부의 무언가가 마법같이 일어나기를 희망한다.

400 만약 언어 놀이가 결과를 만들어내기 위해 어른들이 사용하는 또 다른 교육적 수단이 된다면, 그것은 본질을 잃게 된다.

401 십대들은 피곤하고 하루에 8시간에서 9시간의 수면이 필요하더라도, 자정 전에 자는 것은 어렵다.

402 따라서 바다 속에서 문어를 보면 색을 확인하라, 비록 당신이 문어를 보게 될 기회는 거의 없겠지만.

403 과거에는 그 섬의 사람들이 다른 세상 사람들과 의사소통하는 것은 어려웠지만, 지금 그들은 전화기와 인터넷이 있다.

404 그들은 만약 자신들이 여러분의 침착함을 잃게 한다면 여러분은 어리석게 들리는 말을 할 것이며, 그저 화를 내고 그러면 여러분이 그 논쟁에서 이기는 것은 불가능할 것이란 것을 안다.

405 그 결과, 아버지가 잔디 깎기처럼 내가 싫어했던 허드렛일을 돌보라고 계속 나에게 잔소리한 것을 제외하고는 내가 어렸을 때 우리는 많은 관계를 가지지 못했다.

406 내가 장갑을 뜨개질 하는 데 오랜 시간이 걸렸다.

407 많은 사람들은 운동이 고통스러워야 한다는 생각에 동의하는 것 같다.

408 그의 행색으로 보아, 그는 집도 돈도 없어 보였다.

409 당신은 건강을 향상시키기 위해 그 가게로 걸어가는 것이 더 좋을 것 같다.

410 그녀가 줄기와 잎이 있는 꽃을 그리는 데 대략 5개월이 걸렸다.

411 재미있는 것은 그 새들은 정상적으로 필요로 하는 것보다 25% 더 많은 견과를 숨긴다는 것이다.

412 특별한 얼굴이건 아니건, 그 얼굴을 정확하게 기억해내는 데 많은 노력이 들지 않는다.

413 우리가 상실한 것을 슬퍼하는 것은 자연스러운 것이고, 상실로 인한 공허함을 메우는 데는 시간이 걸린다.

414 우리는 흔히 작은 변화들이 당장은 크게 중요한 것 같지 않아서 그것들을 무시한다.

415 전형적으로 단지 몇 개의 빛 파장만 있는 인공조명이 분위기에 미치는 효과는 햇빛(이 미치는 효과)과 똑같지 않을 수 있다.

416 그녀는 Ashley 선생님이 그렇게 했던 이유에 대해 생각해보는 것이 흥미롭다고 생각한다.

417 당신은 다음 사람이 복사기를 사용하는 것을 더 쉽게 만들 수 있다.

418 나의 실질적인 관심사는 언제든지 어떤 제품이라도 배달하는 것을 가능하게 하는 것이다.

419 문어체는 더 복잡한데 이것은 읽는 것을 더욱 수고롭게 만든다.

420 Rosa는 우리의 행복이 그녀에게도 중요하다는 것을 분명히 밝혀 주었다.

421 기술로 인하여 성급한 반응으로 상황을 악화시키는 것이 더 쉬워졌다.

422 변화의 느린 속도는 또한 나쁜 습관을 버리기 어렵게 만든다.

423 돛은 바다를 통해서만 갈 수 있는 나라들과 무역하는 것을 가능하게 했다.

424 만약 선진국이 가난한 나라에 식량을 준다면, 그 나라의 현지 농부들은 내다 팔 식량을 생산하는 데 어려움을 겪을 것이다.

425 이 학생들은 개인 침실을 제외하고는 어디에서도 공부하는 것이 매우 어렵다는 것을 알게 된 집중에 방해가 되는 것들의 희생자였다.

426 그들은 수십 명의 사람들로부터 소식을 듣게 되기 때문에 당신과 당신의 메시지를 기억할 시간을 내는 것이 훨씬 더 어려울 것이다.

427 그들은 다른 사람들이 제시하는 것을 존중한다는 것을 분명히 하기 때문에 다른 사람들에게 호감을 사고 존경받는 경향이 있다.

428 구매자가 경쟁사로 가게 하는 것보다는 불평하게 하는 것이 회사에게는 더 나은 일이기 때문에, 불만족한 고객들이 불평하는 것을 더 쉽게 만드는 것이 중요하다.

429 일부 아프리카 국가들은 자국민들을 먹여 살리거나 안전한 식수를 공급하는 데 어려움을 겪고 있음에도 불구하고 귀한 물은 유럽 시장에 수출하는 작물을 생산하는 데 사용된다.

430 FOBO 혹은 더 나은 선택에 대한 두려움은 더 나은 어떤 것이 생길 것이라는 불안감인데, 이것은 결정을 내릴 때 기존의 선택지에 전념하는 것을 탐탁지 않게 한다.

431 당신이 사는 것은 당신이 그것을 사용하지 않으면 낭비이다.

432 배터리를 완전히 충전하는 데 90분이 소요됩니다.

433 시간이 흐르면서 그가 양쪽에서 모두 잘할 수 없다는 것이 명확해졌다.

434 당신이 어떤 일을 맡는다는 것은 그것과 동반하는 책임을 지는 것을 의미한다.

435 어떤 사람이 하루를 어떻게 접근하는가는 그 사람의 다른 모든 부분에 영향을 끼친다.

436 마음을 산만하게 하는 것들이 너무 많이 있을 때, 공부에 전념하는 것은 힘들 수 있다.

437 이것이 사실이라고 생각할만한 분명한 근거가 없는 것처럼 보이지만, 그것은 아마도 그럴 것이다.

438 결론은 뇌가 더 행복해지도록 우리가 습관을 의도적으로 만들 수 있다는 것이다.

439 일부 사람들에게 주의를 기울이고 다른 사람들에게 그렇게 하지 않는 것이 여러분이 남을 무시하고 있다거나 거만하게 굴고 있다는 것을 의미하지는 않는다.

440 인터넷은 소비자들이 제품, 경험 그리고 가치를 다른 소비자들과 쉽고 빠르게 비교할 수 있는 장(場)을 열었다.

441 나는 다른 심판들이 내가 했던 것에 대해 어떻게 생각할지 궁금하다.

442 당신은 얼마나 많이 얼마나 자주 운동해야 할지를 조절할 수 있다.

443 모든 청중은 웃고 있는 모습을 보여주지 않으려고 애썼다.

444 삶에서, 어떤 것이든 과도하면 이롭지 않다고 한다.

445 우리가 일반적으로 믿는 바와 달리, 우리 행동의 일부는 자동적으로 일어난다.

446 예를 들어, 여러분은 새로운 직장 생활을 6월에 시작하든지 7월에 시작하든지 신경 쓰지 않을 수도 있다.

447 당신은 실험을 수행한 그 과학자나 그룹이 한쪽으로 치우치지 않았는지 역시 물어야 한다.

448 망치나 페인트 붓을 쥐고 시간을 기부함으로써, 여러분은 공사를 도울 수 있습니다.

449 예를 들어, 현대 아이슬란드인은 중세 시대의 아이슬란드 영웅 전설을 읽는 것을 매우 어렵다고 생각하지 않는다.

450 한 영국 과학자는 사과가 나무에서 떨어지는 것을 보고 갑자기 무엇이 달과 행성들을 그들의 궤도에 머물게 하는지 이해하게 된다.

451 그것이 결혼 생활에서 처음 부부 싸움을 한 뒤에 우리가 한 일이었다.

452 피로와 고통은 당신에게 당신의 몸이 위험에 처해 있다는 것을 말해주는 것이다.

453 그녀는 그녀가 해야 하는 것을 알지만 그녀가 모든 것을 기억하는 것은 쉽지 않다.

454 한쪽으로 치우치지 않음은 당신이 실험의 결과로 특별한 이익을 얻지 않는다는 것을 의미한다.

455 많은 사람들은 벌을 키우는 데 있어 시골에 있는 넓은 정원이 필요하다고 생각한다.

456 우리 사회는 젊은이 중심의 문화, 즉 새롭고 현재 유행하고 있는 것이 가장 가치 있음을 가정하는 문화이다.

457 그 결과, 저는 당신의 제안을 고려할 추가적인 일주일을 주는 것을 당신이 고려하실 수 있는지 묻고 싶습니다.

458 다른 이들이 우정에 관해 무엇이라 말했는지를 읽어내는 것은 흥미롭지만, 가장 중요한 것은 "친구"라는 단어를 들을 때 당신이 무엇을 떠올리는가이다.

459 이러한 활동들의 목표 중 하나는 저희가 뉴스 미디어의 다양한 유형과 인쇄된 신문 기사에 사용된 언어를 인식하게 만드는 것입니다.

460 이것이 의미하는 것은 여러분이 감사, 휴식 또는 자신감을 불러일으키는 경험을 반복함으로써 더 감사하고 편안하고 또는 자신감을 갖도록 여러분의 뇌를 실제로 훈련시킬 수 있다는 것이다.

461 식사를 거르는 것은 건강에 나쁘다.

462 다음 주부터 귀하는 마케팅부에서 일하게 될 것입니다.

463 도서관이 아주 조용하지 않으면 공부할 수 없는 학생들도 있었다.

464 40피트 정도의 물속에서 혼자 잠수하고 있었을 때, 나는 배가 몹시 아팠다.

465 Jasper와 Mary는 학교밴드 경연대회를 위해 록음악 밴드를 구성하려고 한다.

466 비록 비가 내리는 중이었고 방은 비가 새고 있었지만 75명의 사람들이 그녀를 기다리고 있었다.

467 그 행사에서, 우리는 우리 식당이 곧 제공할 새로운 멋진 음식들을 소개할 것입니다.

468 만약 여러분이 문에 Eco 카드를 걸어두시면, 우리는 여러분의 침대 시트와 베갯잇 그리고 잠옷을 교체하지 않을 것입니다.

469 예를 들어, 나이테는 온화하고 습한 해에는 (폭이) 더 넓어지고 춥고 건조한 해에는 더 좁아진다.

470 모두가 군중 속에서 주위를 둘러보던 중 한 노인이 일어나서 떨리는 목소리로 "내가 그와의 경기에 참가하겠소."라고 말했다.

471 반대로 유럽은 정치적 통일에 결코 근접한 적이 없었다.

472 요즘 차량 공유 운동이 전 세계적으로 나타났다.

473 마케팅 담당자들은 당신이 먼저 보는 것을 산다는 것을 수십 년 동안 알고 있었다.

474 어떤 사람들은 자연재해나 전쟁 때문에 집을 잃었다.

475 여러분은 아마도 '첫인상이 매우 중요하다'라는 표현을 들어본 적이 있을 것이다.

476 나는 이러한 관심에 감사하지 않는 사람을 본 적이 없다.

477 역사가와 같은 직업은 드문 직업이고, 이것이 아마 여러분이 역사가를 만나 본 적이 없는 이유가 된다.

478 그 소녀의 가족은 그들의 작은 집을 따뜻하게 하는 데 필요한 장작을 다 써 버렸다.

479 당신은 배경이 겨울로 설정된 영화가 어떻게 여름에 촬영되는지 궁금해해 본 적이 있는가?

480 당신은 아마도 당신의 주위를 둘러보고 모든 사람들이 독특하고 다르다는 것을 알아차렸을 것이다.

481 영원히 사는 것을 의미하는 영생은 많은 사람들에게 있어 도달할 수 없는 야망이었다.

482 아무것도 하지 않으려고 하는 것처럼 보이는 사람들은 단지 어떠한 것을 할 충분히 좋은 이유를 찾지 못했을 뿐이다.

483 개가 달리다가 방향을 바꿀 때 왜 넘어지지 않는지 궁금해 본 적이 있는가?

484 당신은 측정 기준으로 당신의 발을 사용하여 방의 길이를 재어 본 적이 있는가?

485 자궁 속에 있는 아기들은 엄마가 먹어왔던 것을 맛보고, 기억하고, 그에 대한 선호를 형성한다.

486 당신은 라디오에서 (처음에는) 마음에 들지 않다가 (나중에) 당신의 마음을 끌기 시작한 노래를 들어 본 적이 있는가?

487 이러한 순환은 생명이 수백만 년 동안 우리 지구에서 번창해 왔던 근본적인 이유이다.

488 줄무늬를 지님으로써 얼룩말이 얻을 수 있는 것이 무엇인지에 대한 이 질문은 과학자들을 1세기가 넘도록 곤혹스럽게 했다.

489 당신이 미소를 관찰했는데 그것이 진짜가 아니라고 느낄 수 있는 경우가 있었다.

490 지난 20년간의 엘리베이터의 발전은 아마도 우리가 높은 건물에서 봐 왔던 가장 큰 발전이다.

491 우리 모두는 우리가 무엇을 하고 있는지에 대한 인식 없이 어린 시절부터 이런 종류의 문제들을 해결해왔다.

492 인류 역사의 시작부터, 사람들은 세상과 그 세상 속에 있는 그들의 장소에 관하여 질문해 왔다.

493 귀하는 불과 3주 전에 구입한 토스터가 작동하지 않는다고 저희 회사에 불평하는 편지를 쓰셨습니다.

494 연구는 카페인이 두통을 치료하기 위해 진통제와 함께 사용할 때 효과적이라는 것을 일관적으로 보여주었다.

495 내가 여러 해에 걸쳐 방대한 장서를 모아왔던 이유들 중의 하나는 책이 도움을 청할 수 있는 훌륭한 자료이기 때문이다.

496 동물에게 있어 놀이는 오랫동안 미래 생존에 필요한 기술과 행동을 학습하고 연마하는 방식으로 여겨져 왔다.

497 예를 들어, 만약 당신이 8시간 동안 프로젝트 작업을 하고 있지만 그것을 단지 6시간처럼 느낀다면, 당신은 일을 계속 할 수 있는 더 많은 에너지를 얻게 될 것이다.

498 누군가가 여러분을 도왔지만, 어쩌면 여러분이 부탁한 것을 모두 다 하지는 않았을 때, 그 사람이 하지 않은 것이 아니라 그 사람이 한 일에 초점을 두라.

499 여러분께서 모두 텔레비전과 신문에서 사진을 보아서 아시는 바와 같이, 중앙아메리카가 일련의 허리케인에 의해 심하게 피해를 당했습니다.

500 무리를 지은 개미와 늑대는 한 마리의 개미나 늑대가 전혀 할 수 없는 일을 할 수 있고, 우리 인간은 서로 협력함으로써 지구의 지배적인 종이 되었다.

501 나의 이웃 사람 중 누구도 그녀를 보지 못했다.

502 그는 동물도 역시 상실의 고통을 느낀다는 것을 전혀 몰랐었다.

503 그는 그 스피커를 반값에 구매했기 때문에 들떠 있었다.

504 Victoria라는 이름의 열네 살 소녀는 항상 노래하는 것을 좋아했다.

505 지난주 그녀는 정말 열심히 연습했지만 나아지지 않은 듯 보였다.

506 전투기 조종사로서 그는 누가 그의 낙하산을 포장했는지에 대해 생각조차 하지 않았던 것을 깨달았다.

507 그날 밤 Nat King Cole이 노래한 방식의 Mona Lisa를 들어본 사람은 아무도 없었다.

508 그들 모두는 성공이 운이나 특별한 재능 때문에 그들에게 그저 일어난 어떤 것이 아니라는 것에 동의했다.

509 당신은 독자들의 수동성을 피하면서도 흥미롭고 사람들을 생각하게 만드는 글을 쓰게 될 것이다.

510 만약 여러분이 과학 뉴스에 관심을 가진다면, 여러분은 동물들 사이의 협동이 대중 매체에서 뜨거운 화제가 되어 왔다는 것을 알아차리게 될 것이다.

511 나는 엄마가 나에게 휴대폰을 사 주지 않았고 나의 선물이 겨우 작은 책이라는 것을 서서히 깨달았으며 그것은 내가 원했던 것과는 너무 달랐다.

512 몇 년 전 일요일 저녁 우리는 오랫동안 매주 해오던 대로 New York City에서 Princeton까지 운전하고 있었다.

513 계속해서 그녀는 얼마나 많은 학급 친구들이 그녀를 바보라고 불러대며 그녀를 놀려댔는지, 그리고 그녀가 어떠한 도움도 찾지 못했을 때 어떤 느낌이었는지를 내게 말했다.

514 비록 단기적으로 그것이 성과를 높인다고 할지라도, 논의되는 선행을 돈으로 보상하는 잘못된 방식을 주입함으로써 그 감사 편지를 위한 유인책은 실패하게 될 것이다.

515 이 낯선 사람들의 친절함 덕분에 집을 떠나 공부할 결심에 대해서 가졌던 처음의 의구심이 희망과 흥분으로 바뀌었다.

516 거의 모든 주요 스포츠 활동은 공을 갖고 행해진다.

517 우리의 2백만 년 역사는 어려움과 갈등으로 가득 차 있다.

518 예를 들어 뱀은 일부 문화에서는 존경의 대상이고 다른 문화에서는 증오를 받는다.

519 사람들은 자신들이 쉽게 얻을 수 없는 사람이나 사물에 이끌린다.

520 그녀의 어린 시절은 아버지의 역사적 지식에 크게 영향을 받았다.

521 모든 생산된 물품으로부터 나오는 돈은 다른 물품을 사는 데 사용된다.

522 누군가가 또 다른 개인을 평가하는 데 단지 몇 초만 걸린다는 것이 밝혀져 왔다.

523 그 파란색 전등은 결코 범죄를 줄이기 위해 설계되진 않았지만, 그것은 정확히 범죄를 예방하고 있는 것처럼 보였다.

524 저는 Boulder 시에서 태어나고 자랐으며 평생 동안 우리의 경치 좋은 자연 공간을 누려왔습니다.

525 모든 인간은 다른 사람들에 대한 부정확한 추측을 하도록 이끄는 무의식적인 편견에 의해 영향을 받는다.

526 고대 아테네에서 플라톤의 추종자들이 어느 날 모여서 다음과 같은 질문을 스스로에게 했다고 한다. "인간이란 무엇인가?"

527 최고의 영양 전문가들에 의하면 많은 영양소가 보충제 대신에 자연식품으로부터 섭취되었을 때 신체에 의해 더 잘 흡수되고 사용된다.

528 내가 학교를 졸업하자 곧 일자리를 제안 받았다.

529 그는 Royal Society에서 수학으로 금메달을 받았다.

530 그녀가 11살이었을 때 그녀는 Wright 형제가 그들의 첫 비행을 했다는 것을 들었다.

531 한 그룹에는 그들이 보낸 시간에 대해 후하게 보수가 지급되었지만, 다른 그룹에는 단지 적은 액수의 현금이 지급되었다.

532 신생아와 유아가 흔들림에 의해 편안해지는데, 이런 움직임이 자궁 안에서 그들이 경험했던 것과 유사하기 때문이라고 우리는 종종 듣는다.

533 실험 대상자들은 지능검사에서 자신이 낮은 점수를 받았다고 들었을 때, 그들은 지능검사의 타당도를 비판하는 기사를 읽기로 선택한다.

534 그가 한번은 그의 나이의 사람이 어떻게 세상을 계속 돌아다니며 사업을 하고 정부의 정상들을 만날 수 있는 에너지를 가질 수 있는지 질문을 받았다.

535 그러나 나는 그 배터리가 더 이상 만들어지지 않고, 최신 휴대전화에 더 새로운 기술과 더 나은 기능들이 있기 때문에 그 휴대전화는 더 이상 제조되지 않는다고 듣게 된다.

536 다이어트를 하는 사람들은 흔히 젓가락으로 식사를 하라는 얘기를 듣는다.

537 참가자들은 외부의 도움을 받는 것이 허용되지 않습니다.

538 우리는 종종 말보다 행동에 더 많은 가치를 두도록 배운다.

539 어쨌든, 자신감은 자주 긍정적인 특성으로 여겨진다.

540 Mae C. Jemison은 1987년에 최초의 흑인 여성 우주 비행사로 임명되었다.

541 그 검진 이전에 몇 명의 참여자들은 그들 자신에 대해 좋은 감정을 느끼도록 만들어졌다.

542 하이킹 참가자는 편안한 하이킹 신발이나 부츠를 착용해야하고 자신의 점심 식사를 가져와야 합니다.

543 캠프에 참여하려면 학생들은 디자인 프로젝트에 관한 사전 경험이 반드시 필요합니다.

544 그는 아버지의 사업이 실패한 후 16세의 나이에 학교를 그만두게 되었다.

545 많은 소비자들은 상품이 시장에서 구입 가능하다는 것을 알게 된 후에야 상품을 구매한다.

546 Adélie 펭귄들이 먹이를 찾아 물가를 향해 큰 무리를 지어 거니는 것이 종종 발견된다.

547 타인에게 의존하지 않고 자신을 관리하는 능력을 가지는 것이 모든 사람에게 요구되는 것으로 간주되었다.

548 내가 나의 강아지를 훈련시키기 위해 사용하는 기법은 '행동 포착'이라 불리는데 이는 일반적인 훈련 방법과 다르다.

549 수학 성취 평가를 보기 전 기분이 좋아진 학생들은 그들의 중립적인 (기분의) 또래들보다 훨씬 더 잘한다.

550 이런 경향은 여성은 가족을 돌보도록 권장 받고, 남성은 경쟁적인 직업 환경에서 성공하도록 권장 받는 사회화 과정의 결과물일지 모른다.

551 어디에서 오디션이 개최되고 있나요?

552 어린이들은 성인과 함께 와야 합니다.

553 그의 연구는 국제적으로 인정받아 왔다.

554 아이들은 자연 환경으로부터 단절되고 있다.

555 등록은 프로그램 시작 최소 2일 전까지 해야 합니다.

556 언어 기능들은 다른 기능들과 마찬가지로 연습을 통해서만 습득될 수 있다.

557 낮은 속도에서는 높은 속도에서보다 적은 연료가 소비된다는 것이 증명되어왔다.

558 사람들은 자신이 관찰되고 있다고 느낄 때 더 정직해지는 경향이 있다.

559 이전에 모르는 파트너에게 도움을 받은 적이 있는 쥐는 다른 쥐들을 돕는 경향이 더 높았다.

560 4월 16일에 학교 강당에서 열리는 특별 발표회에 당신이 초대되었습니다.

561 좋은 보살핌을 제공하는 것의 가장 중요한 측면 중에 한 가지는 반드시 동물의 욕구가 일관되게 그리고 예측 가능하게 충족되도록 하는 것이다.

562 1976년에 호텔을 개업한 이래로 우리는 에너지 소비와 낭비를 줄임으로써 우리 지구를 보호하는 것에 헌신해 왔습니다.

563 범죄 현장에 남겨진 DNA는 범인들을 기소하고 잘못 고소된 사람들을 풀어주기 위해 법정에서 증거로 사용되어왔다.

564 연구에 따르면 '정직 상자'에 사람들이 지불했던 금액은 어떤 이미지가 그들로 하여금 자신들이 관찰되고 있다고 느끼게 했을 때 증가했다.

565 비록 악기를 잡고 연주하는 정확한 방법이 대체로 있다고 해도 우선적으로 가장 중요한 가르침은 악기가 장난감이 아니라는 것과 악기를 관리해야 한다는 것이다.

566 사람들은 중요한 존재로 대접받기를 원한다.

567 예를 들어 한 이야기는 큰 개에게 쫓기고 있던 한 남자에 관한 것이었다.

568 하지만, 상어에 의해 공격을 받을 실질적인 가능성은 아주 낮다.

569 그는 그날 이후 다시는 결코 야생 동물을 사냥하지 않겠다고 약속했다.

570 여섯 가지 전형적인 꿈 가운데, '(무언가에) 쫓기는 것'이 응답 빈도수가 가장 높았다.

571 유사한 과정이 인간에게 나타났는데, 그들은 늑대에 의해 길들여진 것으로 보인다.

572 만약 우리가 다른 사람들을 대접받고 싶은 만큼 대접한다면 우리는 보답으로 잘 대접받게 될 것이다.

573 이 작은 조각들은 다양한 동물에게 먹혀 먹이 사슬 속으로 들어간다고 알려져 있다.

574 사람들은 시스템을 속이는 모습이 관찰되기를 원치 않는다는 것을 나타내는 것 같다.

575 평균적으로, OECD 국가들은 GDP의 8.8%를 건강 관리에 지출한 것으로 추정되었다.

576 우리의 직계 조상의 기초를 세운 인구는 2,000명이 넘는 것으로 생각되지는 않는다.

577 Amy는 자신의 학교에서 다섯 명의 최우수 의대 졸업생 중 한 명으로 호명되어 매우 기뻤다.

578 어떤 일을 할 수 있도록 법적으로 허용되는 것과 실제로 그것을 해 버릴 수 있는 것을 구별하는 것은 중요하다.

579 만약 여러분이 사람들의 행동을 수정하기를 원한다면, 변할 때의 이익을 강조하는 것과 변하지 않을 때의 비용을 강조하는 것 중 어느 것이 더 좋을까?

580 동시에 그들은 어떻게 동물과 상호 작용하는지를 배울 필요가 있고 가장 중요한 것은 언제 그 동물을 혼자 있게 해 주어야 하는지를 배울 필요가 있다.

581 벌금이 100달러일 때, 부유한 어느 도보 여행자가 그 금액이 공원 바깥으로 빈 깡통을 들고 나올 필요가 없는 편리함의 가치가 있다는 결정을 내린다고 가정해 보라.

582 먹이 사슬은 식물 안에 있는 에너지원으로부터 먹고 먹히는 반복되는 과정 속에서 일련의 유기체를 통해 일련의 식품 에너지가 이동하는 것을 의미한다.

583 흑인이라는 이유로 Carnegie Institute of Technology로부터 입학을 거절당한 이후, Catlett은 Howard 대학에서 디자인과 소묘를 공부했다.

584 5분 안에, 모든 달걀이 발견된 것 같았고 아이들은 찾은 것을 엄마에게 보여주기 위해 출발선으로 돌아오고 있었다.

585 도용과 복제로부터 당신의 원곡을 보호하기 위하여, 예술가로서 당신이 만든 작품을 등록하여 다른 사람이 사용할 수 있도록 허가해줄 수 있고, 다른 사람에게 당신의 작품을 사용할 권리를 팔 수 있다.

586 친구들, 심지어 가장 친한 친구도 꼭 같을 필요는 없다.

587 그는 자신이 모든 것에 대해서 완벽할 필요가 없다는 사실을 깨달았다.

588 배터리가 완전히 충전될 때조차 한 시간 이상 지속되지 않을 것이다.

589 두 가지 일을 동시에 할 수는 있지만, 두 가지 일에 동시에 효과적으로 집중할 수는 없다.

590 여러분은 자신의 가장 멋진 사진을 공유함으로써 Camptonville 의 자연의 아름다움을 보여 줄 수 있습니다!

591 많은 작가들은 과학 논문이 더 과학적으로 보이도록 하기 위해 복잡한 말을 써야 한다고 느낀다.

592 사고의 가능성을 줄이기 위해서 안전 규칙을 엄격하게 지켜야 한다.

593 학생들은 그들의 사전 지식을 새로운 학습 상황에 자발적으로 관련짓지 못 할 수도 있다.

594 이 연구 결과에 의하면 지나친 보상을 주는 것이 그 일을 하는 사람의 태도에 부정적 영향을 줄 수 있다는 것을 보여 주는 것 같다.

595 그러므로 충분한 음식을 제공받고 있을지라도 음식이 언제 (눈에) 보일지 모르고 일관된 일정을 알 수 없는 동물은 괴로움을 겪을지도 모른다.

596 우리는 두뇌가 결코 변하지 않는다고 생각하곤 했다.

597 나는 설거지를 하느니 차라리 집 청소를 하겠다.

598 당신은 아프리카로의 여행을 미리 계획하는 것이 좋겠다.

599 편지는 사람들이 메시지를 보낼 때 쓰는 보통의 방법이었다.

600 거절은 너무 고통스러워서 많은 사람들은 요청하고 거절당할 위험을 감수하기보다는 차라리 아예 무언가를 요청하지 않으려 한다.

601 그 결과 사람들은 다음번 식사의 가능성이 확실치 않았기 때문에 음식이 있을 때 더 많이 먹곤 했다.

602 Susan이 어렸을 때, Ashley 선생님은 그녀의 학생들에게 우유를 많이 마시도록 권하곤 했다.

603 대부분의 아이들은 대중적인 판본으로 출판되어진 고전을 읽는 것에 익숙해져 있으나, 그것들은 흔히 원본과의 유사성이 떨어진다.

604 각 부족이 도구, 옷, 장난감, 주거, 음식을 만드는 데 사용한 각종 재료들은 주변에서 발견된 것에 달려 있었다.

605 현재 휴대전화는 환자들과 의사들을 연결시켜 주고, 약품의 유통을 모니터하고 지역에서는 이용할 수 없는 기본적인 건강 정보를 공유하는 데 사용되고 있다.

606 당신은 그것을 더 잘 할 수도 있었어요.

607 최소한 당신은 미안하다고 말했어야 했어요.

608 그는 당신에게 알려줘야 한다는 것을 잊어버렸음에 틀림없다.

609 당신은 예약을 취소했어야 합니다.

610 그것은 그를 낙담시켜서 그의 업무 수행에 부정적인 영향을 미쳤음에 틀림없다.

611 나는 그녀의 웃음을 그 방치된 유모차를 가져가라는 허락으로 받아들였음에 틀림없다.

612 네가 지금까지 해 온 모든 것이 이 순간을 위해 널 준비시켰을 것이다.

613 당신의 아내는 만족해하는 것 같지 않고, 당신은 어떤 말을 더 할 수 있었는지 의아해하게 된다.

614 귀하의 추천서가 장학금 위원회로 하여금 저의 가치를 믿어 보도록 설득했음에 틀림없습니다.

615 동시에, 이 원시 호미닌(인간의 조상으로 분류되는 종족)들은 단순히 무작위적인 소리를 내거나 몸짓을 하지는 않았을 것이다.

616 공기 오염에 관한 당신의 최근 기사는 Fresno에서 살 수 없다는 인상을 주었을 것 같고, 이는 사실과 다릅니다.

617 하지만 1800년대 초반에는, 같은 양의 조명에 대해 오늘날 지불하고 있는 것의 400배만큼의 비용이 들었을 것이다.

618 우리가 고대 조상들의 생존 기술 중 일부를 잃어버렸을지도 모르지만, 새로운 기술이 필요해지면서 우리는 새로운 기술을 배웠다.

619 와, 엔진, 브레이크, 점화플러그, 바퀴, 그리고 모든 것들이 어떻게 함께 작동하는지를 이해하다니 그는 진정한 천재였음에 틀림없어요!

620 메시지를 확인하려고 휴대폰을 집어 들지 않았으므로 잘했다고 느꼈을지 모르지만, 확인하지 않은 여러분의 메시지는 여전히 맞은편에 앉아 있는 사람과의 관계를 상하게 하고 있었다.

621 나는 어둠 속에서 성냥을 찾아서 그것을 켜려고 했으나 불이 붙지 않았다.

622 사실상 가치 있는 것은 어떤 것이든 우리가 실패나 거절당할 위험을 무릅쓸 것을 요구한다.

623 나는 완전히 들떴는데 왜냐하면 곧 새로운 휴대폰으로 소통할 것이기 때문이었다!

624 예를 들면, 스웨덴 법은 모든 마을마다 적어도 두 개의 신문들이 발행되어야만 한다고 요구하고 있다.

625 그 훌륭한 의사는 채소나 달걀, 심지어는 "감사합니다"라는 간단한 인사말을 진료비로 받곤 했다.

626 당신의 아이의 지능과 재능을 칭찬하는 것은 그의 자존감을 높이고 그에게 동기를 부여하는 것처럼 보일지도 모른다.

627 저희가 젊고 다른 어느 곳으로 갈 돈이 없었을 때, 저희는 거의 매일 그 곳을 걷곤 했습니다.

628 이것은 타인의 외모와 옷으로 그들을 범주화하고 분류하는 성향의 한 근간일지 모른다.

629 만약 아이가 보여주려고 하는 것을 쳐다보지도 않고 "그것 좋은데." 라고 말하면 그것은 아이의 자존감에 영향을 미칠 수 있다

630 우주선은 긴 여행에서 생존에 필요한 충분한 공기, 물, 그리고 다른 물자를 운반할 필요가 있을 것이다.

631 히포크라테스는 친척 중 누군가가 비슷한 질병을 앓았었는지를 알아보기 위해 가족 병력에 대해 물어보곤 했다.

632 만약 이 관점이 옳다면, 우리는 문화적으로 친숙하지 않은 음악에 표현된 감정을 이해하는 데 분명 어려움이 있을 것이다.

633 우리는 너무 길거나 불필요한 정보를 포함한 메시지로, 읽는 사람에게 부담을 주지 않을 것을 제안한다.

634 20년 전에 플라스틱과 유리로 만들어진 상자 하나가 수백만 명의 예절을 망쳐버릴 것이라고 생각했겠는가?

635 "지난 몇 개월은 참 힘든 시기였죠, 그렇죠?" 혹은 "당신이 외로움을 느끼고 있는 것처럼 들려요."라고 말하는 것이 더 적절할 것이다.

636 의사가 당신에게 이제 살 수 있는 날이 6개월뿐이고, 이제껏 하고 싶었던 모든 일을 해보라고 권했다고 가정해 보자.

637 여러분이 자신의 파이 한 조각을 간절히 얻고 싶을 때, 다른 사람들이 그들의 파이 한 조각을 얻을 수 있도록 그들에게 도움을 주는 데 여러분이 왜 관심을 기울이겠는가?

638 항상 진실을 듣는 것 ("너 지금 몇 년 전보다 훨씬 더 나이 들어 보인다.")이 사람의 자신감과 자존감을 해칠 수 있다.

639 예를 들어, 어떤 사람이 물 한 병을 구입했다고 하자. 그러나 플라스틱 병의 위험성에 대한 기사를 읽고 난 후, 다음 날에는 똑같은 물병을 멀리 할 수도 있다.

640 예를 들어, 미용 제품을 판매하는 회사는 여성 신발을 판매하는 사이트에 자신의 배너를 게시할 수 있고, 그 다음에는 그 신발 회사가 미용 제품 사이트에 배너를 게시할 수 있다.

641 더 명료하고 더 빠르게 생각하기 위해서 아침 식사를 잘하라.

642 좀 더 효율적으로 기능하기 위해 두뇌는 식혀질 필요가 있다.

643 당신이 아파트에 산다면 소를 사는 것은 어리석은 일일 것이다.

644 그러나 일부 오래된 신문은 온라인으로 접근하는 것이 쉽지 않다.

645 하지만 이런 종류의 '호흡'이 제대로 이뤄지기 위해서는, 개구리의 피부가 촉촉하게 유지되어야 한다.

646 1층 복도와 중앙 계단은 걸어 다니기에 특히 위험하다.

647 학생들은 공부에 관심이 없을 때에도 좋은 성적을 얻기 위해 공부한다.

648 처음으로 천국을 방문했을 때, 나는 날개 하나만 있는 아주 많은 천사들을 보고 놀랐다.

649 식물들은 낮 동안 영양분을 만들기 위해 이산화탄소를 필요로 하고, 밤에는 영양분을 사용하기 위해 산소를 필요로 한다.

650 스케이트 공원은 차가 없는 안전한 환경을 제공하여 당신의 보드 기술을 지속적으로 향상시켜 준다.

651 안전을 위해서 사람들은 야생 버섯을 먹기 전에 식용 버섯을 식별할 수 있어야 한다.

652 운전자의 움직임을 따르기 위해서, 뒷좌석에 앉은 사람은 꽉 잡을 필요가 있다.

653 학교에서 돌아왔는데 쿠션이 거실 바닥에 갈가리 찢어진 채로 있는 것을 발견했다고 가정해 보라.

654 해결책이 필요한 문제들은 창의적인 해답들을 개발하기 위해 우리의 뇌를 사용하도록 강요한다.

655 지금 당신이 행동하는 것을 가능한 한 쉽게 하기 위해서, 저희는 당신이 작성할 회신용 카드를 보냈습니다.

656 너의 편지를 받고 네가 Royal Holloway에 합격한 걸 알고서 무척 기뻤단다.

657 당신이 음식을 한 입 베어 물고 씹기 시작할 때, 음식은 더 작아지고 더 부드러워지고 삼키기가 더 쉬워진다.

658 가게를 떠난 뒤, 나는 내 차로 돌아와 차안에 차 열쇠와 핸드폰을 넣고 잠갔다는 것을 알게 됐다.

659 어느 날, Cindy는 카페에서 우연히 유명한 화가 옆에 앉게 되었고, 그녀는 직접 그를 만나게 되어 감격했다.

660 하지만, 각성과 정신적 수행능력을 향상시키기 위해 카페인을 사용하는 것은 숙면을 취하는 것을 대체하지 못한다.

661 사람들이 "왜 늘 우울해요?"라고 물어보았을 때, 그는 "그런 실수를 저지르다니 저는 바보였어요."라고 대답했다.

662 학생들에게 미소 짓는 것 즉 그들에게 여러분이 그들을 알게 돼서 기쁘다는 것을 알려 주는 것이 많은 시간이나 노력을 요구하는 것은 아니다.

663 변화는 항상 불편하지만, 성공을 위한 마법의 공식을 찾기 위해서 그것(변화)은 일을 색다르게 하는 데 있어 핵심이다.

664 만약 어떤 활동이 하기 쉽고 일정에 맞추기에 편하고 좋아하기에 부담이 되지 않는다면, 당신이 그것을 꾸준히 할 가능성은 높아진다는 것을 기억해라.

665 나는 내가 자주 방문했던 호텔에 종종 체크인하는데 결국 프런트 데스크에 있는 사람들이 그들이 나를 고객으로 알아차린다는 표시를 보여 주지 않는다.

666 그것은 내가 읽기에 너무 어렵지는 않다.

667 Amy는 너무 놀라 고개를 끄덕이기만 했다.

668 얼마나 일찍 아이들이 컴퓨터를 시작해야 너무 일찍 시작하는 것이 될까?

669 당신이 너무 바빠 세탁을 할 수 없다 하더라도 걱정하지 마라.

670 그녀는 또한 Victoria가 자신의 재능을 뽐낼 만큼 충분히 스스로를 믿는 모습을 보고 싶었다.

671 교외는 넓게 펼쳐져 있기 때문에 사무실까지 걸어가거나 상점까지 뛰어가기에는 너무 멀다.

672 그는 그녀를 보러 가고 싶었지만, 너무 가난해서 그의 고향으로 가는 장거리 버스표를 살 수가 없었다.

673 Friends of Literature 모임 덕분에, 우리는 도서관 건물을 리모델링하기 위한 충분한 돈을 성공적으로 모았습니다.

674 한 번에 지불하기에 가격이 여전히 너무 비싸다면, 여러분은 최대 6개월까지 할부로 지불하기를 선택할 수 있습니다.

675 그들의 아기들이 시리얼을 먹기 시작할 수 있는 충분한 나이가 되었을 때, 그 때가 그룹들 사이의 차이점을 기대해 볼 만한 때이다.

676 부정적인 감정은 인간 삶의 일부이기 때문에 우리가 이러한 감정을 통제하거나 피하려고 지나치게 노력하면 문제가 발생한다.

677 그들이 칭찬 배지를 받을 만큼 충분히 잘 할 수 있다고 확신하지 않거나, 혹은 보상이 보장되지 않는다면, 아이들은 그러한 활동을 피할지도 모른다.

678 그는 다가와 버스 정류장 앞 벤치에 앉았지만 심지어 버스 탈 돈도 충분히 가지고 있지 않은 것처럼 보였다.

679 이러한 미세 플라스틱은 일단 그것들을 수거하는 데 일반적으로 사용되는 그물망을 통과할 만큼 충분히 작아지면 측정하기가 매우 어렵다.

680 우리 대 그들이라는 시대에 뒤처진 이원론의 틀에 갇힌 역사적 경향은 많은 사람들이 현재 상태를 고수하도록 만들기에 충분히 강력하다.

681 그래서 당신이 다음 번 신발을 구입할 때는 당신의 발의 크기가 달라질 수 있다는 점을 기억하라.

682 모든 날씨는 서로 연관되어 있기 때문에, 한 지역에서의 변화는 다른 지역에 영향을 미친다.

683 스누즈 버튼을 누르는 것이 그때는 기분이 아주 좋겠지만, 그것은 결국 대가를 요구한다.

684 어떤 사람들은 타고난 익살꾼이지만, 재미있다는 것은 배울 수도 있는 일련의 기술들이다.

685 내 친구 한 명은 자녀들이 감사 편지를 쓸 때마다 1달러를 주곤 했다.

686 하지만 사춘기가 되면, 때로는 이런 아주 오래된 우정이 성장통을 겪는다.

687 그 사람이 여러분에게 진정으로 중요하다면, 그 사람에게 치유되는 데 필요한 시간과 공간을 주는 것이 가치 있다.

688 우리는 그 책상이 도착하자마자 당신에게 바로 전화해서 편리한 배송 시간을 정할 것입니다.

689 여러분이 저와 비슷하시다면 너무 많은 청바지, 너무 많은 신발, 너무 많은 셔츠를 가지고 있을 것입니다.

690 그가 그것을 알든 모르든, 촛불이 켜진 저녁식사는 한 사람의 기분에 영향을 끼칠 수 있는 환상적인 방법이다.

691 만약 여러분이 자신을 감기와 독감으로부터 보호하고 싶다면, 규칙적인 운동이 최고의 면역력 촉진제가 될 것이다.

692 그리고 학생들은 적절한 도움을 받아서 자신의 과제 수행이 만족스러울 때까지 계속 노력할 것이라고 그들은 믿는다.

693 누군가 발견을 하면, 다른 사람들은 그들 자신의 연구에서 그 정보를 사용하기 전에 그것을 주의 깊게 검토한다.

694 아주 어린 아이들은 어려운 상황에서 서로를 도와주려고는 하지만, 그들은 자신의 소유물은 기꺼이 공유하려 하지 않는다.

695 그들은 그들이 들고 있는 모든 것을 떨어뜨리지도 않고, 걸으려고 할 때마다 넘어지지도 않으며, 밖에 나갈 때마다 지갑을 잃어버리지도 않는다.

696 특별하게 재능이 있는 게 아니라면 여러분이 그린 그림은 여러분이 마음의 눈으로 보고 있는 것과 완전히 다르게 보일 것이다.

697 실험을 하든 지켜보기만 하든 실험실에서 항상 보호 장비를 착용하고 사용해야 한다.

698 당신이 성공적이고 행복한 사람들과 이야기할 때는, 그들이 대부분의 시간 동안 그들이 되고 싶고, 하고 싶고, 가지고 싶은 것들에 대해 생각하고 이야기한다는 것을 알게 된다.

699 글을 쓸 때에는 몸짓을 사용하거나, 표정을 짓거나, 독자들에게 물건을 제시할 수 없으므로 말하고 보여주는 일을 하는 것을 모두 어휘에 의존해야 한다.

700 비록 모든 소리와 울음소리가 처음에는 똑같이 들릴지라도 당신의 아기는 소리와 움직임을 이용해서 당신과 다른 방법들로 의사소통을 하고 있는 것이다.

701 우리가 먹을 때마다 우리는 자신의 두뇌에 화학 물질의 향연을 퍼부어 우리가 생각하는 방식에 직접적으로 영향을 미치는 폭발적인 호르몬의 연쇄 반응을 유발한다.

702 만약 당신이 아이들 앞에서 건강치 못한 식단을 가지고 있거나, 당신의 건강을 소홀히 하거나 혹은 흡연하고 음주한다면, 당신의 아이들이 똑같은 길을 가게 될 때 놀라지 말아야 한다.

703 비록 여러분 자신이 무언가를 만드는 데 결국 돈을 쓰게 될지라도, 가치가 급격히 떨어지게 될 물건을 수집하기보다는 여러분은 적어도 기술을 키워 나가고 있는 것이다.

704 체중을 줄이는 것이든, 결승전에서 이기는 것이든, 혹은 어떤 다른 목표를 달성하는 것이든 간에, 우리는 모두가 이야기하게 될 지축을 흔들 만한 발전을 이루도록 우리 스스로에게 압력을 가한다.

705 한 성자가 늪에 사는 개구리 한 마리를 만나서 자신의 기도를 방해할 수 있으니 개구리에게 조용히 하라고 하지만 나중에 그는 신이 그 개구리의 소리를 듣는 것을 즐기고 있었을 수도 있었으니 이렇게 말한 것을 후회한다.

706 내가 그들에게 정직할 때 우리의 신뢰가 형성된다.

707 사람들은 삶이 나아질수록 더 높은 기대감을 지닌다.

708 내 차례가 가까워질수록 내 심장은 기대감으로 빠르게 뛰었다.

709 Louis가 연주하고 있을 때, 갑자기 파리 한 마리가 그의 코에 내려앉았다.

710 당신이 아무리 똑똑하고 헌신적이라도, 당신은 미래를 예측할 수 없다.

711 인간으로서, 우리는 본능적으로 우리의 삶 속에서 균형과 조화를 찾는다.

712 낮 시간 동안에 발이 붓기 때문에 아침에 신발을 사는 것을 피해라.

713 하지만 실제로 강을 따라 형성된 경계는 강이 경로를 바꿈에 따라 변할 수 있다.

714 당신이 볼 수 있듯이, 자원 봉사를 하는 데 가장 인기 있는 날은 일요일이었다.

715 음악에 접근하기가 더 쉬워지면서, 음악이 복제되는 것이 점차 쉬워진다.

716 여러 명의 자녀를 둔 부모가 알고 있듯이 아기의 요구를 충족시키는 간단한 공식은 없다.

717 작가인 Clive Hamilton이 말하는 것처럼 "우리가 사는 물건에서 우리가 사용하는 것을 뺀 것은 낭비이다".

718 입장료가 비싸기 때문에 출발 전에 나는 늘 쿠폰들이 있는지 알아보기 위해 인터넷으로 검색을 해본다.

719 학생들은 공상 과학 소설의 글을 읽으면서 그들이 배운 과학적 원리와 그 글을 연결시켜야만 한다.

720 17살 때, Barton은 여름학교에서 교사로 일하기 시작했고 이후에 교육 분야에서 학위를 받기로 결심했다.

721 어떤 선수는 너무나 이기려고 하다 보니 그 결과 거짓말하고 속이고 팀 규칙을 위반한다.

722 그 나무는 독성이 있으며 매우 무성하고 빽빽해져서 그 아래에서 자라는 모든 식물들은 죽고 만다.

723 간디는 죄책감으로 너무 괴로워 어느 날 그는 아버지께 자신이 한 일을 말씀드리기로 했다.

724 그 암초는 물의 상층부에 매우 가까워서 그 위를 항해하려는 모든 배들은 그것에 부딪친다.

725 하지만, 그는 매우 이기적이고 성질이 아주 까다로워 아무도 그의 친구가 되기를 원하지 않았다.

726 어떤 박테리아는 주변에 살면서 우리가 지구에서 숨 쉬고 살 수 있도록 산소를 만들어 낸다.

727 그녀는 그렇게 오랫동안 책을 읽었던 것이 후회스러웠지만 그 책이 정말 재미있어서 그녀는 그것을 내려놓을 수가 없었다.

728 그러나 뉴스 생태계가 너무나 붐비고 복잡해져서 나는 그곳을 항해하는 것이 힘든 이유를 이해할 수 있다.

729 오늘날 과학자들은 날씨의 변화를 더욱 정확하게 이해하고 예측하기 위하여 전 세계에서 정보를 수집한다.

730 인간들은 도덕성을 가지고 있고 동물들은 그렇지 않다는 믿음은 너무나 오래된 가정이라서 충분히 그것은 습관적 사고로 불릴 수 있다.

731 인터넷은 어떤 문제에 대해서도 너무 많은 무료 정보를 이용 가능하게 만들어서 우리는 어떤 결정을 하기 위해서 그 모든 정보를 고려해야 한다고 생각한다.

732 우리는 각자 우리의 인생에서 자신의 능력을 확신하고 자신의 목표를 향해 앞으로 나아가기 위해 우리를 격려해주는 사람들이 필요하다.

733 게다가 그는 글쓰기 능력에 대한 자신감이 너무 부족하여 아무도 자신을 비웃을 수 없도록 밤에 몰래 자신의 작품을 편집자에게 보냈다.

734 오늘날 만들어진 제조 식품 중 다수가 너무 많은 화학물질과 인공적인 재료를 함유하고 있어서 때로는 정확히 그 안에 무엇이 들어 있는지 알기가 어렵다.

735 과학과 무대 마술 사이의 한 가지 큰 차이점은 마술사들이 그들의 실수를 관중에게 숨기는 반면, 과학에서는 모두가 실수로부터 배울 수 있도록 당신은 공공연히 실수를 한다는 것이다.

736 그 소년이 구급차에 실려 가는 것을 보면 서 그는 깊은 숨을 내쉬었다.

737 침묵은 분열과 분리를 유발하고, 관계에 있어 심각한 문제를 일으킨다.

738 6시간이 지나면 햇빛이 그 물속에 있는 바이러스와 박테리아를 죽여서 마시기에 안전한 물로 만들 것이다.

739 불쾌한 냄새에 둘러싸인 채, 붐비는 대피소의 구석 바닥에 누워 나는 잠들 수 없었다.

740 나는 심신이 피곤해서 편안하게 쉬면서 차가운 음료를 즐기기 위해 앉아 있다.

741 그러나 몇몇 야생 버섯은 위험해서 그 독성으로 사람들의 목숨을 잃게 한다.

742 특정한 행동이 일어나기를 기다리면서 당신의 강아지의 행동을 관찰하라. 그 행동이 일어나면 강아지에게 보상을 주라.

743 창피해하면서 Mary는 그 인형을 그 백인 소녀에게 돌려주고 엄마에게 돌아갔다.

744 우리는 빈번히 다른 사람들과의 합의를 과대평가하여, 다른 모든 사람들이 우리와 완전히 똑같이 생각하고 느낀다고 믿는다.

745 어느 날, 그는 회사가 파산하는 것을 막을 무언가가 있을까 생각하며 머리를 감싸 쥔 채 공원 벤치에 앉아 있었다.

746 대신에 Hamwi는 와플을 말아 올려 꼭대기에 한 숟가락의 아이스크림을 놓아서, 세계 최초의 아이스크림콘 중의 하나를 만들었다.

747 이는 어두울 때 동공이 팽창하여, 더 많은 빛이 눈 안쪽으로 들어오게 하면서 더 큰 적목 현상을 일으키기 때문이다.

748 그 경비원은 내일 이맘때 그(경비원)가 경비실장으로 승진하게 되리라는 것을 알지 못한 채 서 있었다.

749 열린 결말은 강력한 도구인데, 관객에게 다음에 무슨 일이 일어날지에 대해 생각하게 만드는 사고할 거리를 제공한다.

750 사무실에 개를 데리고 있는 것은 전체적인 분위기에 긍정적인 영향을 미쳤고, 스트레스를 경감시켰으며 주변의 모든 사람들을 더 행복하게 했다.

751 사람들에게 음식과 필수품을 나누어 주는 동안에 자신의 어깨를 가볍게 두드리는 것을 느끼고 열여덟 살의 Toby Long은 몸을 돌려서 자신의 뒤에 서 있는 에티오피아 소년을 발견했다.

752 많은 남성들은 그들의 걱정거리를 구분하여, 다음으로 넘어가기 전에 오로지 하나의 문제나 스트레스 요인만을 다루는 반면에, 여성들은 한 번에 많은 것들에 대해 걱정할지도 모른다.

753 이것이 의미하는 바는 요리가 인간 진화에 중요했다는 것인데, 그 이유는 요리하는 것이 소화를 훨씬 더 효율적으로 만들어 우리 몸이 우리가 먹는 것으로부터 얻어내는 에너지의 양을 증가시켰기 때문이다.

754 자연 발생적인 강은 매우 불규칙한 형태를 가지고 있다. 그것은 많이 굽이치고, 범람원을 가로질러 넘쳐흐르고, 습지로 스며 들어가서 끊임없이 변화하여, 엄청나게 복잡한 강가를 만든다.

755 학생이 텍스트를 다시 읽게 하는 질문을 던져서 결국 동일한 텍스트를 여러 번 읽음으로써 학생의 이해를 진전시키고 심화시키는 데 있어 교사는 적극적인 역할을 한다.

756 댐으로 막히면, 연어의 생애 주기는 완결될 수 없다.

757 1993년에 설립된 공룡 박물관은 캐나다에서 공룡과 선사 시대의 생활을 보여 주는 가장 큰 전시관으로 발전해 왔습니다.

758 1867년에 태어난 Sarah Breedlove는 미국인 사업가이자 사회 운동가였다.

759 1967년에 출간된 이 책은 궁극적으로 Conroy를 문학계에서 유명한 인물로 만들었다.

760 많은 사람들이 그에게 달려드는 것을 보고 도둑은 훔친 모든 물건들을 포기해야만 했다.

761 아이의 마음을 생각해보라: 경험한 것이 거의 없어서 세상은 신비하고 흥미로운 장소이다.

762 그녀에게 쏟아지고 있는 모든 관심에 놀라, 나는 그녀가 그 항공사에서 근무하는지 물어보았다.

763 자신에게 실망한 Linda는 Ted에게 어떻게 잊어버리는 습관을 극복할 수 있는지에 관한 도움을 요청한다.

764 소비자들은 상품이 존재한다는 것을 알지 못해서, 그 제품이 그들에게 유용하더라도 아마도 사지 않을 것이다.

765 불행으로부터 지어진 Venice는 결국 세계에서 가장 풍요롭고 아름다운 도시들 중의 하나로 바뀌었다.

766 그 집에 사는 사람이 자기밖에 없다는 것을 알았기 때문에, 그는 자신의 집에 도둑이 드는 상황에 항상 대비하고 있었다.

767 나이가 많은 아이들이 자신의 선물을 여는 것을 지켜보며 나는 이미 그 큰 선물들이 반드시 가장 좋은 것들은 아니라는 것을 알았다.

768 가정에서 개인 교사들에 의해 교육을 받은 그녀는 일찍이 독서와 글쓰기를 즐겼다.

769 잘 되었을 때, 즉, 전문가에 의해서 행해졌을 때에는 읽는 것과 스키 타는 것은 모두 우아하고 조화로운 활동들이다.

770 텅 빈 거리 혹은 활기찬 거리를 걷기라는 선택에 직면하면, 대부분의 사람들은 생활과 활동으로 가득한 거리를 선택할 것이다.

771 여러분의 관점에서 보면, 한 언덕이 300피트 높이인 것처럼 보이고 다른 언덕이 900피트 높이인 것처럼 보인다.

772 과학적 지식으로 무장해서, 사람들은 우리가 사는 방식을 변화시키는 도구와 기기를 만들고, 그것은 우리의 삶을 훨씬 더 쉽고 나아지게 한다.

773 가능한 한 가장 좋은 인상을 주고 싶어서 그 미국 회사는 독일어를 유창하게 하는 자사의 가장 유망한 젊은 임원인 Fred Wagner를 보냈다.

774 여성 환자들에 대한 열악한 치료에 놀라서, 그녀는 Edinburgh에 직원들이 여성으로만 구성된 여성을 위한 병원을 설립했다.

775 음식으로 길러지는 대다수의 동물들이 갇혀서 산다는 것을 보여 주는 통계자료에 직면하게 될 때, 많은 십대들은 그러한 상황에 저항하기 위해 고기를 포기한다.

776 이런 십 대들은 TV나 라디오를 켜 둔 채로 공부를 '더 잘' 할 수 있다고 주장한다.

777 줄어든 크기의 다양한 음식을 고객들이 즐길 수 있게 하는 아이디어가 인기를 끌었다.

778 상품들이 비슷한 크기라면, 밝은 색의 상품을 더 높이, 어두운 색의 상품을 더 낮게 배치하라.

779 그들은 흥겨운 소리를 지르고 머리 위로 손을 올려 흔들며 원을 이뤄 춤을 추었다.

780 까마귀들은 닭과 같은 다른 새들과 비교하여 더 복잡한 많은 문제들을 해결할 수 있다.

781 'near'와 'far' 같은 단어들은 여러분이 어디에 있는지와 무엇을 하는지에 따라 여러 가지를 의미할 수 있다.

782 그들은 8월에서 12월까지 이동하는데 암컷과 새끼보다 수컷이 먼저 남쪽으로 이동한다.

783 하지만 원어민 수라는 면에서는, 전 세계에서 중국어가 가장 많이 사용되는 언어이며, 힌두어가 그 뒤를 잇는다.

784 2013년부터, 중국의 스마트폰 평균 가격은 상승했고 인도의 스마트폰 평균 가격은 하락하는, 정반대의 모습을 보였다.

785 그녀의 엄마가 관객 속에 자랑스러워하며 앉아 있었고, Victoria는 자기 자신을 자랑스럽게 느꼈고 엄마가 매우 행복해하는 모습을 봐서 기쁨을 느꼈다.

786 홍수 후에 강의 경로가 변하여 주나 국가 사이의 경계를 바꿀 수 있다.

787 의사 결정자는 과거에 어떤 일이 행해졌을 때 무엇이 발생했는지를 바탕으로 현재 어떤 일이 행해지면 무엇이 발생할 것인지를 예측한다.

788 한 연구에서, 연구자들은 사람들이 직장을 얻거나, 시험을 치거나, 수술을 받는 것과 같은 인생의 과제에 어떻게 대응하는가를 살펴보았다.

789 기술이 이전보다 더 빠르게 진보하면서, 소비자들이 물을 더 절약하기 위해 자신의 가정에 설치할 수 있는 많은 장치들이 있다.

790 도서관 환경에 대한 이러한 요구를 고려해 볼 때, 원치 않는 소음이 제거되거나 적어도 최소한으로 유지될 수 있는 공간을 만드는 것이 중요하다.

791 심리학자들에게 질문을 받았을 때, 대부분의 사람들은 지능, 외모, 건강 등을 포함한 모든 척도들에서 자신들이 평균 이상이라고 평가한다.

792 거울을 볼 기회를 잡아서 당신의 얼굴 아랫부분만을 사용하여 미소를 지어보고 당신의 얼굴이 실제로 얼마나 행복해 보이는지를 판단해봐라. 그것은 진짜인가?

793 전자 통신에서 이모티콘이 널리 사용되고 있다는 점을 고려할 때, 중요한 문제는 인터넷 사용자들이 온라인상의 의사소통에서 감정을 이해하는 데 그것들이 도움을 주는가의 여부이다.

794 대략 십만 명의 과학자, 의사, 기술자가 매년 중동과 북아프리카 국가들을 떠나고 있으며, 그러한 과학자나 의사 중 대부분이 돌아오지 않고 있다.

795 만약 당신이 당신의 친구가 무표정한 얼굴을 보여주고, 눈 맞춤을 피하며, 팔짱을 꽉 낀 채 당신으로부터 살짝 돌려 앉아 화난 목소리 톤으로 '나는 너를 좋아해'라고 말하는 것을 듣는다면, 당신은 그 또는 그녀의 진의에 의문을 가질 것이다.

796 여러분이 할 수 없는 것을 말할 때마다, 여러분이 할 수 있는 것을 말하라.

797 당신은 이 지구상 어디를 가든지, 영어로 살아갈 수 있다.

798 진실이 아무리 고통스러울지라도 친구들에게 정직하게 대하는 것을 두려워하지 말라.

799 그것이 무엇이든 당신이 그 순간에 하는 일에 온전히 집중을 하라.

800 당신의 결정이 무엇이든지 간에 왜 당신의 자녀들이 용돈을 받는지를 그리고 그것이 무엇을 의미하는지를 명확하게 하라.

801 여러분이 아무리 가진 것이 많아도, 여러분이 아무리 많이 이루었더라도, 여러분 역시 도움이 필요하다.

802 그녀가 우울할 때마다, 그녀의 엄마는 열심히 노력하는 것과 절대 포기하지 않는 것이 더욱 중요하다고 말하며 그녀를 격려했다.

803 어떤 사람이 여러분에게 무엇을 요청하더라도, 그것이 여러분에게 아무리 많은 불편함을 주더라도 여러분은 그들이 요구하는 것을 한다.

804 우리가 삶을 살아가면서, 짜증이 나거나, 불안하거나, 심지어 그저 지루함을 느낄 때마다, 우리 자신의 기분을 더 좋게 만들기 위해 우리는 음식에 의존한다.

805 진실이 무엇이든지 간에, Groucho 형제들의 주장인 "광대는 마치 아스피린과 같다."라는 말에 공감할 사람들이 많다.

806 기억하라, 돈으로 멋진 데이트를 살 수 없다. 최고의 데이트는 당신이 어디에 있더라도 사랑하는 사람과 함께 시간을 보내는 것이다.

807 나의 정신과 기억이 손상되지 않은 한 나의 신체의 (뇌를 제외한) 어떤 부분이 교체될지라도 나는 계속 같은 사람일 것이다.

808 그 웨이터들은 아무리 복잡하더라도 그 주문이 끝날 때 까지 주문을 기억했는데, 그들은 나중에는 그 주문을 기억하는 것이 어렵다는 것을 알았다.

809 답이 무엇이든지 간에 이 분야의 연구는 한 가지를 분명하게 증명한다. 우리는 단순히 우리의 내적 대화를 변화시킴으로써 우리 자신의 건강 운명을 제어하는 엄청난 능력을 가지고 있다.

810 당신이 어디에서 무엇을 하든지 행동 패턴을 인지하는 데 전문가가 되는 것은 사람들과의 불필요한 충돌을 제거함으로써 인생의 스트레스를 줄이는 데 도움이 될 수 있다.

811 그러한 열정이 없었더라면, 그들은 아무것도 이루지 못했을 것이다.

812 친구들이 없다면, 세상은 상당히 외로운 곳일 것이다.

813 지금 그 일들을 시도한다고 뭐가 달라지겠는가?

814 우리가 만약 아무것도 변하지 않는 행성에서 산다면, 할 일이 거의 없을 것이다.

815 게다가 사람들이 그런 식으로 행동한다면 캠핑 경험은 망쳐질 것이다.

816 만약 그가 목표를 달성하기 위하여 굉장한 노력을 하지 않았더라면 그는 절대로 성공하지 못했을 것이다.

817 당신의 아이들이 개인적인 생활에 문제가 있는 유명 인사를 모방하고 싶어 한다면 어떻게 느낄 것인가?

818 연구자들은 개들이 보상을 받지 않을 때 발을 얼마나 빠르게, 얼마나 많이 내미는지를 측정했다.

819 만약 내가 사고로 한 팔을 잃고 그것을 인공 팔로 교체한다 해도 나는 여전히 본질적으로 '나' 일 것이다.

820 문자 언어는 그들이 친구들에게 이야기할 경우에 사용하는 말과는 다른 언어이다.

821 우리 아이들은 조부모의 문화로 되돌아가야 한다는 말을 들으면 겁이 날 것이다.

822 만약 인공조명의 비용이 거의 공짜 수준으로 하락하지 않았더라면 우리가 오늘날 누리는 것 중에 가능한 것은 거의 없을 것이다.

823 만약 그 왕자가 그들에게 그 포도를 권했다면 그들은 우스꽝스러운 표정을 지으며 포도에 대한 불쾌감을 드러냈을 것이다.

824 여러분이 큰 건물에서 사교 모임에 있고 누군가가 '지붕이 불타고 있어'라고 말하는 것을 우연히 듣게 된다면, 여러분의 반응은 무엇일까?

825 사회적 유대의 형성과 유지가 없었다면, 초기 인간들은 아마도 그들의 물리적 환경에 대처하거나 적응하지 못했을 것이다.

826 그녀는 그 뇌우가 선물처럼 느껴졌다.

827 태양이 그렇게 보이는 이유는 그것이 불타고 '있기' 때문이다.

828 나는 내가 가진 것보다 더 많은 삶의 경험을 가진 사람들로부터 현명한 조언을 받았었다면 하고 바란다.

829 너무도 많은 회사들이 마치 경쟁자들이 존재하지 않는 것처럼 신제품들을 광고한다.

830 '내가 그것을 하지 말았어야 했는데!'의 유일한 가치는 다음에 무엇을 할지 더 잘 알게 되리라는 점이다.

831 그가 스키를 발에 신자마자, 그것은 마치 그가 처음부터 다시 걷는 것을 배워야만 하는 것과 같다.

832 만약 우리가 망치를 사용하기를 원하면, 우리 주변의 세상은 못으로 가득 찬 것처럼 보이기 시작할지도 모른다!

833 실제로 사람들은 없는 지식을 가지고 있는 것처럼 행동할 때, 결국 더 어리석어 보일 수 있다.

834 그녀는 땀을 흘리면서 비를 가져오지 않는 공허한 천둥소리를 들으면서 그곳에 누워 있었고, "나는 이 가뭄이 끝났으면 좋겠어."라고 속삭였다.

835 마치 그들이 재활용을 하려는 의향이 있는 것처럼 행동하면서 보낸 짧은 시간은 이후 친환경적인 사람이 되고자 하는 동기를 부여하는 데 큰 영향을 끼쳤다.

836 그것도 역시 첫 번째 도전 과제만큼이나 어려웠다.

837 우리가 원하는 삶을 얻는 것은 우리가 생각하는 것만큼 쉽지 않다.

838 당신이 개만큼 배가 고플 때 개와 함께 나누는 그 뼈가 자선이다.

839 내가 요즘 더 불안해졌고, 어쩌면 내가 생각했던 것만큼 집중하지 못하는 것 같다.

840 2012년에 6-8세 연령대의 아이들의 비율은 15-17세 연령대의 아이들의 비율의 두 배였다.

841 그러나, 우리는 성 역할과 경계가 이전 세대만큼 엄격하지 않은 사회에 살고 있다.

842 그는 의사가 질병 자체만큼 환자의 안락함과 행복에도 많은 관심을 기울여야 한다고 말했다.

843 마찬가지로, 내가 집을 구매할 때, 나는 판매자가 가능하면 빨리 거래를 매듭짓는 것에 매우 관심이 있다는 것을 알게 되었다.

844 패스트패션은 매우 낮은 가격에 가능한 빨리 디자인되고, 만들어지고, 소비자에게 팔리는 유행 의류를 의미한다.

845 그녀는 딸의 교육도 아들의 교육만큼 중요하다고 여기는 깨어있는 부모를 두는 행운을 가졌다.

846 "훌륭한 그림"과 같은 일반화된 칭찬은 아이들의 구체적인 성과나 행동을 발견하는 것만큼 의미 있지는 않다.

847 세계에서 두 번째로 돈을 많이 소비한 국가인 미국은 국제 관광에 러시아보다 두 배 더 많이 돈을 소비했다.

848 온라인 평가는 긍정적인 것이든 부정적인 것이든 사람 간의 직접적인 의견 교환만큼 강력하지는 않지만, 사업에 매우 중요할 수 있다.

849 결과적으로 독자들은 당신만큼이나 당신이 한 주장과 당신이 드러내는 통찰력에 몰입되는 자신을 발견하면서, 좀 더 열중하게 되는 느낌을 받게 될 것이다.

850 한 연구 과제의 일부로, 한 집단의 대학생들이 영화를 본 후 다른 학생들에게 그것을 가능한 충분히 묘사할 것을 요청받았다.

851 뇌는 다른 기관보다 훨씬 많은 에너지를 사용한다.

852 또래들의 영향은 부모의 영향보다 훨씬 더 강하다.

853 행사에 5인 미만 신청 시, 취소됩니다.

854 하지만 기대감이 더 높아질수록 만족감을 느끼기는 더욱 어려워진다.

855 전형적으로, 스웨덴 사람들은 신문 읽기보다 TV 시청을 더 선호한다.

856 학교 실험실에서 과학을 하는 것은 과학에 관하여 읽는 것보다 훨씬 더 흥미로울 수 있다.

857 여러분이 다른 배경의 사람들을 더 많이 알수록, 여러분의 삶은 더 다채로워진다.

858 "나는 죽을 때 완전히 소진되기를 원하는데, 그 이유는 내가 열심히 일하면 할수록, 그만큼 더 사는 것이기 때문입니다."라고 그는 썼다.

859 아이들은 다른 사람을 돕는 것보다는 무언가를 주는 것에 훨씬 더 저항한다.

860 총 여행 수와 총경비 둘 다 2015년의 그것들에 비해서 2017년에 더 높았다.

861 여러분이 더 많은 지식과 경험을 가질수록 좋은 결정을 내릴 가능성은 더 크다.

862 사람들은 거절당한다는 느낌이 더 많이 들수록 좀 더 돈을 문제 해결의 수단으로 여기는 것 같다.

863 눈에서 뇌로 이어지는 신경이 귀에서 뇌로 이어지는 신경보다 25배 더 크다.

864 채식은 점점 더 많은 젊은이들이 고기, 가금류, 생선에 반대함에 따라 주류가 되어가고 있다.

865 만일 여러분이 1년 동안 매일 1퍼센트씩 더 나아질 수 있다면, 끝마칠 때 즈음 여러분은 결국 37배 더 나아질 것이다.

866 그들은 아이들이 컴퓨터를 더 일찍 사용하면 할수록 다른 디지털 기기 사용에 더 많은 친숙함을 가질 수 있다고 믿는다.

867 박물관이나 미술관에 방문하는 홈스쿨링을 받는 학생의 비율은 공립학교 학생의 그것의 두 배 이상이었다.

868 상황과 여러분의 강점을 더 객관적으로 바라볼 때, 여러분은 괴로움의 원천인 의심을 덜 가질 것이다.

869 예를 들어, 아래쪽 선반에 있는 상품보다 식료품점의 눈높이에 있는 상품을 구매할 가능성이 훨씬 더 높다.

870 어떤 학생들은 오트밀 죽 한 그릇을 먹는 것보다 추가로 몇 분 더 수면을 취하는 것이 더 중요하다고 말하지만, 그들은 잘못 알고 있는 것이다.

871 2016년도에 3분의 1이 넘는 영국 인터넷 사용자들은 스마트폰을 가장 중요한 인터넷 접속 장치로 생각했다.

872 여러분의 몸이 배터리이고, 이 배터리가 더 많은 에너지를 저장할수록, 하루 안에 더 많은 에너지를 여러분이 가질 수 있다고 상상해 보자.

873 쉽게 합의에 도달한 학생들은 주제에 흥미를 덜 보이고 더 적게 공부했으며 부가적인 정보를 얻기 위해 도서관에 가는 경향이 더 적었다.

874 여러분이 문제를 해결하기 위한 방법을 찾으면서 여러분의 상황을 더 자주 평가하면 할수록 일들이 잘 되어 가고 있는 위치에 있는 자신을 더 발견하게 될 것 같다.

875 사실, 최초 천문 카메라로 작업을 한 19세기 천문학자들은 그들이 생각했던 것보다 우주가 훨씬 더 복잡하다는 것을 발견하고 정말로 깜짝 놀랐다.

876 그것은 한동안 내가 했던 식사 중 최고의 식사였다.

877 그녀는 내가 지금까지 봤던 가장 아름다운 젊은 여인이다.

878 2012년에는 그 어느 나라도 인도보다 더 많은 쌀을 수출하지 않았다.

879 그녀에게 지능보다 더 소중한 것은 없었다.

880 저희에게 고객의 만족보다 더 중요한 것은 없습니다.

881 기억하라, 어떤 것도 연습보다 중요하진 않지만, 당신에게는 또한 휴식도 필요하다.

882 인간의 정신에는 이동하려는 욕구보다 더 근본적인 것은 없다.

883 2013년과 2015년 모두, '줄거리'의 비율은 네 가지 주요 요인들 중 가장 높았다.

884 두 해 모두 노트북은 디지털 콘텐츠에 접근하기 위해 학생들이 가장 많이 사용한 기기였다.

885 "사용하지 않으면 잃는다"라는 옛 격언은 유연성을 언급할 때 가장 적합하다.

886 toothfish(메로)는 지금까지 본 것 중에서 가장 아름다운 생물은 아닐 수 있지만 그것은 정말로 놀랄만한 물고기이다.

887 내 딸들이 기저귀를 차고 있을 때조차 그들에게서 "내 거야!"라는 말보다 더 자주 들었던 말은 없었다.

888 제시된 기간 동안 뉴질랜드를 방문한 가장 흔한 목적은 친구와 친척 방문이었다.

889 편안한 업무용 의자와 책상을 가지는 것이 출장 체류를 위한 상위 네 개의 편의 서비스 목록 중 가장 덜 인기 있는 선택이었다.

890 새는 둥지를 틀 수 있고, 개미는 개미탑을 쌓을 수 있지만, 지구상의 어떤 다른 종도 우리 인간이 보여주는 창의력 수준에 가까이 도달하지는 못한다.

891 열심히 노력해라, 그러면 너의 꿈을 성취할 것이다.

892 그를 알아보지도, 이름을 기억해 내지도 못했기 때문에 미안함을 느꼈다.

893 많은 도시는 과거에 전염병을 경험했고 살아남았을 뿐만 아니라, 발전했다.

894 침묵은 화자가 한 말을 알고, 그것에 대해 생각하고, 검토해 볼 시간으로 여겨진다.

895 '박테리아의 생명에 대항하는 것'을 의미하는 항생 물질은 박테리아를 죽이거나 또는 그것이 증식하는 것을 막는다.

896 주나 국가 사이의 자연적 경계는 강, 호수, 사막 그리고 산맥을 따라 나타난다.

897 무엇이 되어졌어야 했고, 되지 말았어야 했는지에 집중하지 말고, 오히려 지금 행해질 수 있는 최선책에 집중하라.

898 그는 내가 싫어하는 것을 말하거나 나를 열등하게 느끼도록 하려 할 테니까 그가 오기 전에 여기에서 빠져나가야지.

899 위대한 예술가들은 셀 수 없이 많은 시간을 그들의 스튜디오에서 혹은 도구를 가지고 무언가를 하는 것뿐만 아니라, 그들의 아이디어와 경험을 탐구하는 데 쓴다.

900 만화책은 여러분을 웃게 만들기 때문일 뿐만 아니라 그것이 삶의 본질에 관한 지혜를 담고 있기 때문에 만화를 읽는 것은 가치가 있다.

901 최신의 과학이 엄마들이 임신 중에 먹는 것과 아기들이 출생 후 무슨 음식을 즐기는지 사이의 대단히 흥미로운 관련성을 밝히고 있다.

902 우리의 두뇌는 그것들이 부정적이거나 심지어 중립적일 때가 아니라 그것들이 긍정적일 때 최상의 상태에서 기능하도록 말 그대로 프로그램화되어 있음이 드러난다.

903 아리스토텔레스는 미덕은 너무 관대하지도 너무 인색하지도, 너무 두려워하지도 너무 무모하게 용감하지도 않은 중간 지점에 있다고 말한다.

904 인류의 구성원이기 때문에, 혹은 특정 문화와 사회에 속해 있기 때문에 많은 요인들이 우리가 해야 할 일들을 결정한다.

905 여러분의 성향과 책임감은 다른 사람과 여러분의 관계, 직업, 그리고 취미는 물론 학습 능력과 방식에도 영향을 준다.

906 결과적으로, 만약 사람들이 자신이 꿈꾸는 삶을 살기 원한다면, 그들은 어떻게 하루를 시작하는지가 그날뿐만 아니라 삶의 모든 측면에도 영향을 끼친다는 것을 깨달을 필요가 있다.

907 세상에 영향을 끼친 위대한 사람들의 삶을 연구하라, 그러면 여러분은 사실상 모든 경우에 있어서 그들이 혼자 생각하는 상당한 양의 시간을 보냈다는 것을 알게 될 것이다.

908 Linda는 그녀의 편지에서, 근본적으로, 그녀의 뒤틀린 안경을 벗겨, 그것을 바닥에 던져 산산이 부수어버리고, 그녀가 새로운 안경을 쓰도록 강력히 주장해준 것에 대해 Rebecca에게 마음 깊이 감사했다.

909 Médecins Sans Frontières 또는 MSF로도 알려져 있는 국경 없는 의사회는 풍토병을 앓고 있는 사람들을 위한 치료뿐만 아니라 응급 의료 서비스의 가장 선두에 위치해 있다.

910 이것이 경영진이 정기적으로 업무 회의와 식사를 결합하는 이유이고, 로비스트들이 정치인들을 리셉션, 점심 식사, 저녁 식사에 참석하도록 초대하는 이유이고, 주요 국가 행사가 거의 항상 인상적인 연회를 포함하는 이유이다.

911 여러분의 뇌가 뉴런의 연결망을 가지고 있다는 개념을 생각해 보라.

912 만일 당신이 누군가를 좋아하지 않으면, 그들도 역시 당신을 좋아하지 않을 가능성이 있다.

913 여러분의 휴대전화가 울리고 있다는 사실이 여러분이 전화를 받아야 한다는 것을 의미하지는 않는다.

914 많은 사람들의 주된 관심사인 의료 서비스는 선진국에 국한되어 있다.

915 예술가와 과학자 모두 빛이 모든 색의 원천이라는 이러한 발견에 놀라워했다.

916 연사들은 청중의 피드백, 즉 청중이 연사에게 주는 언어적, 비언어적 신호를 주시한다.

917 문화 상대주의의 기본은 선과 악의 진정한 기준이 실제로 존재하지 않는다는 개념이다.

918 그녀는 다른 사람들에게 도움을 줄 때 실제로는 자기 자신도 도움을 받고 있다는 교훈을 얻었다.

919 그날 밤늦게, Garnet은 그녀가 기다려 온 무언가가 곧 일어날 것 같은 기분이 들었다.

920 패스트푸드 체인점이 경제적으로 성공을 하게 된 한 가지 중요한 이유는 그들의 노동 비용이 저렴하다는 사실이었다.

921 어떤 사람들이 역사상 최고라고 부르는 훌륭한 테니스 선수인 Roger Federer는 기록적인 17개의 그랜드슬램 타이틀을 따냈다.

922 나는 아들들과의 싸움을 피하기 위해 그들이 그 순간에 듣고 싶어 하는 말을 하고 약속을 하는 습관을 갖고 있었다.

923 역대 가장 성공한 작가 중 한 명인 George Bernard Shaw도 약 백 년 전 이와 비슷한 말을 했다.

924 조직 행동 전문가인 Frank Barrett은 일상을 방해하고 다른 사람의 관점으로 상황을 바라보는 것이 새로운 해결책을 이끌어낼 수 있다고 설명한다.

925 예를 들어, 어떤 이는 가장 비싼 물건을 사거나, 아주 많이 광고되는 브랜드가 다른 브랜드들보다 더 품질이 높다고 믿고 이 브랜드를 선택할 수도 있다.

926 반면 예술교육은 정말로 문제를 해결해 준다.

927 대다수의 사람들이 세상이 편평하다고 믿었던 것은 그다지 오래되지 않았다.

928 이 세상을 매우 흥미롭게 만드는 이런 다양성을 보장하는 것은 관용이다.

929 우리가 우리인 것은 바로 우리의 문화에도 불구하고가 아니라, 정확히 우리의 문화 때문이다.

930 그것은 임의적인 친절한 행위가 다른 사람들도 이와같은 행동을 하도록 정말로 고무시켜 준다는 증거였다.

931 바로 그 결과의 불확실성과 경기의 수준을 소비자들은 매력적으로 여긴다.

932 그들이 충성과 지속적인 사회적 유대를 형성하는 것은 선택적인 포함 '그리고 배제'를 통해서이다.

933 여러분의 스트레스를 일으키는 것은 결코 수행에 대한 압박이 아니다. 오히려, 여러분을 괴롭히는 것은 바로 자기 의심이다.

934 9시가 된 후에야 비로소 비행기 한 대가 이륙을 위해 바다를 향하여 활주로를 달리기 시작했다.

935 그러나 그들은 조화를 관계 발전에 필수적이라고 간주하기 때문에 서로를 매우 배려하는 모습을 보인다.

936 갑자기 그는 그가 추구하는 것을 성취할 수 있게 해준 것은 바로 그 돈이 아니라 새로 발견한 자신감이었다는 것을 깨달았다.

937 그들이 여전히 그들의 상대와 몇 달 후에도 사귀고 있을 것인지를 예측한 평가를 낸 사람들은 직관적인 그룹에 속한 사람들이었다.

938 건강을 향상시키는 데 더 중요한 역할을 하는 것은 아침 식사의 양을 단순히 늘리기 보다는 사람들이 매 끼니를 위해 어떤 종류의 음식을 먹느냐이다.

939 그러나 그런 특정한 열매를 실제로 만들어 내는 것은 과연 무엇인가? 그런 열매를 만들어 내는 것은 바로 씨앗과 뿌리이다. 땅 위에 있는 것을 만드는 것은 바로 '땅 아래에' 있는 것이다. '보이는' 것을 만드는 것은 바로 '보이지 않는' 것이다.

940 그러므로 만약 독일인들이 정말로 "*아침시간은 금과 같다.*" 라는 속담을 빈번하게 사용한다면, 그것은 일찍 일어나는 것에 대한 독일인들의 태도를 적어도 어느 정도까지는 반영한다.

941 모든 것을 다 학교에서 가르쳐 주는 것은 아니다!

942 아침에 잠이 깰 때면 늘 새로운 아이디어가 가득합니다.

943 너의 질문 중에 어리석거나 가치가 없는 것은 하나도 없다.

944 내가 가장 꺼렸던 일은 교통체증에 걸려 몇 시간을 보내는 것이었다.

945 돈과 권력이 반드시 당신을 성공으로 이끄는 것은 아니다.

946 다리가 너무 떨려 나는 거의 가만히 서 있을 수가 없었다.

947 '전자 쓰레기'에 대해서는, 휴대전화가 선두에 있다는 것은 놀랍지 않다.

948 신생아가 생기면 잘 먹는 것이 항상 쉬운 것은 아니다.

949 사업 성공을 보상하는 것은 항상 물질적인 방식으로 되어야 하는 것은 아니다.

950 사실, 언어적 의사소통과 비언어적 의사소통 간의 관계에 관한 연구는 거의 없었다.

951 여러분이 편안함을 느끼는 지대 밖으로 나가고 나서야 비로소 자신에게 어떤 대단한 일이 일어날지 안다.

952 대대적으로 행동이 변화한 것은 비로소 그런 사소한 사항 ― 세상은 둥글다― 이 드러나고 나서였다.

953 많은 능력 있는 사람들이 한국에 오기를 주저하고 있고 많은 경우에 있어서 그것은 돈이나 대우의 문제와는 관계가 없다.

954 그들은 또한 숙제를 할 때 학생들이 TV나 라디오를 꺼야 한다고 주장하는 것이 반드시 그들의 학업 성적을 높이는 것은 아니라고 주장한다.

955 안전한 인도 혹은 표시된 자전거 차선이 부족하거나, 차량이 빠르게 지나가거나, 또는 공기가 오염된 도로에서 걷거나 자전거를 타는 것을 선택하는 사람은 거의 없을 것이다.

956 학습 영역 너머에 용기 영역이 놓여있다.

957 메시지가 남겨져 있지 않다면, 긴급한 전화는 거의 없다.

958 이전에는 이러한 소재가 결코 화가들에게 적절하다고 여겨지지 않았다.

959 자연 통제가 살충제 사용보다 더 선택되는 이유가 여기에 있다.

960 영양분을 공급하고 치료하고 감각을 즐겁게 하는 화합물이 식물들로부터 나온다.

961 인도네시아 남동쪽의 Papua주의 정글 속 깊은 곳에 Korowai 부족이 살고 있다.

962 많은 시행착오 후에야 비로소 그들은 독수리 경고음이 독수리에게만 사용되어야 한다는 것을 깨닫게 된다.

963 단지 우리 자신이 그 상황에서 무엇을 느낄지에 대해 마음에 그려봄으로써 그들이 어떻게 느끼는지 이해할 수 있다.

964 최근에서야 인간은 이 '그림' 메시지를 기호로 나타내기 위해서 다양한 언어와 알파벳을 만들어 냈다.

965 그녀는 판매를 했을 뿐만 아니라, 수익금의 할당을 위해 많은 여성을 판매 대리인으로 모집하여 교육하기도 했다.

966 계속하여 하나의 습관을 충분히 오래 들이려고 노력해라, 그러면 그 습관이 더 쉬워질 뿐만 아니라 다른 일들 또한 더 쉬워진다.

967 집에 도착해서 집 열쇠를 찾으려고 했을 때 비로소 나는 내 지갑을 버스 정류장의 벤치에 두고 왔다는 것을 깨달았다.

968 그리고 능력과 자신감으로 좌절과 분노를 유발한 상황들을 대처하기 위해 필요한 힘이 생긴다.

969 조명은 밤을 낮으로 바꾸었을 뿐 아니라, 자연광이 들어올 수 없는 큰 건물에서 우리가 살고 일할 수 있게 해주었다.

970 공상 과학 소설은 학생들이 과학적 원리들이 실제로 쓰이는 것을 볼 수 있도록 도움을 줄 뿐만 아니라 또한 학생들의 비판적 사고와 창의적 기술을 길러준다.

971 인간의 말하는 능력이 발달함에 따라, 우리의 먹잇감을 속이고 포식자를 속이는 능력뿐만 아니라 다른 인간들을 속이는 능력 역시 발달했다.

972 테마파크 줄 서기가 위대한 평등 장치였던 날들은 지나갔다. 그 시절에는 모든 사람들이 민주적인 방식으로 그들의 순서를 기다렸다.

973 기억이 어쨌든 사고하는 우리의 능력의 기반이 될 뿐만 아니라 그것은 우리의 경험의 내용과 다가올 수년 간 우리가 그것을 보존하는 방식을 규정한다.

974 당신에게 제품과 서비스를 제공해주는 사람들은 관대함으로 행동하는 것이 아니며, 정부기관이 그들에게 당신의 욕구를 충족시키도록 지시하고 있는 것도 아니다.

975 어떤 사람들은 사회 과학이 정확한 법칙을 가지고 있지 않을 뿐만 아니라 인종 차별, 범죄, 가난, 그리고 전쟁과 같은 거대한 사회악을 제거하는 데에도 실패했다고 주장한다.

976 우리는 보통 우리와 같다고 생각하는 사람들과 가장 잘 지낸다.

977 여러분이 사 놓고 결국 한 번도 사용하지 않았던 물건에 대해 잠시 생각해 봐라.

978 따라서 여러분이 일반적으로 마주치고 보통은 두려움을 유발하지 않을 것들이 이제는 그렇게 한다(두려움을 유발한다).

979 대신, 그들은 남들이 이해할 것이라고 믿는 의사소통 수단을 사용했을 것이다.

980 우리는 냄새를 맡을 수 없지만 몇몇 다른 동물들은 냄새를 맡을 수 있는 몇 가지 것들이 있고, 그 반대의 경우도 있다.

981 그는 네가 보트에 관심이 있다는 걸 알아차리고 너의 관심을 끌고 너를 즐겁게 해 줄 거라는 걸 알았던 것들에 대해 이야기를 한 거지.

982 지구의 표면은 구면이기 때문에, 평면인 지도에서는 구부러져 보여서 더 길어 보이지만, 실제로는 더 짧은 경로가 존재한다.

983 도둑이 가능한 많은 귀중품들을 훔치는 것을 마쳤을 때, 그는 자신의 것이라고 생각했던 흰 보자기의 매듭을 서둘러 묶었다.

984 여러분이 자신의 삶과 자신을 행복하게 만드는 것에 대해 더 이상 통제권을 갖지 않기 때문에, 여러분은 여러분이 거절하지 못할 것 같은 사람에게 분개할 것이다.

985 모든 증거와 신뢰할 수 있는 사람들이 당신에게 반대할 때 당신이 최선이라고 생각하는 것을 계속한다면, 당신은 위험할 정도로 자신감에 차 있는 것이다.

986 그들을 그들 당대의 다른 똑똑한 사람들과 구별해 주는, 그들 모두가 공통으로 지닌 다른 것이 있는데, 그것은 질문을 던지는 그들의 능력이다.

987 우리가 사고 나서 제자리에서 먼지를 끌어모으기만 하는 모든 물건은 낭비인데, 돈 낭비, 시간 낭비, 그리고 순전히 쓸모없는 물건이라는 의미에서 낭비이다.

988 그들은 그 선수들에게 다양한 원이 있는 포스터를 보게 하고 그 선수들이 느끼기에 소프트볼의 크기가 가장 잘 표현된 원을 가리키라고 요청했다.

989 우리 대부분은 사장이 생각하기에 중요한 어떤 전문적인 정보 및 개인 정보와 더불어 인적 자원 기준에 근거하여 많은 사람을 고용해 왔다.

990 한 실험에서, 연구자들은 참가자들에게 두 장의 얼굴 사진을 제시하고 더 매력적이라고 생각하는 사진을 고르라고 요청한 후에, 그 사진을 참가자들에게 건네주었다.

991 인간이 먹이를 주고 보호해 주는 동물들은 그것들의 야생 조상들에 의해 요구된 기술 중 많은 것들을 필요로 하지 않았고 그러한 능력들과 관련된 뇌의 부분들을 잃어버렸다.

992 아이들에게 선택권을 주고 그들이 얼마나 많이 먹기를 원할지, 그들이 먹고 싶어 할지 또는 아닐지, 그리고 그들이 무엇을 먹기를 원할지에 대해 자신이 결정하게 허락하라.

993 물이 맑고 충분한 빛이 있는 수면 근처에서는 아마추어 사진작가가 저렴한 수중 카메라로 멋진 사진을 찍을 가능성이 상당히 높다.

994 셰익스피어는, 당대 대부분의 극작가처럼, 늘 혼자 작품을 썼던 것은 아니라고 흔히 믿어지고, 그의 희곡 중 다수가 협업을 한 것으로 여겨지거나 최초의 창작 후에 개작되었다.

995 만약에 당신이 업무상의 이메일에 웃음 이모티콘을 포함시키고 있다면, 당신이 가장 바라지 않을 만한 일은 동료들이 당신이 너무 적합하지 않아 정보 공유를 하지 않아야겠다고 생각하는 상황일 것이다.

996 문화는 좀처럼 외부의 영향으로부터 완전히 고립되어 오지 않았는데, 그 이유는 인류 역사에 걸쳐 사람들은 한 장소에서 다른 장소로 재화와 사상을 전파하며 이동하고 있는 중이기 때문이다.

997 하지만 현실 세계에서, 대부분의 사람에게는 자신이 되도록 허용된 모든 것이 될 가능성이 없고, 할 수 있는 모든 것을 하는 것을 저지당해야 할 가능성도 없을 것이다.

998 의류나 카펫과 같은 물질적 속성이 있는 제품을 고려할 때, 소비자들은 온라인이나 카탈로그에서 보고 읽기만 하는 제품보다 상점에서 만져볼 수 있는 제품을 더 좋아한다.

999 독자적으로 생각하고 자신이 믿는 것을 위해 싸우는 것도 중요하지만, 자신의 생각을 위해 싸우는 것을 중단하고 신뢰할 수 있는 집단이 가장 좋다고 생각하는 것을 받아들이는 쪽으로 나아가는 것이 현명한 때가 온다.

1000 인터넷 활동가인 Eli Pariser는 온라인 검색 알고리즘이 우리가 이미 갖고 있는 신념이 옳음을 확인해 주는 모든 것을 움켜쥐고 반면에 그러한 신념과 맞지 않는 정보는 조용히 무시하는 우리의 인간 경향성을 어떻게 조장하는지에 주목했다.

MEMO

1000제의 구문으로 독해의 천재가 되다!

한 권으로 끝내는
필수 구문 1000제

내신 + 수능
완벽 대비

 필수 유형으로 대비하는 내신과 수능
반드시 알아야 하는 구문 유형을 통한 효율적인 독해 학습

 한눈에 이해하는 도식화된 문법 포인트
기억에 오래 남는 간결하고 정확한 설명으로 이해력 + 암기력 상승

 1000개의 기출문제로 마스터하는 필수 구문
유형별로 분류된 다양한 학력평가 문제로 필수 구문 완전 정복